Manuela Rösel

WENN LIEBEN *IMMER WIEDER* WEH TUT...

Partner in der Borderline-Beziehung

Starks-Sture Verlag
BÜCHER DIE DAS LEBEN SCHREIBT

978-3-939586-13-5

2. Auflage

Anna Starks-Sture
Sonnenstraße 12, D-80331 München
www.starks-sture-verlag.de

Umschlaggestaltung: Nadja Belg
Lektorat: Anne Meinberg
Druck: EuroPB, Pribram

„Was unsere Kindheit so glücklich machte,
war, dass wir sowohl genug Freiheit als auch
Geborgenheit hatten".

Astrid Lindgren, schwedische Schriftstellerin, 1907 – 2002

Über die Autorin

Die Autorin Manuela Rösel lebt und arbeitet als psychologische Beraterin in Berlin. Sie hat sich auf die Arbeit mit Menschen spezialisiert, die privat oder beruflich in Kontakt mit Borderline-Persönlichkeitsstörungen stehen. Im Mittelpunkt ihrer Arbeit stehen Partner und Kinder von Betroffenen.

Darüber hinaus vermittelt sie als Dozentin und Referentin themenkonzentrierte Informationen, u. a. an amtliche Helfer, Sozialpädagogen, Verfahrenspfleger und Anwälte.

Die Erfahrungen ihrer täglichen Arbeit gibt sie seit 2006 authentisch und verständlich in ihren Büchern weiter.

In dem Bestseller „Wenn lieben weh tut" (2006) zeigt sie kommunikative Möglichkeiten im Umgang mit der Störung auf. In „Wie der Falter in das Licht" (2007) setzt sie sich überwiegend mit der Persönlichkeitsstruktur des Partners auseinander. Sie beleuchtet die Voraussetzungen und Hintergründe des Partners, der sich auf eine Borderline-Persönlichkeit einlässt.

Im deutschsprachigen Raum sind insbesondere ihre Bücher über Kinder, die in eine Borderline-Beziehung involviert sind, einmalig. Mit präziser Beobachtungsgabe zeigt sie in „Mit zerbrochenen Flügeln" (2008) nicht nur das Erleben dieser Kinder auf, sondern auch die verhängnisvollen Konsequenzen für deren Entwicklung.

„Weil du mir gehörst" (2011) beschreibt weiterführend Einfluss und Konsequenzen von borderline-typischen Verhaltensweisen auf Sorgerechts- und Umgangsstreitigkeiten, wobei auch gesellschaftliche Prozesse näher betrachtet werden.

Vor allem in der Auseinandersetzung Hilfe suchender Angehöriger mit amtlichen Einrichtungen, helfenden Institutionen und Beratungsstellen hat die Fehleinschätzung der Borderline-Störung für Angehörige oft tragische Auswirkungen. Psychologisch ungeschultem Personal und selbst Fachkräften fehlt oft das notwendige Wissen und Verstehen zum Einschätzen kritischer Situationen. Um sinnvoll helfen zu können, ist dies jedoch Voraussetzung.

In „Borderline verstehen" (2012) ermöglicht Manuela Rösel auf der Basis der Transaktionsanalyse einen ganz besonderen und bisher beispiellosen Einblick in die Thematik „Borderline" und leistet so einen wesentlichen Beitrag zum Verstehen eines scheinbar unverständlichen Phänomens.

Mit einem umfangreichen Repertoire an Büchern hilft die Autorin nicht nur Betroffenen und Angehörigen, Manuela Rösel hat sich mittlerweile auch einen festen Platz in der Fachwelt geschaffen.

Inhalt

Vorwort

Seit meinem ersten Buch, „Wenn lieben weh tut", sind mittlerweile einige Jahre vergangen. Die beeindruckende Resonanz auf dieses Buch und die Erfahrungen, die ich zwischenzeitlich in meiner praktischen Arbeit mit Partnern und Angehörigen von Borderline-Persönlichkeiten gewonnen habe, motivieren mich nun zu einer Fortsetzung.

In „Borderline verstehen" setze ich mich mithilfe der Transaktionsanalyse mit den typischen Persönlichkeitsmerkmalen und Verhaltensweisen Betroffener auseinander. In „Wenn Lieben immer wieder weh tut" stehen die Partner von Borderline-Persönlichkeiten und deren typische Wesensmerkmale im Mittelpunkt.

Dieses Buch beschäftigt sich somit vorrangig mit dem Persönlichkeitshintergrund der Menschen, die sich in einer Beziehung zu einer Borderline-Persönlichkeit befinden oder sich aus dieser gelöst haben bzw. lösen wollen. Unabhängig davon, ob Sie in Beziehung zu einem/r Betroffenen sind oder eine derartige Bindung hinter sich gelassen haben, können Sie Ihre Erfahrungen nur dann sinnvoll nutzen, wenn Sie selbstreflektierend eigene Anteile erkennen, verstehen und bearbeiten.

Menschen, die sich auf eine Borderline-Beziehung einlassen, werden mit instabilen, chaotischen und oft irrationalen Verhaltensweisen konfrontiert. Betroffene neigen dazu, in kritischen Phasen eigene emotionale Zustände auf enge Bezugspersonen zu übertragen, wobei diese in das Chaos der Störung mit hineingerissen werden. Es sind dennoch Persönlichkeitsanteile der Partner selbst, die ihnen tiefsten Schmerz verursachen.

Nur wenige Partner sind bereit, sich den eigenen Verhaltensmustern zu stellen und zu hinterfragen, warum gerade sie sich in eine solche Beziehung begeben haben. Die meisten Partner gehen davon aus, dass ihre „Borderliner" und deren „schwierige Charaktere" für den zerstörerischen Verlauf und das schmerzhafte Erleben in der Beziehung allein verantwortlich sind. Das geht häufig mit der Tendenz zur Wiederholung derartiger Beziehungen einher, was dazu führt, dass Lieben immer wieder weh tut.

Oft erfahren die Partner von Borderline-Persönlichkeiten erst nach einer solchen Bindung, und nur dann, wenn sie den Mut haben, sich einer tatsächlichen Verarbeitung zu stellen, dass sie mit eigenen Anteilen am destruktiven Beziehungsverlauf beteiligt waren. Ihre Anfälligkeit für Verschmelzung und Idealisierung, ihre Tendenz zur bedingungslosen Selbstaufgabe zeigen deutlich bedürftige kindliche Verhaltensmuster.

Die Voraussetzungen dafür und der oft eingeschränkte Zugang zur eigenen Persönlichkeit wurden bereits in ihren ursprünglichen Familiensystemen geschaffen. Jede Beziehung hat ihren Sinn, und jede zwischenmenschliche Begegnung öffnet auch immer die innere Welt der Beteiligten. Und so werden in Borderline-Beziehungen unweigerlich kindliche Verletzungen und verdrängte Traumata auf beiden Seiten reaktiviert. Mit den einst sinnvollen und hilfreichen Überlebensmechanismen der damaligen Kinder ist eine erwachsene Beziehungsebene im Heute aber nicht zu erreichen.

Ohne die Auseinandersetzung mit den eigenen kindlichen Wurzeln ist es Partnern kaum möglich, sowohl die Beziehung als auch eigene Anteile zu klären. Die Chance, die jeder Partner in oder nach einer Beziehung zu einer Borderline-Persönlichkeit erhält, ist die kritische Auseinandersetzung mit eigenen Beziehungsmustern und Verhaltensweisen. Erst diese Arbeit ermöglicht ihm, sich aus verschmelzenden Bindungen zu lösen, Wiederholungen symbiotisch geprägter Bindungen zu vermeiden und zu lernen, sich auf erfüllende erwachsene Beziehungen einzulassen

Wie auch in dem Vorgänger dieses Buches, „Borderline verstehen", beinhaltet der erste Teil eine Einführung in die Theorie der Transaktionsanalyse. Dem Leser, der hier über keine Vorkenntnisse verfügt, wird so ermöglicht, die Erkenntnisse der Transaktionsanalyse in der Arbeit mit diesem Buch für sich zu nutzen. Ich erhoffe mir für Sie einen ersten Schritt, sich selbst besser zu verstehen, und den Kreislauf zwischen Selbstabwertung und Selbstaufgabe unterbrechen zu können.

Manuela Rösel, Berlin 2014

1.

DAS KONZEPT DER TRANSAKTIONSANALYSE

Wer bin ich?

Wer sich mit der eigenen Persönlichkeit auseinandersetzen möchte, kommt nicht darum herum, sich und seine Entwicklungsgeschichte genauer zu ergründen. Dabei heißt es tatsächlich, den Dingen auf den Grund zu gehen und auch den Mut zu haben, Dinge zu entdecken, die sich unter der Oberfläche verborgen unserem Bewusstsein weitgehend entzogen haben. Die meisten Menschen haben Angst davor, sich den schmerzhaften Details ihrer kindlichen Erfahrungen zu stellen. Sie nutzen die verschiedensten Verdrängungsmechanismen, um sich nicht mit der einst erlebten Hilflosigkeit, der Ohnmacht und dem Ausgeliefertsein der ersten Lebensjahre auseinandersetzen zu müssen. Dahinter steht aber nicht nur die Angst, sich mit den einst erlebten Verletzungen zu konfrontieren, sondern die oft noch bedrohlichere Erkenntnis, von den Eltern nicht geliebt worden zu sein. Als Kind überleben wir in destruktiven Familien oft nur, weil wir uns die Illusion erhalten, dass die Eltern gut und richtig sind, aber mit uns selbst etwas nicht stimmt. Sich selbst kann ein Kind ändern, seine Eltern aber nicht. Ihnen ist es bedingungslos ausgeliefert. Sich an der ersehnten Liebe der Eltern festzuhalten und diese nicht infrage zu stellen, wird dann oft zum Strohhalm, der vor dem Ertrinken rettet. Viele Menschen halten ein Leben lang an diesem Strohhalm fest und leugnen jede erlebte Realität, um die Eltern nicht infrage stellen zu müssen. Bei einer Auseinandersetzung mit der eigenen Geschichte kann sich jedoch eine Konfrontation mit den Eltern ergeben, was neue Schmerzen und Ängste, Enttäuschungen und unendlich viel Trauer mit sich bringen kann. Verständlicherweise macht es den meisten Menschen erhebliche Angst, diesen Weg zu gehen. Sie haben einst gelernt zu verleugnen, um zu überleben, andere Mechanismen stehen ihnen auch im Jetzt oft nicht zur Verfügung.

Wenn wir uns aber weigern, unsere verinnerlichten kindlichen Wunden zu betrachten und zu versorgen, wird das Leben deutliche Signale senden. Schwierige Beziehungen, Depressionen oder körperliche Erkrankungen zeigen mehr als deutlich, dass es etwas zu hinterfragen gibt.

Beziehungen haben vor allem die Aufgabe, uns mit uns selbst in Berührung zu bringen. Wir geraten nie an den falschen Partner, sondern suchen uns zielsicher Bezugspersonen, die uns in unserem innersten Wesen berühren. Denn genau das wollen wir – berührt und gesehen werden. Wenn wir aber tief in uns offene und nicht verheilte Wunden tragen, können Berührungen nur schmerzen. Jede Beziehung trägt ein Entwicklungspotenzial in sich, und es liegt an uns, ob wir es nutzen, um vorwärtszukommen, oder ob wir es ignorieren und auf den nächsten Impuls des Lebens warten, der uns noch eindringlicher mit unseren alten Wunden konfrontiert.

Im Kontakt mit einem Menschen, den wir lieben, kommen wir vor allem zunächst mit uns selbst in Berührung. Erst wenn wir mit uns im Reinen sind, können wir uns auch auf andere einlassen. Wenn wir in unseren ersten Lebensjahren nicht das Glück hatten, bedingungslos geliebt zu werden, und damit auch lieben zu lernen, müssen wir uns unsere Liebesfähigkeit hart erarbeiten. Und so geraten wir unvermeidlich immer wieder an einen Partner, der dafür sorgt, dass wir spüren, was da noch heilungssuchend in uns ist und schon lange an die Oberfläche wollte.

Wenn Sie dieses Buch in den Händen halten, kann es sein, dass Sie sich in einer Beziehung wiedergefunden haben, die Sie verwirrt, ängstigt und tief verunsichert. Vielleicht haben Sie den Eindruck, die Kontrolle über ihr Leben verloren zu haben. Eventuell finden Sie sich in missbräuchlichen und gewaltvollen Situationen wieder, die in Ihnen Hilflosigkeit und Ohnmacht auslösen. Sind Sie mit einem derartigen Erleben vertraut? Warum sind gerade Sie an so einen Partner geraten? Akzeptieren Sie diese Beziehung als eine weitere Strafe des Lebens, oder könnten Sie sich vorstellen, in ihr eine Chance für Ihr Leben zu sehen?

Wer sind Sie? Was macht Sie aus? Über welche Informationen des Lebens verfügen Sie, und wie setzen Sie diese ein? Was macht Ihr Ich aus? Was ist in ihm enthalten, und wie wirkt sich dieser Inhalt auf Ihre Selbstwahrnehmung und Selbstdarstellung aus?

Das Konzept der Transaktionsanalyse bietet eine hilfreiche Möglichkeit, sich selbst und andere besser zu verstehen und auch konstruktiver mit Auseinandersetzungen und Konflikten umzugehen. Der Begriff an sich mag zunächst kompliziert erscheinen, vielleicht auch wenig Lust darauf machen, sich auf dieses theoretische Konstrukt einzulassen. Doch mit jedem Schritt der Auseinandersetzung mit den Details dieser klar strukturierten und logischen Methode wird das Konzept verständlicher.

Eine Transaktion ist ein Vorgang, bei dem etwas ausgetauscht wird: Ich gebe dir, und du gibst mir – fertig ist die Transaktion. Wann immer zwei Menschen aufeinandertreffen, gehen sie in den Austausch. Selbst wenn wir es vermeiden, den anderen anzusprechen oder anzusehen, vermitteln wir damit etwas. Watzlawick, ein bekannter Kommunikationsforscher, sagte dazu: „Man kann nicht nicht kommunizieren".

Die Transaktionsanalyse bietet vielfältige Aha-Erlebnisse des Ergründens und Verstehens der eigenen Person, der Personen, mit denen wir in Kontakt sind, und der Klärung dieser Kontakte, die sich ebenso individuell und vielfältig gestalten wie die beteiligten Personen. Für Partner von Borderline-Persönlichkeiten ergeben sich viele Chancen, das eigene Verhalten und das des Partners zu verstehen und so scheinbar unerklärliche Verhaltensweisen auf beiden Seiten nachvollziehbar zu machen.

Die Transaktionsanalyse

Das Basiskonzept der Transaktionsanalyse bezieht sich auf Freud, der in seinem psychoanalytischen Modell davon ausgeht, dass jeder Mensch über drei Persönlichkeitsanteile verfügt. Dabei existieren in jeder Persönlichkeit ein

1. ÜBER-ICH
(enthält Einstellungen, die von anderen beeinflusst worden sind), ein

2. ICH
(nimmt wahr und entscheidet) und ein

3. ES
(alle inneren und unbewussten Antriebe und Gefühle).

Der amerikanische Psychiater Eric Berne (1910–1970) entwickelte aus dieser Theorie heraus sein transaktionsanalytisches Modell und bereicherte die Psychotherapie damit um ein Konzept, das sich im Wesentlichen darauf konzentriert, jeden Menschen in seiner Veränderung und Entwicklung zu fördern. Dabei geht er davon aus, dass jeder Mensch von Grund auf gut ist, die Fähigkeit besitzt, zu denken, neue Entscheidungen zu treffen, sein Leben zu ändern und so in der Lage ist, sein Schicksal zu beeinflussen.

Auslösend für die Arbeit Bernes waren Versuche des Neurochirurgen Wilder Penfield, der bei seinen Patienten während einer Gehirnoperation Experimente durchführte. Da die Patienten während des Eingriffs bei völligem Bewusstsein waren, konnte er deren direkte Reaktion beobachten. Er reizte mithilfe einer elektrischen Sonde die Großhirnrinde des Schläfenlappens und gelangte zu der Erkenntnis, dass es möglich sei, durch diese elektrischen Reize konkrete Erinnerungen auszulösen. Wurde dieser Reiz nach einiger Zeit wiederholt, wurde die gleiche Erinnerung erneut ausgelöst. Demzufolge war es möglich, durch einen äußeren Impuls eine einzelne und konkrete Erinnerung und nicht eine Verbindung verschiedener Erinnerungen auszulösen.

Aber die Versuchspersonen erinnerten sich nicht nur an eine vergangene Situation, sondern erlebten diese im Prinzip noch einmal. Für sie wurde im Moment der Reizung die Erinnerung Realität, da alle Gefühle, die ursprünglich einmal in dieser Situation erlebt worden sind, reaktiviert wurden. Als Erinnerung konnte dieses Erleben jedoch erst dann erkannt werden, wenn es vorbei war. Penfield schloss daraus, dass ein erlebtes Ereignis und jedes dazugehörige Gefühl im Gehirn unauflösbar miteinander verbunden sind, sodass keines von beiden ohne das andere reaktiviert werden kann.

Aus diesen Erkenntnissen heraus entwickelten nun Berne und Harris (Schüler von Berne und Gründer sowie Präsident des Instituts für Transaktions-Analyse) ihr transaktions-analytisches Modell. Dies besagt, dass von Geburt an jedes Erleben und jedes damit verbundene Gefühl originalgetreu wie auf einem Tonbandgerät im Gehirn unauslöschlich aufgezeichnet werden, und demzufolge auch jederzeit wiedergegeben werden können. So erklärt sich nicht nur das Wiedererleben noch bewusster Erinnerungen, auch das ins Unterbewusste verdrängte Erleben kann wieder bewusst und erlebbar werden. Diese Erkenntnis deckt sich mit der grundlegenden Aussage der Psychologin Alice Miller, die in ihren zahlreichen Büchern zur Thematik der Kindesmisshandlung und ihrer Folgen immer wieder eindrucksvoll darauf hinweist, dass jede Missachtung und Misshandlung des Kindes unauslöschlich von diesem – mit den entsprechenden Konsequenzen für dessen Leben – abgespeichert werden, und dies vor allem in den ersten vier Lebensjahren, auch wenn es oft kaum einen bewussten Zugang zu den Erfahrungen dieser wichtigsten und prägendsten Lebenszeit eines Menschen gibt.

Sowohl Penfield als auch Harris gehen davon aus, dass die Reizgebung der während der Operation verwendeten elektrischen Sonde im Alltag durch verschiedenste situationsgebundene Reize ersetzt werden kann. Diese Reize, die man auch als Trigger bezeichnet, verbinden die augenblickliche Situation mit einer zurückliegenden emotionalen Erfahrung. Die getriggerte Person überträgt den emotionalen Zustand der Vergangenheit in eine reale Situation und vermischt ihr Erleben aus dem Damals mit dem Hier und Jetzt.

Marion war 4 Jahre alt, als sie einen neuen Stiefpapa bekam. Anfangs war er sehr lieb zu ihr, doch mit der Zeit trank er immer öfter Alkohol. Dann schrie er sie oft an und schlug sie mitunter auch, ohne dass sie verstehen konnte, was sie falsch gemacht hatte. Sie hatte furchtbare Angst, wenn er nach Schnaps roch, lallte oder durch die Wohnung torkelte. Noch als erwachsene Frau spürte sie den Drang, sich zu verstecken oder wegzulaufen, wenn sie betrunkenen Menschen begegnete. Der Geruch von Alkohol oder unkoordinierte Bewegungen anderer erzeugten Panik in ihr.

Die Facetten des einstmals ängstigenden Erlebens (Alkoholgeruch, Schreien ...) reaktivieren die damals erlebten Gefühle und damit auch die damaligen Reaktionen (Weglaufen, Verstecken ...). Für Marion war der Geruch von Alkohol ein Trigger, der sie automatisch immer wieder mit dem einst Erlebten konfrontierte. Häufig läuft das Wiedererleben aber unbewusst ab, sodass als Konsequenz eines derartigen Empfindens oft nur schwer zuzuordnende Gefühle übrigbleiben.

Dieses reaktivierende emotionale Erleben spielt in Borderline-Beziehungen auf beiden Seiten eine maßgebliche Rolle. Die Hintergründe beider Persönlichkeiten, die in wesentlichen Bereichen ihrer Struktur gemeinsame Merkmale aufweisen, begegnen sich auf einer Ebene, in der die Personen nicht in der Lage sind, Konflikte zu lösen. Im Gegenteil, Eskalation und Zerstörung, sowohl der Beziehung als auch der involvierten Personen, werden häufig noch forciert. Um diesen Vorgang genauer zu betrachten und so letztendlich auch Möglichkeiten zu finden, den destruktiven Mustern zu begegnen, ist es hilfreich, wenn wir uns zunächst einmal mit den Persönlichkeitsbereichen auseinandersetzen, die jeder Mensch in sich trägt. In der Transaktionsanalyse werden sie als Ich-Zustände bezeichnet.

Ich-Zustände

Ich-Zustände kennzeichnen sich durch drei verschiedene Ebenen, die sich an dem von Freud geschaffenen Konstrukt des Über-Ich, Ich und Es orientieren. Die Persönlichkeitsstruktur jedes Menschen beinhaltet zahlreiche individuelle Informationen und Fähigkeiten, die sich diesen drei Ebenen zuordnen lassen. Das Wechselspiel dieser Informationen, sowohl im Kontakt mit sich selbst als auch im Kontakt mit anderen, macht unsere Individualität aus und kennzeichnet unsere Kommunikation nach innen und nach außen. Die Inhalte und das Zusammenspiel unserer Ich-Zustände sind die Basis unserer Lebens- und Erlebensfähigkeit. Sie entscheiden letztendlich über unsere Fähigkeit oder Unfähigkeit, unser Leben zu gestalten.

Das Kind-Ich (Die Auseinandersetzung mit inneren Reizen)

Im Kind-Ich (KI) sammelt ein Mensch alle emotionalen innerlich erlebten Erfahrungen, die er durch von außen verursachte Ereignisse macht.

Wenn ein Kind geboren wird, verfügt es noch über keinerlei sprachliche Möglichkeiten. Es ist aber in der Lage, Emotionen zu spüren und diese nach außen auch mitzuteilen. Es schreit, wenn es Hunger oder Angst hat, es kann seine Bedürfnisse zeigen und sich so auch aktiv für sein Überleben einsetzen. Ein Kind ist bei Weitem nicht so hilflos, wie es auf den ersten Blick scheint. Zwar existiert es in Abhängigkeit zu seinen versorgenden Bezugspersonen, aber es ist vom ersten Augenblick seines Lebens an in der Lage, zu fühlen und wird somit mit der wichtigsten Anlage für selbstfürsorgliches Handeln geboren.

Der Hunger eines neugeborenen Kindes existiert dabei nicht nur auf der physischen Ebene. Sein ausgeprägter Lebenswille braucht und sucht beständig Informationen, die es zum Über- und Weiterleben dringend benötigt. Säuglinge zeichnen sich durch eine unglaubliche Fähigkeit aus, Informationen aufzunehmen und abzuspeichern. Die überlebenswichtigsten Informationen der ersten Lebensmonate sind dabei die Reaktionen der Bezugspersonen auf das erlebte und gezeigte Gefühl des Kindes.

Ein Neugeborenes kennt weder das Gefühl des Hungers, noch Angst oder Verlassensein. Es spürt aber, dass diese Gefühle auf bedrohliche Defizite hinweisen und reagiert instinktiv mit Schreien. Damit macht es nicht nur auf seine

Not aufmerksam, sondern sucht gleichzeitig nach Anerkennung, Bestätigung und so auch nach Orientierung. Seine Existenz ist davon abhängig, zu erfahren, was es tun kann, wenn es sich als bedürftig erlebt. Jeder, der sich einmal einem schreienden Säugling zuwendet, wird instinktiv die eigene Mimik und Intonation dem kindlichen Erleben anpassen. Erst die liebevolle Reaktion einer Mutter vermittelt dem Kind, dass es sowohl in seinem Gefühl und seinem Bedürfnis als auch in dessen Ausdruck richtig ist. Eine stabile und zugewandte Spiegelung wird für den kleinen Menschen zum Fundament seines (Über-) Lebens.

Im Kind-Ich werden alle emotionalen inneren Erfahrungen gesammelt, denen ein Kind in seinen ersten Lebensjahren ausgesetzt ist. Alles, was es durch seine Sinne wahrnimmt und innerlich emotional verarbeitet, speichert es unlöschbar in sich ab. Es erfährt defizitäre Gefühle (Angst, Hunger, Unsicherheit, Frustration ...), aber auch wohltuende Gefühle, die sich aus der Befriedigung seiner Bedürfnisse ergeben (sicher, geborgen, satt, sauber ...). Es lernt, sich an den Reaktionen seiner Bezugspersonen zu orientieren: Wie bekomme ich Gefühle, die sich angenehm anfühlen, und wie vermeide ich die Gefühle, die mir unangenehm sind? So verfügt der kleine Mensch über ein geniales Überlebenssystem. Er ist in der Lage, seine Verhaltensweisen auf die Absicherung seiner Existenz auszurichten. Er weint, wenn er ängstlich oder hungrig ist, und lernt aus der Reaktion seiner Bezugspersonen, ob sein Verhalten dem Zweck der eigenen Bedürfnisbefriedigung dienlich war oder nicht. In diesem Zusammenhang lernt er, innerlich auf Ereignisse von außen zu reagieren und jede Information, die damit verbunden ist, zur weiteren Lebensabsicherung abzuspeichern.

Das Kind-Ich unterteilt sich in drei unterschiedliche Bereiche, deren Verhaltensweisen sich sehr typisch zuordnen lassen. Es beinhaltet ein angepasstes Kind-Ich, ein rebellisches und ein freies Kind-Ich, wobei sich jedem dieser Zustände sowohl positive (+) als auch negative (-) Verhaltensweisen zuordnen lassen.

Positiv (+) sind dabei jene Verhaltensweisen, die zur Befriedigung von Bedürfnissen führen und das Leben eines Menschen bereichern. Sie zeichnen sich durch den Aufbau oder Erhalt zwischenmenschlicher Bindung aus, da die Benachteiligung oder die Schädigung eines anderen Menschen ausgeschlossen sind. Den eigenen Hunger zu stillen, indem einem anderen Menschen die Nahrung vorenthalten oder entzogen wird, führt sicher nicht zu einer sozialen Bindung. Nahrung jedoch mit anderen zu teilen, stärkt sowohl das eigene Ich als auch das der anderen und der Gemeinschaft.

Grundsätzlich ist jeder Mensch von Geburt an ausgeprägt biophil, das bedeutet, dass es zu seinen grundlegenden Bedürfnissen gehört, zum Leben anderer erfüllend beizutragen. Erst im Prozess der Erziehung, in dem Kinder nur allzu oft Missachtung und Misshandlungen ausgesetzt werden, verlieren sie zu einem Teil oder sogar gänzlich ihre biophile Veranlagung. Die aus den kindlichen Verletzungen entstandenen natürlichen Empfindungen (Wut, Ärger, Frustration ...) konnten sie nicht ausleben. Misshandelte Kinder lernen, ihre Gefühle zu verleugnen, um sich vor weiteren Übergriffen der Eltern zu schützen. Wenn sie überleben wollen, sind sie gezwungen, ihren emotionalen Tod zu akzeptieren. Sie haben keine Chance zu lernen, mit ihren emotionalen Anteilen für sich und andere hilfreich umzugehen. Im Gegenteil, sie lernten im Umgang mit der Erwachsenenwelt, dass es lebensnotwendig ist, Bedürfnisse und Gefühle zu leugnen oder ihnen nur verdeckt zu entsprechen. Mit dem Verlust der emotionalen Bindung zu sich selbst geht auch jede Fähigkeit für emotionale Bindungen zu anderen verloren. In der Konsequenz kommt es dabei zu den negativen (-) Kind-Ich-Verhaltensweisen, die sich vor allem dadurch auszeichnen, dass sie die eigene Lebendigkeit und das soziale Miteinander behindern und stören. Das Verhalten aus negativen Ich-Zuständen wirkt sich daher auch negativ auf die Bindungsfähigkeit aus, die für uns Menschen als soziale Wesen eine große Rolle spielt. Ein Mensch, der vorrangig aus seinen negativen Ich-Zuständen agiert, untergräbt damit nicht nur seine Bindungen, sondern auch seine eigene Lebensqualität.

Dem Kind-Ich eines Menschen lassen sich unter anderem Neugier, Spontaneität, Kreativität und Lust zuordnen. Jede emotionale Ausdrucksform, wie Freude oder Angst, aber auch „Eingeschnappt sein“, Rache (wie du mir, so ich dir) oder Rebellion (nun erst recht nicht) kommen aus dem Kind-Ich. Im Anhang der „Transaktionsanalyse“ finden Sie eine Auflistung typischer Merkmale, die sich den einzelnen Ich-Zuständen zuordnen lassen.

Laut Harris sind die Erfahrungen der ersten fünf bis sechs Lebensjahre maßgeblich für den Dateninformationsgehalt im Kind-Ich. In dieser Zeit hat das Kind bereits alle Gefühle erlebt und „aufgezeichnet“. In der weiteren Konfrontation des Kindes mit der Welt – in etwa ab der Schulfähigkeit – verstärken sich die bereits erfahrenen Impulse dann nur noch. Die in den ersten Lebensjahren „aufgezeichneten“ Gefühle werden später in den sich immer wiederholenden Ereignissen reaktiviert. Das heißt, dass in jedem emotionalen Erleben jenseits dieser ersten Lebensjahre auch immer das erste, ursprüngliche Erleben dieser Emotion mit aktiviert wird (Trigger). Ein kleiner Mensch, der – zum Beispiel als Reaktion auf seine Wut – von seiner Mutter ignoriert und isoliert wurde, wird in seinem späteren Erwachsenenleben nicht adäquat mit Wutgefühlen umgehen können. Unbewusst wird er diese mit der Gefahr der Isolation und dem Gefühl der Angst, verlassen zu werden verbinden. Da Verlassen werden für ein kleines Kind auch immer eine existenzielle Gefahr bedeutet, kann der Umgang mit Wutgefühlen im späteren Erwachsenenleben so für ihn zum Existenzkampf ausarten. Wut zu haben, bedeutet in seinem inneren Erleben, in existenzieller Gefahr zu sein – eine häufige Ursache für die Angst vieler Menschen, ihre Wut auszudrücken. Oft wird dann aus den negativen Ich-Zustandsbereichen reagiert (leugnen, rebellieren, bewerten, verurteilen, angreifen ...), sodass sowohl die Verantwortung für das eigene Gefühl als auch die ursächliche verinnerlichte Bedrohung abgewehrt werden können.

In den nachfolgenden Tabellen finden Sie die typischen allgemeinen Verhaltensweisen, körpersprachliche Merkmale oder Intonationen der Kind-Ich-Zustände. Mit ihrer Hilfe können Sie Ihren eigenen Ich-Zustand in Interaktionen identifizieren oder auch die Position Ihrer Bezugspersonen besser wahrnehmen. Auch die Identifikation von Triggern und den daraus resultierenden eigenen automatischen Reaktionen ist mit Hilfe dieser Listen möglich. So können unpassende kindliche Verhaltensmuster ganz bewusst verändert werden.

Erkennen von ICH-Zuständen – Angepasstes Kindheits-ICH

Allgemeines Verhalten	Typische Formulierungen	Typischer Tonfall und Sprechweise	Typischer Gesichtsausdruck	Typische Gesten und Körperhaltungen
Gute Umgangsformen, Regeln und Vereinbarungen einhaltend	„Ich trau mich nicht…“	Leise	Blick nach unten	Unterwürfige, verhaltene Gestik
Schämt sich	„Ich kann das bestimmt nicht…“	Unsicher	Zustimmend, zitterndes Kinn, zitternde Lippen	Hand heben, wenn man sprechen will
Schuldbewusst	„Ich befürchte…“	Stockend	Unruhiger Gesichtsausdruck	Hängende Schultern
Vorsichtig	„Ich möchte gern…“	Weinerlich	Feuchte Augen	Achselzucken
Scheu	„Ich will versuchen…“	Zerknirscht	Hochgezogene Augenbrauen	Knicks oder Diener
Gehemmt	„Wenn du meinst…“	Niedergeschlagen	Verstohlener Blick	Strammstehen
Ängstlich	„Ist nicht meine Schuld…“	Unterwürfig	Beißt sich auf die Lippen	Gesenkter Kopf
Beifall heischend	„Hab ich das gut gemacht…?“	Quengelnd	Spitzer Mund	
Produzierend, überfordert	„Ich wollte doch nur…“	Klagend		
Resigniert	„Warum denn immer ich…?“	Folgsam		
Hilflos	„Was soll ich denn machen…?“	Brav		
Unsicher	„Ich sollte…“			
Folgsam	Fremd- und Modewörter			
Bescheiden				
Gefühle unterdrückend				

Erkennen von ICH-Zuständen – Rebellisches Kindheits-ICH

Allgemeines Verhalten	Typische Formulierungen	Typischer Tonfall und Sprechweise	Typischer Gesichtsausdruck	Typische Gesten und Körperhaltungen
Regt sich über Stärkere und Autorisierte auf	„Och, männo!“	Wütend	Verstockt	Blockierende und fahrige Gesten
Launisch	„Nun gerade nicht!“	Laut	Trotzig	Angespannt
Zieht andere auf	„Lass mich in Ruhe!“	Bockig	Abweisend	Drohend
Aufsässig	„Verdammt noch mal!“	Motzend	Schmollende oder eingezogene aufeinander gepresste Lippen	Verkrampft
Frech	„Ach neeee!“	Giftig	Nase rümpfen	Hochgezogene Schultern
Trotzig	„Ich will aber nicht!“	Abgehackt	Gerunzelte Stirn	Fuß aufstampfend
Wütend	„Das ist ja blöd!“	Protestierend	Starrer Blick ins Leere	Fäuste ballend
Gehässig	„Mach doch alleine!“	Betonte und gezogene Silben		Gesenkter Kopf
Störrisch	„Und wieso gerade ich?“	Unwirsch		
Aggressiv	„Das denkst du dir so!“	Lustlos		
Quenglig	„Ach Mensch, lass mich!“			
Starrköpfig	„Terö-terö-terö!“			
Aufmüpfig	„Ja aber…!“			
Unzufrieden	„Ich hab jetzt keine Lust			
Zeternd				

Erkennen von ICH-Zuständen – Freies Kindheits-ICH

Allgemeines Verhalten	Typische Formulierungen	Typischer Tonfall und Sprechweise	Typischer Gesichtsausdruck	Typische Gesten und Körperhaltungen
Unbekümmert um Umweltreaktionen	„Ich will…“	Meist laut	Zeigt Begeisterung	Vitale, lustvolle, lockere und authentische Gesten
Spontan	„Ich möchte…“	Hochachtungsvoll	Erregung	Aufgeregt
Spielerisch	„Ich hätte gern…“	übersprudelnd	Überraschung	Ständig in Bewegung
Neugierig	Superlative	Sich überschlagend	Offener Mund	Hände reibend
Schöpferisch	Kraftausdrücke	Enthusiastisch	Bebende Nasenflügel	Reißt jubelnd die Arme hoch
Pfiffig	„Holla!“	Mitreißend	Glänzende Augen	Tanzend, springend und hüpfend
Offen	„Yeah!“	Gefühlsbetont	Wippende Augenbrauen	Erhobener Kopf oder in Trauer versunken
Überschäumend	„Yipeeh!“	Authentisch	Verschmitzt	
Voller Energie	„Boooh!“	Freudetaumelnd oder traurig	Trauer und Tränen	
Begeistert	„Wow!“			
Lässig	„Toll!“			
Ausgelassen	„Spitze!“			
Kreativ	„Klasse!“			
Fantasievoll	„Stark!“			
Lustig oder traurig				

Das Eltern-Ich (Die Auseinandersetzung mit äußeren Reizen)

Im Eltern-Ich (EL) werden gänzlich ungeprüft alle äußeren Ereignisse gesammelt, die von einem Kind in Konfrontation mit seiner Umwelt hingenommen oder ihm aufgezwungen werden.

Für ein Kind sind Eltern allmächtig. Alles, was es von ihnen wahrnimmt, ist unangreifbar, wahr und richtig. Im Eltern-Ich vereinen sich das sogenannte kritische Eltern-Ich sowie das fürsorgliche Eltern-Ich. Beide besitzen ebenso negative wie positive Anteile, die sich genauso hemmend oder förderlich auf das Leben und Erleben eines Menschen auswirken wie beim Kind-Ich. Das negativ kritische Eltern-Ich (-kEL) neigt dazu, andere herabzusetzen und zu entmutigen. Es weist andere zurecht, bewertet, verbietet, zeigt sich autoritär, anmaßend und rechthaberisch. Im positiv kritischen Eltern-Ich (+kEL), setzt es hingegen Grenzen zum Wohle anderer und der eigenen Person.

Das fürsorgliche Eltern-Ich hat ebenso zwei Seiten. Im negativen Sinn (-fEL) ist es entmutigend, es traut dem anderen nichts zu, zeigt sich überfürsorglich, nimmt Verantwortung ab und verhält sich damit übergriffig. Eine typische Grundaussage ist: „Gib mal her, ich mach das für dich", womit dem Empfänger der Botschaft auch immer eine Unfähigkeit (du bist nicht o.k.) suggeriert wird. Das eigene Ich aber wird aufgewertet (ich bin o.k., denn ich kann das). Das positive Eltern-Ich (+fEL) hingegen beschützt, tröstet, ermutigt und unterstützt, ohne dabei Verantwortung abzunehmen und den anderen abzuwerten.

Wer aus den negativen Anteilen des Eltern-Ichs kommuniziert, versucht, im Grunde sich selbst auf Kosten des anderen aufzuwerten. Sowohl herabsetzende Kritik als auch übergriffige Fürsorge dienen letztendlich dazu, die eigene Person aufzuwerten und wirken sich schädigend auf die Zielperson und die Beziehung zu dieser aus. In den positiven Bereichen bleibt das eigene O.K. ebenso bestehen wie das der Bezugsperson (ich bin o.k. – du bist auch o.k.). Es entsteht kein O.K.-Ungleichgewicht, so dass die Kommunikationspartner in Kontakt bleiben können, da sie einander nicht als bedrohlich erleben.

Alles, was ein Kind an Informationen durch seine Eltern, erwachsene Bezugspersonen oder auch durch gesellschaftliche Impulse (Beobachtungen der Welt im Alltag) erfährt, sammelt es in seinem Eltern-Ich: So also funktioniert das Leben. Im Gegensatz zum Kind-Ich, das ausschließlich innere Erfahrungen sammelt (Gefühle), speichert das Eltern-Ich nur äußere Erfahrungen (Glaubenssätze, Dogmen, Regeln ...) ab. Auch diese Periode umfasst in etwa die ersten fünf bis sechs Lebensjahre und läuft parallel zu der Datenerfassung im Kind-Ich ab. Sämtliche hier erfassten Informationen werden original aufgenommen und vom Kind weder korrigiert noch infrage gestellt. Aus seiner Abhängigkeit, seiner Unfähigkeit, Zusammenhänge zu erfassen und sich sprachlich auseinanderzusetzen, ist es ihm unmöglich, Wahrgenommenes infrage zu stellen oder es zu korrigieren. Es speichert alles Erfahrene ungefiltert ab.

Diese Zeilen lesen Sie als Erwachsener und somit auch aus dessen erfahrener und distanzierter Emotionalität heraus. Stellen Sie sich aber einmal vor, wie ein zwei oder drei Jahre altes Kind die Welt erlebt. Monster im Fernsehen sind real, eine Treppenstufe ist halb so hoch wie man selbst, der schreiende Vater ist ein übergroßer, mächtiger Gott, und wenn niemand kommt, obwohl man schreit, bleibt nur noch das Sterben. Das bildet die Basis unseres heutigen Erwachsenen-Erlebens. Kinder erleben die Welt grundsätzlich anders. Insofern glaube ich, dass wir, wollen wir unser inneres Kind verstehen lernen, uns auch verständnisvoll und liebevoll auf dessen Erleben einlassen sollten.

Im Eltern-Ich sind sämtliche Verbote, Regeln, Normen und Glaubenssätze abgespeichert. Was tut man, und was tut man nicht? Wofür werde ich akzeptiert und wofür nicht? Dabei werden vorgelebte und nichtsprachliche Informationen genauso registriert wie ausgesprochene Vorschriften und Ermahnungen. Körpersprachliche Signale, Intonation und Mimik der Bezugsperson vermitteln dem Kind schon in seinen ersten Lebensmonaten, was in Ordnung (o.k.) ist und was nicht. Durch seine Eltern erhält ein Kind lebensnotwendige Informationen über die sozialen Strukturen seiner Umwelt, über Normen, die es einhalten muss, um angenommen zu werden und über Regeln, die es davor bewahren, ausgestoßen zu werden. Die im Eltern-Ich aufgezeichneten und nicht infrage gestellten Informationen sind für das Leben des Kindes richtungweisend: „Ohne Fleiß keinen Preis; „Alle Männer sind schlecht"; „Traue keiner Frau"; „Brave Kinder sind nie wütend" usw. Alle diese Glaubenssätze werden als unzweifelhafte Wahrheiten aufgezeichnet. Sie wirken ein ganzes Leben lang und haben erst dann eine Chance verändert zu werden, wenn sie aus dem Erwachsenen-Ich bewusst hinterfragt werden. Ein Kind ist dazu allerdings nicht in der Lage. Eltern-Ich-Informationen sind, einmal aufgenommen, niemals wieder löschbar, so wie auch jede andere erlebte Erfahrung.

Solange die elterlichen Botschaften kongruent sind, wird das Kind auf diese auch zurückgreifen. Sagen die Eltern aber das eine und leben das andere vor, erhält das Kind Botschaften, die sich widersprechen und im Kind Desorientierung und Unsicherheit hinterlassen. Einem Kind zum Beispiel bestimmte Lebensmittel zu verbieten, da sie ungesund sind, diese aber selbst zu konsumieren, vermittelt ihm allenfalls Irritation, aber keine Orientierung. Informationen, die verunsichern und ängstigen, werden vom Bewusstsein jedoch abgewehrt, womit der Zugang zu widersprüchlichen Botschaften gehemmt wird. In der Konsequenz fehlt dem Kind (dem späteren Erwachsenen) in bestimmten Situationen die Orientierung, sodass es in einen inneren Konflikt gerät. Auch diesen kann es nur mithilfe der Informationen aus seinen Ich-Zuständen lösen. Stößt es dabei weiter auf Widersprüche oder ängstigende Informationen, wird es umso hilfloser und chaotischer reagieren (ausagierendes Verhalten).

Ganz besonders zerstörerisch wirken sich elterliche Verhaltensweisen aus, die durch Desinteresse, Instabilität oder Überforderung geprägt sind. Wenn Regeln oder Normen nicht nur inkongruent vermittelt werden, sondern deren Befolgen auch noch unterschiedliche Reaktionen hervorrufen, wird ein Kind die innerlich gefühlte Zerrissenheit als eigenes Defizit erleben. Es wird seine Eltern nicht infrage stellen, sondern grundsätzlich sich selbst als verantwortlich erleben. Wenn es erfahren muss, dass es für ein und dasselbe Verhalten einmal belohnt und für das gleiche ein anderes Mal bestraft wird, kann es nur die Zerrissenheit, verbunden mit den vermittelten inkongruenten Regeln, in sein Leben integrieren. Wenn es sich dann später im Kontakt mit sozialen Normen als eher hilflos und tendenziell aggressiv erlebt, zeigt sich, dass es keinen Zugriff auf die so notwendigen, hilfreichen elterlichen Botschaften hat. Es konnte in seinem Lernprozess keine nützlichen Informationen aufnehmen, da es diese nicht gab. In seinem Bemühen, alles, was Unsicherheit und Angst erzeugt, abzuwehren, kann es nur haltlos und instabil reagieren. Das Kind wird dabei bemüht sein, sich eine neue Orientierung durch ein selbst gewähltes Eltern-Ich zu schaffen, von dem es Stabilität und Kongruenz erwartet. Dies ist eine der typischen Erwartungshaltungen der Borderline-Persönlichkeit an seine Partner.

Erkennen von ICH-Zuständen - Kritisches Eltern-ICH

Allgemeines Verhalten	Typische Formulierungen	Typischer Tonfall und Sprechweise	Typischer Gesichtsausdruck	Typische Gesten und Körperhaltungen
Automatisch urteilend und wertend	„Du musst…“	Laut oder leise	Angespannt	Ruckartige und/oder einschüchternde Gestik
Ironisch	„Du sollst nicht…“	Hart	Gereizt	Erhobener Zeigefinger
Tadelnd	„Du darfst nicht…“	Überheblich	Aggressiv	Arme in die Hüfte stemmend
Strafend	„Wie konntest du nur…“	Scharf	Gerunzelte Stirn	Arme vor der Brust verschränkt
Anklagend	„Man tut…“	Klar	Hochgezogene Augenbrauen	Fäuste ballend
Schuldige suchend	„Man tut nicht…“	Potent	Augenbrauenrunzeln	Oberkörper drohend vorgelehnt
Befehlend	„Wie oft soll ich dir noch sagen…“	Spöttisch	Kritische Blicke	Breitbeiniger Stand
Autoritär	„Hör auf damit…“	Ironisch	Naserümpfen	Kopf schüttelnd
Verbietend	„Keine Widerrede…“	Zynisch	Zusammengepresster Mund	
Dogmatisch	„Ruhe!“	Sarkastisch	Missbilligendes Kopfschütteln	
Rechthaberisch	„Stillgestanden!“			
Zurechtweisend	„Wirst du wohl!“			
Grenzen ziehend oder grenzüberschreitend	„Ich warne dich!“			

Erkennen von ICH-Zuständen - Fürsorgliches Eltern-ICH

Allgemeines Verhalten	Typische Formulierungen	Typischer Tonfall und Sprechweise	Typischer Gesichtsausdruck	Typische Gesten und Körperhaltungen
Gütig	„Sorge dich nicht…“	Warm	Glücklich	Beruhigende, schützende und offene Gesten
Ermutigend	„Halb so schlimm…“	Beruhigend	Lächelnd	Langsames Kopfnicken
Anerkennend	„Lass den Kopf nicht hängen…“	Mitfühlend	Entspannt	Ausgestreckte Arme
Besorgt	„Beruhige dich erst mal…“	Gezogene Silben	Augen weit offen	Kopf tätschelnd
Mitfühlend	„Du schaffst das schon…“	Melodisch	Ruhiger Blick	Hand auf die Schulter legend
Beschützend	„Armer Kerl…“	Stimmungsvoll	Gezieltes Augenzwinkern	Aktiv helfend zur Seite stehend
Unterstützend	„Gut gemacht…“	Verhätschelnd	Weite Pupillen	Oberkörper Deckung bietend nach vorne gelehnt
Beratend	„Ich kann dich verstehen…“	Umsorgend	Volle Lippen	
Hilfsbereit	„Kopf hoch…“	Aufmunternd	Ängstlich-fürsorglich	
Tröstend	„Mach das lieber nicht, das könnte gefährlich sein…“	Zufrieden	Interessiert liebevoll	
Verstehend	„Komm, ich mach das schon für dich…“			
Bemutternd				
Überfürsorglich				
Anderen wenig zutrauend				
Anderen alles abnehmend				

Das Erwachsenen-Ich (analysierend, schlussfolgernd, Beschluss fassend)

Im Erwachsenen-Ich (ER) werden unter anderem Informationen der anderen Ich-Zustände sowie der äußeren Realität geprüft und für ein bewusstes Handeln und Entscheiden genutzt.

Im Gegensatz zum Kind-Ich und zum Eltern-Ich wird das Erwachsenen-Ich erst im Alter von etwa zehn Monaten aktiv. Bis dahin besteht das Leben des Kindes hauptsächlich aus dem Erfassen und Verarbeiten innerer und äußerer Reaktionen auf Reize und Signale seiner Umwelt. Das Kind verfügt zwar über zahlreiche Informationen in seinem Kind- und Eltern-Ich, es verfügt aber noch nicht über die Fähigkeit, diese Informationen so zusammenzuführen, dass es in der Lage ist, eigene Reaktionsmöglichkeiten zu entwickeln und selbst Einfluss auf sein Leben zu nehmen.

Mit etwa zehn Monaten aber verändern sich die körperlichen Möglichkeiten des Kindes. Es richtet sich auf und kann so seine Perspektive verändern. Es kann sich selbstständig fortbewegen, mit Gegenständen hantieren und aktiv beginnen, das Leben zu begreifen. Es nutzt die Neugier seines Kind-Ichs und setzt sich mit den Informationen des Eltern-Ichs auseinander. Es beobachtet beispielsweise, dass der Ball, den es fortwirft, nicht von allein wieder zurückkommt und lernt so zu schlussfolgern. Es entdeckt das Prinzip von Ursache und Wirkung. Es kann nun selbst Einfluss darauf nehmen, Informationen zu sammeln und zu verarbeiten. Für das Kind beginnt jetzt eine spannende und faszinierende Zeit. Seine Eltern hingegen sind von nun an gefordert, mit Präsenz und Aufmerksamkeit den Tatendrang ihres Kindes zu begleiten.

Das Erwachsenen-Ich ist ein zartes Pflänzchen, das nur unter beständiger, liebevoller Fürsorge gedeihen kann. Es ist permanent damit beschäftigt, Reize aus der Umgebung in Informationen umzuwandeln, diese Informationen mit seinen Erfahrungen in Verbindung zu bringen und die daraus entstehenden Beschlüsse und Erkenntnisse abzuspeichern. Dazu braucht es die Ermutigung, Erfahrungen zu machen. Es braucht die Chance, zu probieren, Fehler zu machen und Neugier auszuleben. Kinder, die ihr Erwachsenen-Ich stärken, sind „anstrengend“. Sie müssen alles anfassen, ausprobieren, überprüfen. Die Aussage der Mutter: „Fass die Herdplatte nicht an, sie ist heiß und du wirst dir wehtun“, ist nichts weiter als eine reine Eltern-Ich Information. Das informationshungrige Erwachsenen-Ich des Kindes will aber die Herdplatte anfassen – es muss schließlich überprüfen, was „heiß“ überhaupt ist, wie sich „wehtun“ anfühlt und vor allem, ob die Eltern-Ich Botschaft richtig ist und es ihr vertrauen kann. Erst der Schmerz, der als dazugehöriges inneres Erleben im Kind-Ich abgespeichert wird, erlaubt eine eigene Schlussfolgerung: „Mutter hat recht, Herdplatten fasse ich lieber nicht an". Erst durch diesen eigenständigen Beschluss im Erwachsenen-Ich erhält die elterliche Botschaft Anerkennung, in deren Konsequenz das Kind die nun selbst geprüfte Botschaft akzeptiert und in sich integriert. Gleichzeitig wird so das Urvertrauen ausgebildet. Die Erkenntnis, der Mutter als Informationsgeberin vertrauen zu können und die eigenen Erfahrungen als bestätigend und hilfreich zu erleben, lassen den kindlichen Schluss zu: Ich bin o.k. und die Mama (Welt) auch. Das wiederum schafft Selbstbewusstsein und Sicherheit. Die Hauptaufgabe des Erwachsenen-Ichs ist demzufolge das Überprüfen von Informationen, das Anerkennen und Hinterfragen der dazugehörigen Gefühle sowie das Analysieren und Beschlussfassen. Erst das Erwachsenen-Ich ermöglicht es, Botschaften aus den beiden anderen Ich-Zuständen so miteinander in Kontakt zu bringen, dass selbstfürsorgliches Handeln möglich ist.

Nur das ausgewogene und ungestörte Zusammenspiel aller drei Ich-Zustände ermöglicht das, was erwachsenes, selbstverantwortliches und vor allem soziales Handeln ausmacht. Die drei Zustände sind eng miteinander verbunden, sie berühren einander, sind aber trotzdem klar voneinander abgegrenzt. Diese Abgrenzungen sind von entscheidender Bedeutung, denn das Verschieben der Zustände hat einen massiven hinderlichen Einfluss auf die Fähigkeiten des Menschen, sich mit sich selbst und seiner Umwelt auseinanderzusetzen. Ein Mensch, dessen Eltern-Ich sich über das Erwachsenen-Ich geschoben hat, wird hauptsächlich auf seine verinnerlichten Dogmen und Vorurteile zurückgreifen. Die Konsequenz zeigt sich unter anderem durch Besserwisserei, Anmaßung und intolerantes Verhalten, sodass soziale Kommunikation erheblich erschwert wird.

Bei der Borderline-Persönlichkeitsstörung ergibt sich eine Konstellation der Ich-Zustände, die viele typische Verhaltensweisen erklärlich macht, und einen Einblick in die Welt „Borderline" gibt. So ist das Erwachsenen-Ich der Borderline-Persönlichkeit durch Spaltungsprozesse und Verschiebungen extrem eingeschränkt. Betroffene können vor allem in Spannungsmomenten weder Kind-Ich- noch Eltern-Ich-Informationen sinnvoll verarbeiten: Wie fühle ich mich, warum ist das so, was weiß ich dazu usw.? Erst das Erwachsenen-Ich entscheidet, wie ein Mensch mit seinem emotionalen Erleben umgeht. Typische Borderline-Verhaltensweisen, wie zum Beispiel das Erleben emotionaler Überflutungen, die Unfähigkeit, Reize abzuwehren oder der typische Kontrollverlust Betroffener, werden so verständlicher.

Mit dem Erkennen und Verstehen der borderline-typischen Verhaltensweisen ist es dem Partner auch eher möglich, sich der zerstörerischen Verschmelzung zu entziehen, die ja das charakteristische Beziehungsdilemma verursacht. Aber auch die Ich-Zustands-Konstellation des Partners zeigt Defizite, die aus seinem Kindheitserleben herrühren und nun das typisch destruktive Zusammenspiel beider Partner bedingen. Auf die spezifischen Verschiebungen und Störungen der Zustände, sowohl für die Borderline-Persönlichkeit als auch für die typische Partner-Persönlichkeit, gehe ich in „Borderline verstehen" differenzierter ein.

Erkennen von ICH-Zuständen - Erwachsenen-ICH

Allgemeines Verhalten	Typische Formulierungen	Typischer Tonfall und Sprechweise	Typischer Gesichtsausdruck	Typische Gesten und Körperhaltungen
Entspannt	Alle Fragen mit „W“:	Selbstbewusst (nicht überheblich)	Gesicht dem Partner zugewandt	Unterstreichende, angemessene Gestik
Sachlich	„Wie…?“	Sachlich (nicht unpersönlich)	Offen und direkt	Aufrechte Haltung
Objektiv	„Was…?“	Neutral	Aufmerksam	Wechsel der Körperhaltung
Zuhörend	„Wann…?“	Ruhig	Nachdenklich	Gerade Kopfhaltung (weder gesenkt=Kind-Ich, noch erhoben=Eltern-Ich)
Interessiert	„Wer…?“ usw.	Leidenschaftslos	Entspannt	Oberkörper interessiert nach vorne gelehnt
Emotionslos		Verbindlich	Aktives Zuhören	
Konzentriert	Aussagen mit:	Klar und deutlich	Häufiger Wechsel des Gesichtsausdruckes entsprechend der Situation	
Aufmerksam	„Wahrscheinlich…“			
Aufgeschlossen	„Möglich…“			
Daten sammelnd und verarbeitend	„Verglichen mit…“			
Blickkontakt	„Meiner Ansicht nach…“			
Fragen stellend	„Ich denke…“			
Alternativen entwickelnd und auswählend	„Ich werde…“			
Autonom	„Ich kann…“			

Das Streicheln und seine Bedeutung

Das, was in der Transaktionsanalyse als Streicheln bezeichnet wird, benennt ein grundsätzliches Bedürfnis, in dem sich verschiedene Zuwendungsformen miteinander verbinden. In erster Linie geht es um das Wahrgenommen-werden, das Erkennen der Existenz eines Menschen und daraus resultierend, um Zuwendung in vielfältiger Form. Ohne diese Zuwendung bleibt der Mensch im Zustand des Abgetrenntseins und ist demzufolge nicht lebensfähig.

Bevor ein kleiner Mensch geboren wird, lebt er unter idealen geschützten Bedingungen. Geborgen und sicher existiert er im Leib seiner Mutter und ahnt nicht das Geringste von der Welt außerhalb seines kleinen Universums. Versuchen Sie, sich nun einmal in dieses Menschlein hineinzuversetzen, wenn es auf einmal eng wird in seinem Lebensraum, bedrohliche Kontraktionen die Enge noch verstärken und es in den Geburtskanal zwängen, in dem es eine noch nie erlebte, bedrohliche Beengung ertragen muss. Dann wird es in ein grelles, noch nie wahrgenommenes Licht gestoßen, völlig unbekannte Kälte umfängt seinen Körper und das, was es an Geräuschen wahrnimmt, ist schmerzhaft laut. Das, was man als Geburtstrauma bezeichnet, erlebt das Kind als den Moment seines Sterbens. Es erfährt sich als abgetrennt von dem, was es bisher am Leben erhalten hat – von seiner Mutter.

In dem Moment aber, in dem es zum ersten Mal berührt wird und Hände dafür sorgen, dass es atmen kann, dass es gehalten und versorgt wird, erlebt es sein erstes Streicheln. Dieses Streicheln vermittelt dem Kind, dass es nicht stirbt, es erlebt die erste Zuwendung seines Lebens in Form wohltuender Berührungen. Das Streicheln beendet den Zustand des Abgetrenntseins und die damit verbundenen Todesängste. Von nun an braucht das Kind ein beständiges Streicheln in Form von Berührungen beim Nähren und Säubern. Es erlebt durch die körperliche Wärme der Mutter, dass es auch losgelöst von ihr existieren kann, wenn sie ihm nur immer wieder ihr Streicheln gewährt. Die erste Lektion, die es auf dieser Welt lernt, heißt: **Streicheln ist Leben!**

Vom Moment der Geburt eines Menschen bis zu seinem letzten Atemzug bemüht er sich nun um dieses lebenserhaltende Streicheln, das tief in ihm mit dem Bewusstsein von Lebendigkeit verbunden ist. Gestreichelt zu werden, sichert die Erfüllung seiner sozialen Bedürfnisse, wie Wertschätzung, Anerkennung und Zugehörigkeit und bewahrt ihn vor dem tödlichen Empfinden des Abgetrenntseins.

Naturgegeben braucht das Kind in den ersten Monaten permanente körperliche Zuwendung, um sich sicher zu fühlen. Später dann, wenn es beginnt, sich zu lösen, verändert sich auch die Form des Streichelns in gelegentliches Halten, Trösten, Zuhören, Empathie. Auch Erwachsene, die eher mit der symbolischen Form des Streichelns in Form von Grüßen, Gehaltserhöhungen, Beförderungen usw. vertraut sind, brauchen immer wieder körperliche oder empathische Streicheleinheiten, um bestimmte schwierige Situationen verarbeiten zu können. Es existieren verschiedene Arten von Zuwendung, die in ihrer Gesamtheit immer eine Reaktion auf einen Menschen darstellen.

In der Transaktionsanalyse unterscheidet man vier Arten von Zuwendung:

- **Die bedingungslose positive Zuwendung** wird sozusagen geschenkt. Sie wird ohne Gegenleistung und bedingungslos gegeben und bezieht sich dabei auf die Existenz eines Menschen, einfach nur auf sein Da-Sein (wie schön, dass es dich gibt).
- **Die bedingte positive Zuwendung** wird für etwas gegeben, was an einem anderen gefällt, für eine konkrete Leistung oder ein bestimmtes Verhalten. Diese Zuwendungsart motiviert zum Lernen und vermittelt Freude an der Leistung, weshalb sie eine wichtige Zuwendungsform darstellt (das hast du gut gemacht).
- **Die bedingte negative Zuwendung** bezieht sich auf Fehler, störendes Verhalten o.ä. (z.B. Tadel). Auch diese Art von Zuwendung hat ihre Berechtigung, um uns zu korrigieren, Irrtümer aufzuklären und Veränderungen zu bewirken (das war nicht richtig).
- **Die bedingungslose negative Zuwendung** richtet sich gegen all das, was eine Person ausmacht und gegen ihre Existenz. Sie wirkt durch und durch zerstörerisch, verletzend und vernichtend. Hierzu gehören unter anderem Schläge, Drohungen, Herabsetzungen und Diffamierungen (ich hasse dich).

Streicheln ist also nicht ausschließlich positiver Natur und definiert sich am ehesten durch das Erkennen, Beachten und Reagieren auf einen Menschen. Aber auch die bedingungslos negative Zuwendung wird in ihrer Zerstörungskraft noch von etwas übertroffen - der Ignoranz. Es gibt nichts Schlimmeres für einen Menschen, als nicht beachtet zu werden. Offensichtliche Missachtung durch Ignoranz hat vernichtenden Charakter und wird aus der kleinkindlichen Abhängigkeit vom Streicheln als tödlich erlebt.

Jeder Mensch braucht das zuwendende Streicheln zum Überleben, als Kind definieren wir unsere Existenz darüber. Später neigen wir dazu, von unseren

Bezugspersonen genau die Form der Zuwendung einzufordern, die uns aus unseren ersten Jahren am vertrautesten ist. Auch wenn wir in der Regel davon ausgehen, dass jeder Mensch sich am ehesten nach bedingter oder bedingungslos positiver Zuwendung sehnt, haben doch viele Menschen in ihren ersten Monaten und Jahren negative Zuwendungsformen erfahren müssen. Diesen Menschen ist es später nur schwer möglich, positives Streicheln anzunehmen. Eine derartige Zuwendung „passt" nicht zu den Erfahrungen in ihrem Kind- und Eltern-Ich und hinterlässt ein Gefühl der Irritation, so, als ob etwas nicht stimme. Borderline-Persönlichkeiten, die zwar süchtig nach positiver Zuwendung sind (o.k. zu sein, heißt leben), können diese aber, wenn sie diese dann erhalten, oft nur als „falsch", „verlogen" oder „unverdient" wahrnehmen. Sie erleben sich in Konfrontation mit positivem Streicheln zumeist „als nicht richtig" und korrigieren die Realität durch ihre Interpretationen, um sich ein Mindestmaß an Orientierung zu schaffen. Sie machen sich die Welt passend, indem sie beispielsweise Bezugspersonen für ihr positives Streicheln angreifen oder unmittelbar und kaum nachvollziehbare Konflikte schaffen. Die daraus resultierende Reaktion der Angehörigen bzw. Partner, die sich ärgerlich oder enttäuscht zeigen und sich eventuell auch aus dem Kontakt zurückziehen, verschafft ihnen dann das vertraute negative Streicheln. Die so herbeigeführte Übereinstimmung mit dem, was sie in sich wahrnimmt, gewährt der Borderline-Persönlichkeit ein Mindestmaß an Sicherheit.

Lebensanschauungen

Es gehört zu den Grundbedürfnissen eines Kindes, so früh wie möglich ein Bewusstsein über die eigene Position im Leben zu entwickeln. Sich selbst und die Welt einschätzen zu können, ermöglicht dem Kind, schnell auf außenstehende Reize zu reagieren. So kann es sich einen größtmöglichen Schutz vor Verletzungen schaffen und auch lebenserhaltende Strukturen (soziale Kontakte, die es unterstützen) schnell identifizieren und von ihnen profitieren. Etwa bis zum Ende des zweiten Lebensjahres entwickelt jedes Kind unbewusst und aufgrund seines Streichelerlebens eine Lebensanschauung, die ihm letztendlich neben der eigenen Positionierung in der Welt auch dabei behilflich ist, sich in dieser zu orientieren und das eigene Überleben möglichst umfassend abzusichern. Diese Lebensanschauung ist unauslöschlich für das ganze Leben vorgegeben, sie bestimmt all seine Handlungen und kann nur noch bewusst im Erwachsenen-Ich verändert werden. Dabei orientiert sich das Kind unter anderem an der Art und Weise, wie und ob es lebensnotwendige, streichelnde Zuwendungen erhält und daran, wie abhängig es sich von äußerer Zuwendung wahrnimmt. Für das Kind ist das Streicheln dann lebenserhaltend, wenn die Zuwendung seine Bedürftigkeit stillt. Dies setzt wiederum voraus, dass seine Bedürfnisse auch wahrgenommen werden. Seine Möglichkeit, sich mitzuteilen (schreien, weinen, glucksen, lächeln ...) wird durch achtsame Bezugspersonen erkannt und in Zuwendung umgesetzt. So erkennt das Kind, dass es sowohl in seiner Mitteilung, als auch in seinem Bedürfnis o.k. ist. Erfährt es jedoch keine oder eine inadäquate Reaktion, kann es sich nur als nicht o.k. erleben. Durch die Identifikation mit seiner Bezugsperson nimmt es dann auch diese als nicht o.k. wahr. Die Zusammenstellung dieser beiden Komponenten bildet eine der nachfolgenden Lebensanschauungen:

1. „Ich bin nicht o.k. - du bist o.k."
2. „Ich bin nicht o.k. - du bist nicht o.k."
3. „Ich bin o.k. - du bist nicht o.k."
4. „Ich bin o.k. - du bist o.k."

1. „Ich bin nicht o.k. – du bist o.k."

Die grundlegende Erfahrung, die jedes Kind in seinem ersten Lebensjahr macht, ist die Erkenntnis, allein nicht überlebensfähig zu sein (Harris). Es erfährt sich als abhängig von den großen Menschen, die darüber entscheiden können, ob es dem kleinen Menschen gut geht oder nicht. Da das kleine Kind nur wenig Einfluss darauf nehmen kann, wie sich die Großen um seine Bedürfnisse bemühen, kommt es zu dem Schluss *„ich bin nicht o.k. – du bist o.k."*. Einfacher ausgedrückt, könnte der kleine Mensch auch schlussfolgern – ich kann nicht streicheln – du kannst es. Dabei schätzt er sowohl seine eigene Hilflosigkeit, seine Abhängigkeit und sein Ausgeliefertsein ein wie auch die Fähigkeit seiner Bezugspersonen, sein Überleben durch Zuwendung und Versorgung abzusichern. Da die Großen ihm ja geben können, was er braucht und er nur so überleben kann, müssen sie logischerweise o.k. sein. Da er ohne diese Zuwendung nicht überleben kann, kann also nur er nicht o.k. sein.

Diese Lebensanschauung entspricht den meisten Menschen, die als Kleinstkind sowohl das Alleinsein als auch Fürsorge erlebt haben. Im Erleben des eigenen Wesens orientierte es sich ausschließlich an den Reaktionen seiner Bezugspersonen. Je nachdem, wie diese sich ihm zugewandt haben, erlebte es sich selbst als gut oder schlecht. Es war abhängig von der Reflektion der erwachsenen Bezugsperson und bewertete sich ausschließlich nach deren Feedback.

Solange diese Lebensanschauung präsent ist, bleibt auch die Abhängigkeit von äußerer Reflektion bestehen. Das hinter dem „Ich bin nicht o.k." verborgene Minderwertigkeitsempfinden sucht ständig nach der Zuwendung und Bestätigung des lebenserhaltenden Streichelns. Da in dieser Lebensanschauung auch ein O.K. enthalten ist, nämlich das der anderen, kann die Zuwendung von außen auch angenommen werden. Die Annahme „Du bist berechtigt, mir diese Zuwendung zu geben, denn du bist o.k.", ist immer wieder wirksam.

Irgendwie muss sich aber der Mensch, der sich abhängig fühlt, nun mit dieser Lebensanschauung arrangieren. Also entwickelt er verschiedene Möglichkeiten, um mit diesem Weltbild zu leben:

(1) Er sucht nach der Bestätigung seiner „Ich-bin-nicht o.k."-Einstellung durch das Kind-Ich und schafft sich immer wieder Situationen (Inszenierungen), in denen er unterlegen ist und sich als wertlos und abhängig wahrnimmt. Er neigt dazu, Übergriffe zu provozieren, um sich seinen Status so aufrecht zu erhalten. Er beweist sich und anderen permanent, dass er eben nicht o.k. ist.

(2) Er ist bemüht, sich nicht beständig mit der Überlegenheit von O.K.-Menschen zu konfrontieren, um sich so nicht immer wieder der eigenen Defizite bewusst zu werden. Also meidet er derartige Kontakte, zieht sich aus diesen zurück oder sucht die Distanz. Er hat Angst vor Intimität und Nähe, die ihn ja in seinem „Ich bin nicht o.k." entlarven könnten und neigt zum ambivalenten oder distanzierten Bindungsstil. Seine Unfähigkeit zur Selbstfürsorge ist stark ausgeprägt. Da er von seiner Unfähigkeit überzeugt ist, vermeidet er Verantwortlichkeit. Er zeigt sich weder offen noch ehrlich und hat Angst, Entscheidungen zu treffen und diese zu vertreten. Seine verinnerlichte Annahme, zu versagen, würde ihm seinen „Nicht-O.K."-Status bestätigen, was er vermeiden möchte.

(3) Er konzentriert sich auf die Botschaft seines Eltern-Ichs: „Du kannst o.k. sein, wenn ...". Also sucht er nach einem Partner, dem er gefällig sein kann. Hier kann er etwas leisten, sich nach folgendem Grundsatz Zuwendung verdienen: „Wenn ich nur dies oder jenes schaffe, werde ich auch gesehen, anerkannt, geliebt ...". Je stärker die Forderungshaltung aus dem Eltern-Ich des Partners, desto höher erscheint der Wert der Zuwendung. Sein Kind-Ich ist geprägt davon, sich ein O.K. der Bezugsperson zu erkämpfen. Nur dann kann er dessen Streicheln auch annehmen. Ein geschenktes, bedingungsloses Streicheln hingegen kann nicht akzeptiert werden. Da sein Eltern-Ich davon geprägt ist, o.k. zu sein, sein Selbstbild sich jedoch nicht als o.k. erlebt, wird es die eigene Wahrnehmung verleugnen, den Anderen als nicht o.k. zu erkennen. Ein Kind, das misshandelnde Verhaltensweisen seines Elternteils akzeptieren musste, um zu überleben, wird auch destruktives Verhalten seines Elternteils als o.k. erleben. Es wird sich selbst in Frage stellen, um sich die Illusion eines zuwendungsfähigen Elternteils zu erhalten. Manipulation, Übergriffigkeit oder Maßlosigkeit werden so als o.k. wahrgenommen und nicht infrage gestellt. Eifrig und willig wird es immer wieder gefügig sein, um sich das O.K. der Bezugsperson (Partner, Chef, Kinder ...) zu verdienen, und treibt sich zu ständigen Höchstleistungen an, zu denen es auch leicht manipuliert werden kann. Es definiert sich über das O.K.-Streicheln seines unbefriedigten Gegenübers und ist beständig bemüht, sich dieses zu verdienen. Da aber aus der Strategie des „Verdienens" kein wahrer Selbstwert entsteht, sucht der Betreffende immer wieder nach bedürftigen und unstillbaren Partnern. Hier zeigt sich eine hilflose Reaktion auf die verinnerlichte Annahme, nicht gut genug zu sein, ein noch immer aktiver und kindlicher Drang, die „Eltern" - stellvertretend über die Person des Partners

- zufriedenzustellen, um endlich o.k. und in Sicherheit zu sein (typischer Bewältigungsmechanismus der meisten Borderline-Partner).

Jede dieser Bewältigungsstrategien führt, wenn sie konsequent beibehalten wird, in die Verbitterung oder Depression. Burnout, Einsamkeit, psychische Störungen oder sogar der Suizid können die Konsequenzen sein. Glücklich macht diese Lebenseinstellung nicht. Diese Erkenntnis ist angesichts der Tatsache, dass dies ja die Lebensanschauung der meisten Menschen ist, umso bitterer, da sie nur selten in aktiven Entwicklungsprozessen verändert wird.

2. „Ich bin nicht o.k. – du bist nicht o.k."

Diese Lebensanschauung entsteht, wenn desinteressierte und gefühlsarme Bezugspersonen (Eltern) sich ihrem Kind mangelhaft zuwenden und ihr Streicheln früh einstellen. Meist beginnt dies, wenn das Kind laufen lernt und das überlebensnotwendige Hochheben und Berühren zu seiner Versorgung wegfallen. Oft erlebt das Kind durch seine neue Selbstständigkeit in seinen Bewegungen Verletzungen, die mit Schmerz verbunden sind, und erfährt durch seine Bezugspersonen auch noch entsprechende Strafen, die Angst und Schmerz potenzieren. Es fühlt sich verlassen und entwickelt durch das ausbleibende Streicheln Hoffnungslosigkeit. Seine Aktivitäten nehmen in der Konsequenz ab, da es ja gelernt hat, dass diese mit Schmerz und Zurückweisung verbunden sind. Dies hat wiederum für die Entwicklung des lebensnotwendigen Erwachsenen-Ichs katastrophale Folgen. Das neugierige Verschaffen von Informationen über alles, was das Leben ausmacht, wird zur Bedrohung, und so werden lebensnotwendige Entwicklungsprozesse unterbunden und gestört.

Menschen, die weder sich noch andere als o.k. wahrnehmen, sind von beständiger Streichelbedürftigkeit, ohne jedoch in der Lage zu sein, von anderen ein Streicheln annehmen zu können. Da andere ja nicht o.k. sind, kann von ihnen auch kein Streicheln akzeptiert werden. Unabhängig davon, wie intensiv, beständig oder echt das Streicheln der Bezugsperson auch ist, es kann nicht integriert werden. Das Erwachsenen-Ich kann aufgrund seiner massiven Defizite in zwischenmenschlichen Beziehungen nicht genutzt werden. Dies hat zerstörerische Konsequenzen, sowohl für das Lernvermögen als auch für die Fähigkeit, sich für die Beziehungserhaltung verantwortlich zu sehen.

Menschen mit dieser Lebenseinstellung neigen dazu, sich diese beständig zu beweisen: Sieh nur, „ich bin nicht o.k.". Sobald ihre Aktion (Übergriffe,

Gewalt, Herabsetzung, Anmaßung ...) auf eine entsprechende Gegenreaktion stößt, wird der konfrontierten Bezugsperson das „Du-bist-nicht-o.k." zugewiesen (hab ich's doch gewusst ...).

Dies ist die typische Lebenseinstellung einer Borderline-Persönlichkeit.

3. „Ich bin o.k. – du bist nicht o.k."

Wenn ein Kind in seinen ersten Lebensmonaten und -jahren schwersten Misshandlungen ausgesetzt ist, erlebt es das Wegbleiben der Bezugsperson als erlösend. Es erträgt eher das bedrohliche Alleinsein und das Nichtversorgtwerden, als die Empfindungen, die durch den Kontakt mit seiner Bezugsperson ausgelöst werden. In seiner logischen Konsequenz lernt es so, dass es für sich allein o.k. ist, denn solange es nicht im Kontakt mit anderen ist, ist es auch keiner Gefahr ausgesetzt. Gleichzeitig erfährt es, dass andere nicht o.k. sind, denn durch sie erlebt es ja den grenzenlosen Schmerz. Um zu überleben, muss es das, was ihm angetan wird, ertragen, wobei sich aber die Erfahrung, dass andere grausam und somit nicht o.k. sind, mit jedem neuen Schmerz weiter manifestiert.

Ein Mensch, der dieser Entwicklung ausgesetzt war, betrachtet sein Fühlen, Denken und Handeln immer als o.k., gänzlich unabhängig von dem, was er tut. Andere werden dabei immer als schlecht und nicht o.k. wahrgenommen, womit sich jegliches Handeln gegen sie auch rechtfertigt. Dabei ist er völlig unfähig, sich zu reflektieren und objektiv zu sein oder Verantwortung für sein Handeln zu tragen. Für ihn sind immer und ausschließlich die anderen schuld. Jede Information darüber, dass andere o.k. sein könnten, wird ignoriert und abgewehrt. Aufgrund seiner extremen Streicheldefizite leidet er an permanentem Streichelhunger. Da ein Streicheln aber nur so gut sein kann wie der, der es gibt, kann es für ihn kein wirkliches Streicheln geben. In seinem Erleben existieren keine O.K.-Menschen, und so kann jede Begegnung mit anderen nur Frustrationen und neue Defizite auslösen, für die diese dann verantwortlich gemacht und mit vertrauter Grausamkeit bestraft werden. Menschen mit dieser Lebenanschauung neigen ebenfalls zur Inszenierung, wobei sie sich immer wieder Situationen schaffen, die es ihnen ermöglichen, ihre Anschauung zu bestätigen. Harris bezeichnet dies als die kriminelle Lebensanschauung: „Das sind Menschen ‚ohne Gewissen' und mit der Überzeugung, dass sie o.k. sind, egal, was sie tun. Die letzte Konsequenz dieser Anschauung ist Mord, der vom Mörder als gerechtfertigt empfunden wird."

4. „Ich bin o.k. – du bist o.k."

Bei dieser Lebensanschauung handelt es sich nicht um eine ursprüngliche Lebenseinstellung, sondern um eine bewusste Entscheidung, die sich aus dem Verarbeiten von Informationen und dem Hinterfragen der eigenen Lebenseinstellung ergibt. Diese Lebenseinstellung ist dadurch gekennzeichnet, dass sie nicht aus einstmals erlebten Gefühlen resultiert, sondern aus einer aktiven positiven Auseinandersetzung mit dem augenblicklichen Erleben. Es ist zwar unmöglich, die negativen Erinnerungen der Kindheit zu löschen, aber jeder Mensch hat die Chance, bewusst neue und positive Erlebnisse aufzunehmen. Dies ist jedoch ein langwieriger Prozess, der vom Erwachsenen-Ich gesteuert wird, das entwickelt und gestärkt werden muss, um durch eine Vielzahl von neuen Informationen und Schlussfolgerungen auch neue Entscheidungen und Anschauungen zu ermöglichen.

Menschen, die sowohl sich als auch andere als o.k. erleben, sind nicht nur befähigt, unendlich viele Informationen über sich und andere zu erfassen, sondern dabei auch nicht erlebte Möglichkeiten einzubeziehen. Sie verfügen über ein leistungsfähiges Erwachsenen-Ich, das ihnen ermöglicht, Verantwortung zu tragen, für sich zu sorgen und soziale Kompetenz zu entwickeln. Sie sind das, was man als emotional intelligent bezeichnen kann. Dabei sind sie in der Lage, sich selbst zu motivieren, sinnvoll und bereichernd mit ihrer Emotionalität umzugehen und Frustrationen zu tolerieren. Sie sind nicht davon abhängig, permanent gestreichelt zu werden, können sowohl echtes Streicheln geben, als auch annehmen und müssen keine Streicheldefizite auffüllen.

Sich und andere als o.k. wahrzunehmen, ist die glücklichste Lebenseinstellung.

Die Lebensanschauung eines Menschen zeigt sich sowohl im Umgang mit der eigenen Persönlichkeit als auch im Umgang mit anderen. Jede soziale Interaktion beinhaltet sowohl Impulse der jeweiligen Lebensanschauungen als auch des augenblicklichen Ist-Zustandes. Letzterer ergibt sich, wie bereits beschrieben, aus den vielfältigen Reizen und Triggern, die in jeder Interaktion präsent sind. So bewerten Borderline-Persönlichkeiten das Verhalten anderer grundsätzlich nach Ihrer Lebensanschauung „Ich bin nicht o.k. – du bist nicht o.k.". Sie suchen in Kontakten mit anderen nach Zurückweisung und Gefahr und können Zuwendung nur dann annehmen, wenn sie sich in diesem Moment auch gut fühlen. Geht es Ihnen schlecht, wird die gleiche Zuwendung als Aggression gewertet. Aus diesem Konstrukt heraus wird verständlich, dass die typisch-symptomatischen Verhaltensweisen von Borderline-Persönlichkeiten ausschließlich aus deren Lebensanschauung und einer spezifischen, störungsbedingten Anordnung ihrer Ist-Zustände resultieren.

Partner von Borderline-Persönlichkeiten sollten in der Lage sein, diesen Hintergrund zu erkennen, einzuordnen und die Welt „Borderline" zu verstehen, da ihnen sonst jegliche Abgrenzung und Differenzierung unmöglich wird. Gleichzeitig sollten sie aber vor allem auch in der Lage sein, sich selbst zu verstehen. Ohne ein klares Bewusstsein über ihre eigene Lebensanschauung und die von ihnen genutzten Bewältigungsstrategien, werden sie kaum in der Lage sein, sich aus destruktiven Beziehungen und Lebenskonstellationen zu lösen.

Die Analyse von Transaktionen

Eine Transaktion ist der Austausch von Mitteilungen (Reiz und Reaktion) zwischen mindestens zwei Menschen. Dabei präsentieren diese sich aus einem ihrer Ich-Zustände, denen sich typische Merkmale zuordnen lassen. Doch Vorsicht ist geboten. Kommunikation findet auf verschiedenen Ebenen statt. Verbale Äußerungen sind begleitet von Intonation und körpersprachlichen Merkmalen (Mimik, Gestik). Eine scheinbare Äußerung aus dem kritischen Eltern-Ich kann durchaus vorher durchdacht worden sein und wird so zur Erwachsenen-Ich-Aussage.

Da Transaktionen immer auch aus einem sowohl positiven wie auch negativen Ich-Zustand kommen können, vermitteln sie auch immer ein O.K. oder ein Nicht-O.K. Auf unbewusster Ebene nehmen wir dies unglaublich schnell wahr und reagieren darauf. Ein Bewusstsein dafür zu entwickeln, kann helfen, Manipulationen zu erkennen und abzuwehren, Konflikte zu vermeiden oder zu lösen, bzw. Bindungen zu intensivieren.

Nachfolgend werde ich Sie nun mit den wichtigsten Transaktionstypen vertraut machen:

1. Die Komplementär-Transaktion
2. Die gekreuzte Transaktion
3. Die verdeckte Transaktion

1. Die Komplementär-Transaktion

Eine Transaktion wird dann als komplementär bezeichnet, wenn Reiz und Reaktion auf parallelen Linien verlaufen. Die Transaktion ergänzt sich dabei immer wieder von selbst und kann ungestört und endlos andauern. Dabei muss sich die Kommunikation nicht unbedingt zwischen den gleichen Ich-Zuständen abspielen, es reicht aus, wenn im Kommunikationsschema die Pfeile parallel verlaufen.

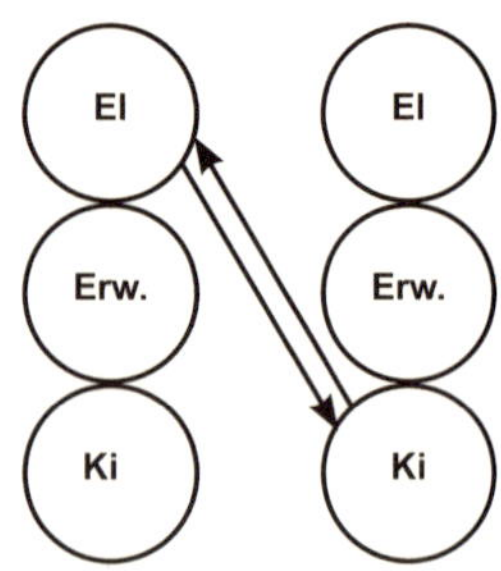

Beispiel:

Marina sitzt mürrisch auf dem Sofa. Als Klaus nach Hause kommt, hört er als Erstes: *„Nie bist du pünktlich".* Klaus entgegnet: *„Stimmt ja gar nicht, vorgestern war ich sogar früher als sonst hier."*

Das kritische Eltern-Ich (kEL) von Marina richtet sich direkt an das Kind-Ich (KI) von Klaus und hält sich dabei ungeprüft am „nie" fest. Marina vermittelt Klaus, dass er jetzt gerade für sie „nicht o.k." ist. Klaus hingegen verfällt in das angepasste Kind-Ich (aKI) und versucht, sich zu rechtfertigen (doch, guck mal – ich bin o.k., aber du bist es nicht).

Daraus kann sich eine langanhaltende Diskussion ergeben, die mit dem Thema Pünktlichkeit beginnt und irgendwann beim Thema Scheidung endet. Marinas kritisches Eltern-Ich versucht, sich durch eine thematische Positionierung zu stabilisieren und rechnet fest mit den Beschwichtigungsversuchen aus dem angepassten Kind-Ich von Klaus. Diese parallel verlaufende Kommunikation hat alle Chancen, beiden Personen eine langanhaltende Kommunikation aus ihren augenblicklichen Lieblings-Ich-Zuständen zu liefern.

Einfache Komplementär-Transaktionen verlaufen in der Regel aber konfliktfrei. Der Austausch zwischen dem Erwachsenen-Ich des einen mit dem Erwachsenen-Ich des anderen, läuft zum Beispiel oft völlig unspektakulär ab: *„Wie spät ist es?" – „9 Uhr!" - „Fährt diese Bahn ins Zentrum?" – „Nein".*

2. Die gekreuzte Transaktion

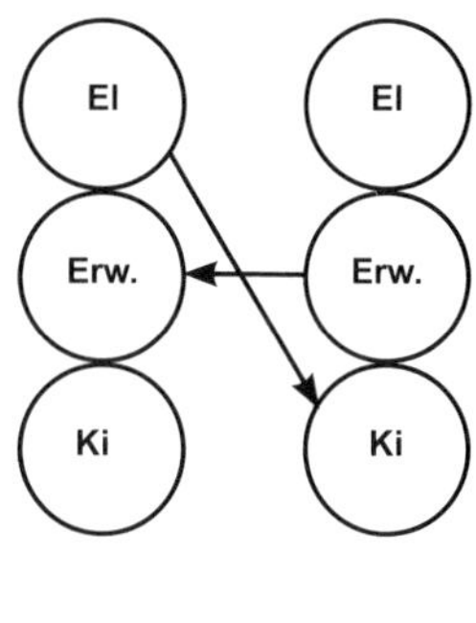

Wenn sich Reiz und Reaktion im Kommunikationsschema überkreuzt darstellen, wird die Kommunikation unterbrochen und somit gestört. Störung muss dabei nicht zwingend heißen, dass sich nun ein Konflikt aufbaut. Eine gekreuzte Transaktion kann ebenso einen Konflikt lösen.

Beispiel:

Wenn sich Klaus nun dazu entschließt, den Dingen auf den Grund zu gehen und sich zunächst einmal konkrete Informationen zu holen, um die Situation besser einschätzen zu können, kann er aus dem Erwachsenen-Ich (ER) heraus auch fragen: *„Wann hast du denn mit mir gerechnet?".* Marina kann nun (wenn sie will) zulassen, dass Klaus sie als o.k. erlebt und ebenfalls aus dem ER reagieren: *„Vor einer halben Stunde, ich wollte doch mit dir ins Kino gehen."* Damit wäre der

Übergang in die Komplementär-Transaktion geschafft und beide werden bestenfalls eine spätere Vorstellung besuchen, ohne eine Scheidung auch nur in Erwägung zu ziehen.

Die gekreuzte Transaktion bietet aber auch zahlreiche Kombinationsmöglichkeiten der Ich-Zustände, die zu Konflikten führen. Oft ist es die „Ich-bin-nicht-o.k."-Lebensanschauung einer der Beteiligten, die zu Kommunikationsstörungen führt. Nicht o.k. zu sein, führt dazu, dass die Betroffenen sich häufig als angegriffen oder herabgesetzt erleben, auch wenn dies nicht der Fall ist. Lebensanschauungen dienen ja grundsätzlich der Orientierung, und so werden entsprechende Impulse aus der Umwelt, nach dem O.K.- oder Nicht-O.K.-Erleben der beteiligten Person eingeordnet.

Dazu kommt, dass „Nicht-O.K.-Menschen" oft aus ihrem Eltern-Ich an Transaktionen teilnehmen. Sie bemühen sich, ihre „Nicht-O.K.-Einstellung" zu kompensieren, indem sie versuchen, bei ihrem Gegenüber ein „Du bist nicht o.k." auszulösen (so, wie es ihnen die Eltern einst vorlebten). Dabei suchen sie ständig nach Kritikmöglichkeiten, um sich so ein Überlegenheitsgefühl zu schaffen, was das eigene „Nicht-O.K." zumindest vorübergehend erträglicher macht. Die frustrierte Mutter, die ihren Kindern vermittelt, was für eine Last sie sind; der gereizte Ehemann, der nach einem erfolglosen Tag im Büro einen nicht abgewaschenen Teller zum Anlass nimmt, seiner Frau zu beweisen, dass sie lieblos, faul und bequem sei ...

Der Verlauf einer solchen Transaktion ist allerdings von der Ich-Zustands-Reaktion des Kommunikationspartners abhängig und führt nicht zwangsläufig zu einer Überkreuz-Transaktion und somit zum Konflikt. Die schuldbewussten Kinder versuchen, die Mutter zu besänftigen, sie fügen und erklären sich. Eine sich rechtfertigende Ehefrau forciert ebenso eine komplementäre Transaktion und somit den Nährboden für eine langanhaltende Auseinandersetzung. Erst der Ich-Zustandswechsel, zum Beispiel in das positive kritische Eltern-Ich der Ehefrau (Ich bin nicht bereit, mich mit dir auseinanderzusetzen, wenn du so mit mir sprichst) führt in eine überkreuzte Transaktion und somit in die Störung des vorhersehbaren Ablaufs im Komplementärbereich. Dem ausufernden „Nicht-O.K.-Spiel" kann so Einhalt geboten werden.

Die einzige Chance, sich nicht auf derartige „Nicht-O.K.-Spiele" einzulassen, liegt darin, sich der eigenen „Nicht-O.K."-Annahme und der damit verbundenen Kommunikations- und Verhaltensmuster bewusst zu werden. Sich sowohl ein stabiles „Ich bin o.k." zu erarbeiten als auch aus dem Erwachsenen-Ich zu kommunizieren, ist allerdings ein langwieriger Prozess. Hier ist es zwingend notwendig, den Inhalt der eigenen Kindheits- und Eltern-Ich Aufzeichnungen genau zu kennen.

3. Die verdeckte Transaktion

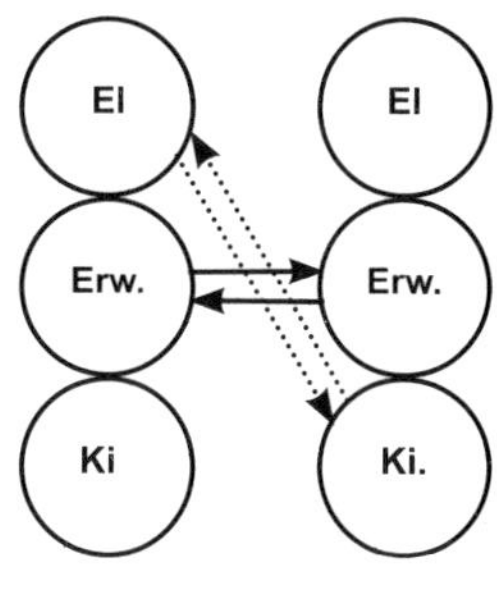

Maßgeblich für den Ablauf von Transaktionen ist aber oft nicht das Gesagte, sondern das, was durch Mimik, Gestik oder Intonation vermittelt wird. Wenn offensichtlich aus einem Ich-Zustand eine Botschaft gesendet wird, dabei aber eine versteckte Botschaft eines anderen Ich-Zustandes die Kommunikation unausgesprochen dominiert, ergibt sich eine verdeckte Transaktion. Leider sind diese sehr häufig anzutreffen, insbesondere dort, wo negative Ich-Zustände wirken, wo Lebensanschauungen von einem „Ich bin nicht o.k." dominiert werden und so durch Unsicherheit und Ängste nach Ausweichmöglichkeiten in der Kommunikation gesucht werden. Grundlegende Motivation für die verdeckte Transaktion ist oft die Angst davor, Verantwortung für die Kommunikation zu übernehmen. Eine Bitte oder einen Wunsch zu äußern, kann für Nicht-O.K.-Menschen gefährlich sein, wenn diese mit Widerstand, Kritik oder Zurückweisung rechnen. Um dem befürchteten „Du bist nicht o.k." des Gegenübers zu entgehen, teilen sie ihre Wünsche nur verdeckt oder subtil mit („es ist kalt hier", statt: „bitte schließ doch das Fenster"). Je abhängiger ein Mensch von dem O.K. seiner Mitmenschen ist, desto häufiger wird er verdeckte Transaktionen nutzen. An diesen sind immer mehrere Ich-Zustände beteiligt, die sich teils offen oder auch auf der verdeckten Ebene zeigen.

Beispiel:

Marina versucht sich seit Jahren erfolglos an Diäten. Ihr Übergewicht ist so immer wieder Thema zwischen ihr und Klaus, was ihn häufig nervt (ohne dass er den Mut hat, dies auszusprechen). Als beide abends vor dem Fernseher sitzen und Pizza essen, langt Marina recht ungehemmt zu. Klaus fragt: *„Das wievielte Stück Pizza isst du da eigentlich?"*, worauf Marina mit: *„das vierte"*, reagiert und noch einmal betont herzhaft zugreift. Die restliche Kommunikation des Abends bestreitet daraufhin der Fernseher.

Klaus hat scheinbar offen aus dem ER heraus um eine Information gebeten. Auf der non-verbalen Ebene aber drückte er aus dem kEL deutlich aus: *„Iss doch* *nicht schon wieder so viel (ich habe keine Lust mehr auf das ständige Diätenthema)"*. Marina reagierte scheinbar ebenfalls aus dem ER und beantwortete die Frage von Klaus gewissenhaft. Die verdeckte EL-Botschaft von Klaus an ihr Kind-Ich aber, ließ sie aus diesem heraus auch sofort rebellieren. Ihre nonverbale Rektion aus dem rebellischen Kind-Ich (rKI), sich sofort genießerisch-trotzig ein neues Stück zu nehmen, entgegnete dem kEL von Klaus ganz ohne Worte: *„Geht dich gar nichts an!"*

Bei verdeckten Transaktionen wird besonders deutlich, wie wenig der rein verbalen Information an Bedeutung gegeben wird. Ausschlaggebend sind Intonation und Körpersprache, die als Indizien dafür gelten, dass hier etwas gänzlich anderes gemeint war, als es gesagt wurde.

Verdeckte Transaktionen spielen in der Borderline-Kommunikation eine maßgebliche Rolle. Die O.K.-Abhängigkeit, der fehlende Zugang zur eigenen Bedürftigkeit, die ständige Erwartungshaltung der bedingungslosen (nicht ausgedrückten) Befriedigung durch die Bezugsperson bieten verdeckten Transaktionen ein weites Spielfeld. Im Rahmen von Inszenierungen (Spiele, s.u.) lässt sich die verdeckte Transaktion noch zum Double-Bind (doppelte, widersprüchliche Botschaft) potenzieren, bei dem das Gegenüber nicht die geringste Chance hat, etwas richtig zu machen und dem „Nicht-O.K." auch nicht entgehen kann.

Spiele der Erwachsenen

Bei dieser Art von Spielen handelt es sich keinesfalls um spaßige und Freude machende Aktionen, sondern um komplexe Reihen von Transaktionen zwischen zwei Personen, die stets nach dem gleichen (negativen) Muster ablaufen. Diese Art von Spielen (Inszenierungen), kennzeichnen sich durch eine immer gleiche Abfolge verdeckter Transaktionen, die zu einem vorhersehbaren Ergebnis führen. In der Regel geht es beim Spielen um die Bestätigung der eigenen Lebensanschauung, sodass zwar schmerzhafte, aber vertraute Emotionen (mit denen die Beteiligten einst gelernt haben umzugehen) den Spielgewinn darstellen.

Jeder Mensch hat Lieblingsspiele, die er gelernt hat, um sich in seiner Ursprungsfamilie durchzusetzen, wobei diese Spiele in ihrem Kern von verborgenen Motiven beherrscht sind. Nicht beteiligte Personen nehmen derartige „spielerische" Transaktionen jedoch nicht als auffällig wahr.

Spiele laufen nach einem konkreten vorbestimmten Schema ab:

- **„Trick":** Der Trick besteht darin, dass Spieler A bei sich selbst oder beim anderen etwas übersieht, was ebenso bewusst als auch unbewusst geschehen kann. Dabei kann z.B. eine Reaktion oder Spiegelung missverstanden oder entstellt dargestellt werden. Beim Spiegeln zeigt der Empfänger dem Sender, z.B. mimisch oder sprachlich, wie er dessen Botschaft wahrgenommen und verstanden hat. Verzerrt er diese betont, ist dies der Reiz („Köder"), der den Auslöser für das Spiel darstellt.
- **„Wunder Punkt":** Wenn Spieler B mit dem „Trick" an einem „wunden Punkt" getroffen wurde, dann steigt er in das Spiel mit ein.
- **„Verdeckte Transaktion":** Nun entsteht eine Transaktion, bei der sowohl eine offene als auch eine verdeckte Kommunikation abläuft.
- **„Wechsel des Ich-Zustands":** Einer der Spieler wechselt vom scheinbar vernünftigen Ich-Zustand in einen anderen Ich-Zustand, wodurch die verdeckte Transaktion erkennbar wird.
- **„Verblüffung":** Der andere erkennt den Wechsel und reagiert auf das Gesprochene verblüfft, bzw. verärgert. Damit endet in der Regel das Spiel.
- **„Nutzeffekt":** Meistens enden solche Spiele mit unguten Gefühlen. Berne geht aber davon aus, dass diese unangenehmen Gefühle unbewusst „erwünscht" und absichtlich herbeigeführt sind, da sie eine Art von vertrauter Zuwendung darstellen.

Am Beispiel des Spieles „Tumult" möchte ich den Vorgang eingehender verständlich machen. Das Tumult-Spiel ist ein klassisches Vermeidungsspiel, bei dem beide Spieler dafür sorgen, nicht zu viel Intimität entstehen zu lassen. Hin und wieder „Tumult" zu spielen, hilft eigene „Nicht-O.K."-Zustände zu kompensieren, die Lebensanschauung zu bestätigen oder sich die Form von Zuwendung zu holen, die im Kind-Ich als vertraut verankert ist. Dabei können auch die damit verbundenen und altvertrauten Gefühle reaktiviert werden, sodass diese dann den Spielgewinn darstellen. Die Gefahr einer intimen Nähe in der Beziehung, zu der keiner der Beteiligten die passenden Verhaltensmuster in sich trägt, wird durch das „Tumult-Spiel" schnell gebannt.

Das „Tumult-Spiel" erschien mir an dieser Stelle besonders passend, da es in Borderline-Beziehungen von beiden Seiten aus häufig gespielt wird und dafür sorgt, dass die Beziehung unsicher, instabil und angespannt bleibt. „Tumult" wird in diesem Beispiel von der wartenden Marina und dem „unpünktlichen" Klaus gespielt. Das Beispiel aus der Komplementär-Transaktion eignet sich hervorragend für einen Spielaufbau und macht auch deutlich, wie schnell sich ein „Spiel" entwickeln kann.

Beispiel:

Marina ist gelangweilt. Ihr Arbeitstag verlief recht erfolglos und irgendwie vermisst sie so einiges in ihrem Leben, ohne dies genau benennen zu können. Ihrer Grundstimmung nach fühlt sie sich nicht o.k., ihr fehlt es jedoch an Mut und Initiative, dies zu ändern, was ihr Nicht-O.K.-Empfinden noch forciert.

Als Klaus nach Hause kommt, sitzt Marina frustriert auf dem Sofa. Sie begrüßt ihn mit einem: *„Du bist nicht pünktlich"* (eine scheinbar sachliche Feststellung aus dem ER). Klaus entgegnet (ebenfalls aus dem ER): *„Ja, es ist etwas später als sonst."* Damit hätte die Transaktion beendet sein können. Nun aber kommen die für das Spiel ausschlaggebenden verdeckten Motive Marinas ins Spiel. Als Klaus fragt, was es zum Abendbrot gibt, antwortet Marina nicht und sitzt mit verschränkten Armen regungslos auf dem Sofa. Ihr kEL richtet sich nonverbal an das aKI von Klaus. Dabei vermittelt sie ein klares „Du bist nicht o.k. – ich aber bin es." Klaus reagiert direkt auf die verdeckte Transaktion und fragt: *„Ist was?"* (ER). Marina entgegnet nun aus dem kEL: *„Du bist nie pünktlich"*, worauf Klaus ebenfalls den Ich-Zustand wechselt, indem er versucht, sich aus dem aKI zu rechtfertigen: *„Stimmt ja gar nicht, vorgestern war ich sogar früher als sonst hier"* (guck mal, ich bin schon o.k. – aber du nicht). Marina hat nicht wirklich ein Interesse daran, die Situation aufzulösen und Klaus als o.k. zu akzeptieren. Er kann unmöglich o.k. sein, wenn sie sich nicht so fühlt. Ein möglicher Tumult könnte nun die passende Erklärung dafür liefern, warum sie sich nicht o.k. fühlt, ohne dass sie ihren persönlichen Hintergründen nachgehen müsste. Klaus wäre dann schuld, und sie brauchte keine Verantwortung für ihren Zustand übernehmen. Marinas verdecktes Motiv sorgt nun dafür, dass sich eine unerfreuliche, aber spielsichere Auseinandersetzung ergibt, auf die Klaus, der mittlerweile recht gereizt ist, bereitwillig eingeht:

Marina: *„Willst du mir unterstellen, dass ich die Uhr nicht lesen kann?"*

Klaus: *„Offensichtlich nicht, Fernsehen macht eben blöd."*

Marina: *„Wenn ich dir zu blöd bin, kannst du ja auch wegbleiben."*

Klaus: *„Na gerne."* Geht und knallt die Tür hinter sich zu. Er ist jetzt nur noch sauer.

Nutzeffekt: Es mag schwierig sein, sich darauf einzulassen, dass derartige Spiele den Beteiligten einen Gewinn bringen. Beide sind jetzt sauer, enttäuscht und frustriert. Jeder von beiden sieht sich im Recht und erlebt sich als o.k., den anderen aber nicht. Marina hat so ihr „ich bin nicht o.k." kompensieren können, denn Klaus hat ja durch sein Verhalten deutlich gezeigt, dass er nicht o.k. ist. Klaus sieht das ähnlich und erlebt sich als völlig o.k., Marina aber als nicht o.k. Beide haben also ihr „Ich bin nicht o.k." kompensiert und die Gefahr, einen ruhigen Abend miteinander zu verbringen, aus dem sich Intimität hätte ergeben können, gebannt.

Intimität ist das Ideal einer Liebesbeziehung. Sie ist aber nur möglich, wenn beide Partner aus der Grundanschauung „ich bin o.k. – du bist o.k." agieren. Intimität erfordert den Mut, sich vorbehaltlos zeigen zu können, ohne die Angst, in seinem „Nicht-O.K." erkannt zu werden.

Die Lebensanschauungen „ich bin nicht o.k. – du bist o.k." oder „ich bin nicht o.k. – du bist nicht o.k." machen aber sehr verletzlich. Intimität oder Nähe sind somit mit vielen, in Bezug auf die Borderline-Problematik sogar existenziellen Ängsten verbunden. „Tumult" zu spielen, bewahrt vor dieser Angst und davor, sich mit sich selbst und der Beziehung auseinanderzusetzen.

In seinem Buch „Spiele der Erwachsenen" benennt Berne eine ganze Reihe von derartigen Spielen und beschreibt diese detailliert. Eine Möglichkeit, derartige Spiele zu umgehen, hat man, wenn man sich selbst und anderen Achtung und Aufmerksamkeit zukommen lässt. Positive Zuwendung, die auch immer ein „Du bist o.k." vermittelt, kann zum Spielverderber werden. Da die beteiligten Spieler allerdings oft aus verdeckten und verdrängten Motiven heraus agieren, fällt es ihnen in der Regel schwer, ein Spiel als solches zu erkennen.

Im Kapitel 6 gehe ich auf einige der typischen Partner-Spiele ein. Da beide Partner aus einem vergleichbaren Hintergrund heraus agieren, nutzen sie häufig auch ähnliche Spiele mit einem ebenso schmerzhaften Spielgewinn.

Es geht mir dabei nicht darum, Ihnen Informationen zu vermitteln, die Sie dazu motivieren, die Spiele Ihres Partners künftig zu benennen. Schlimmstenfalls geben Sie dabei den Startschuss für ein neues Spiel („Sieh bloß, was du angerichtet hast"). Mit einigen typischen Spielen vertraut zu sein, bietet aber die Möglichkeit, sich selbst zu reflektieren. Dadurch können Sie eigene Spielvorlieben erkennen und beeinflussen, aber auch die Spiele Ihres Partners besser wahrnehmen und auf diese konstruktiver reagieren. Bestenfalls brauchen Sie sich dann auf diese nicht mehr einzulassen und können so Konflikte einschränken oder vermeiden. Spiele anderer aber zu benennen, ist für diese auch immer mit einem „Du bist nicht o.k." verbunden und kann somit zu Konflikten führen. Insofern rate ich im Umgang mit Spielanalysen zu großer Vorsicht.

Das Rabattmarkensammeln

Das „Sammeln von Rabattmarken“ spielt in der Borderline-Thematik auf beiden Beziehungsseiten eine nicht unerhebliche Rolle. Deshalb soll es an dieser Stelle nicht unerwähnt bleiben. Dieses Verhalten bezeichnet in der Transaktionsanalyse das Ansammeln von unangenehmen Gefühlen in Transaktionen, wobei vor allem das negativ angepasste Kind-Ich aktiv ist. Dabei werden in einer konkreten Situation unliebsame Gefühle nicht zum Ausdruck gebracht, sondern „eingesteckt“ und „aufbewahrt“. Sie haben sich zum Beispiel über Ihren Chef oder Partner geärgert, waren in der Situation aber zu unsicher, überfordert oder ängstlich, um direkt zu reagieren. Also kann es sein, dass Sie versuchen, Ihren Ärger kleinzureden („war ja nicht so schlimm“) und ihn wegzustecken, ohne ihn auszudrücken. In einer nächsten Situation reagieren Sie ähnlich – ärgern und wegstecken – und so sammelt sich mit der Zeit, wie auch beim geschäftsmäßigen Rabattmarkensammeln, einiges an.

Gefühle kann man vielleicht verbergen. Man kann vermeiden, sie auszudrücken, was aber nicht dazu führt, dass sie verschwinden. Angestauter Ärger bleibt – und platzt irgendwann, wenn sich genug „Rabattmarken“ angesammelt haben, heraus – mit großer Wahrscheinlichkeit in einer Situation, in der der berühmte letzte Tropfen das Fass zum Überlaufen bringt. Häufig zeigt sich dann beim Transaktionspartner angesichts der überzogenen und unpassenden Reaktion ebenfalls Ärger. Rabattmarken zu sammeln, ist also im sozialen Miteinander wenig hilfreich. Ähnlich wie beim realen Rabattmarkensammeln, kann man wenige Marken (Gefühle) sammeln und eine kleine Prämie (einen Streit) dafür eintauschen oder auch etwas länger sammeln und sich dafür eine größere Prämie (ein Drama oder eine Depression). einhandeln. Je unsicherer ein Mensch ist, je mehr Probleme er mit seinem möglichen „Ich bin nicht o.k.“ hat, desto mehr wird er zum Rabattmarkensammeln neigen – und zum entsprechenden Tauschgeschäft.

Mit dieser kurz gefassten Einführung in die Theorie der Transaktionsanalyse haben Sie nun einige Vorkenntnisse, die Sie benötigen, wenn Sie sich mit meinen folgenden Ausführungen auseinandersetzen möchten.

Bitte beachten Sie, dass die Theorie der Transaktionsanalyse auf den Ebenen des Selbstverständnisses und der zwischenmenschlichen Beziehung verbindend und stärkend genutzt werden sollte. Von einer pseudo-psychologischen Anwendung, bei der Bezugspersonen in ihren Ich-Anteilen identifiziert und mit Analysen oder Spielarten konfrontiert werden, möchte ich jedoch eindringlich abraten.

2.

DER „TYPISCHE" PARTNER EINER BORDERLINE-PERSÖNLICHKEIT

DEN Borderliner gibt es nicht!

Die Borderline-Persönlichkeitsstörung zeigt sich durch eine Vielzahl symptomatischer Verhaltensweisen, die nicht immer klar zuzuordnen sind. Das Störungsbild ist komplex und facettenreich und nimmt bei jedem Betroffenen andere Ausprägungen an. Nicht jede Borderline-Persönlichkeit entspricht gänzlich den Symptomen des diagnostischen und statistischen Handbuches psychischer Störungen (DSM IV) oder zeigt klar erkennbar diesbezügliche Auffälligkeiten. Bei hochfunktionalen Betroffenen ist die Symptomatik zudem häufig ausschließlich auf der Beziehungsebene wahrnehmbar. Hochfunktionale Borderline-Persönlichkeiten sind beruflich oft erfolgreich, sozial integriert und zeigen außerhalb persönlicher Bindungsebenen nur wenig oder kein symptomatisches Verhalten. Sie spielen ihre Rollen perfekt, passen sich gut an und sind für Außenstehende oft kaum in ihrem Störungsbild zu identifizieren.

Etwa neunzig Prozent meiner Klienten haben keinen diagnostizierten Partner im Hintergrund, wobei die Themen, die Situationen und Mechanismen die gleichen sind, wie bei den Klienten, deren Partner diagnostiziert sind. Auffallend häufig sind die nicht diagnostizierten Betroffenen beruflich sehr erfolgreich. Sie finden sich vor allem in helfenden Berufen und sind Ärzte, Psychologen, Lehrer und Sozialpädagogen. Aber auch Anwälte, Manager und Verkäufer. Vor allem Menschen in künstlerischen Berufen sind überdurchschnittlich oft betroffen.

Eine Borderline-Persönlichkeitsstörung bewegt sich nicht zwingend auf niedrigem intellektuellen Niveau. Insofern existieren unzählige haltlose Vorurteile. Auch wenn auf der Beziehungsebene frühkindliche Mechanismen genutzt werden, sind die intellektuellen Fähigkeiten vieler Betroffener bemerkenswert. Dabei kann die mit der Borderline-Problematik häufig verbundene Hochsensibilität eine große Rolle spielen. Hochsensible Menschen nehmen ihre Umwelt facettenreicher und intensiver wahr und verfügen über komplexe kognitive Fähigkeiten. Zudem fixieren sich viele funktionale Borderline-Persönlichkeiten auf ihre intellektuellen Fähigkeiten und definieren sich über berufliche Erfolge. Ihr unstillbarer Drang danach, o.k. zu sein, lässt sie hart und zielgerichtet arbeiten. Außerhalb der Bindungsebene stehen ihnen ihre Fähigkeiten oft uneingeschränkt zur Verfügung, sodass sie durchaus hochfunktional leistungsfähig sein können.

Vorurteile und ein starrer Blick auf die diagnostischen Kriterien des DSM IV können so häufig zu Fehldiagnosen führen, womit diese sich, vor allem in diagnostischen Verfahren für hochfunktionale Betroffene, als unzureichend erweisen.

Was aber jede Borderline-Persönlichkeit - unabhängig von der Ausprägung der Symptome oder Funktionalität - charakterisiert, sind die von ihr auf der Bindungsebene genutzten Spaltungsmechanismen. Aus diesen ergeben sich zwangsläufig auch die typischen Symptome des DSM IV. Spaltung zeigt sich vor allem durch:

- Die Beziehungsebene der projektiven Identifikation (verschmelzende Symbiose - ich bin du, und du bist ich). Daraus folgt die Unfähigkeit, sich selbst und die Bezugsperson als eigenständiges Individuum wahrzunehmen.
- Die existenzielle Abhängigkeit Betroffener von Bindungen und Bezugspersonen (Spiegelungsabhängigkeit).
- Ein radikales Schwarz-Weiß-Erleben. Aufteilen der Welt und von Personen in absolut gut oder böse. Grautöne existieren nicht.
- Übertragungsspaltung innerhalb des familiären Systems. Kindern werden z. B. nur gute (weiß) oder nur böse (schwarz) Anteile zugeschrieben.
- Das Externalisieren. Dabei wird der innere Zustand als Drama in der äußeren Realität dargestellt. Betroffene schaffen sich so eine Übereinstimmung zwischen ihrem inneren emotionalen Erleben und der äußeren Realität.
- Die Unfähigkeit, eigene Widersprüchlichkeit oder eigene Anteile am Geschehen zu erkennen. Die Fähigkeit zur Introspektion (Selbstreflektion) ist massiv eingeschränkt oder fehlt gänzlich.
- Der Wechsel zwischen Omnipotenz (Allmachtsgefühlen - Aufwertung) und verschlingender Depression (Machtlosigkeit – Entwertung)

Derartige Mechanismen werden von Menschen genutzt, denen es nicht möglich war, die frühstkindliche erste Entwicklungsphase der Spaltung (von der Geburt bis etwa zum 15. Lebensmonat) zu überwinden. In der Konsequenz bleiben sie in der Spaltung gefangen und nutzen auf der Bindungsebene die entsprechenden Verhaltensmuster (Symptome). In „Borderline verstehen“ setze ich mich eingehender mit diesem Hintergrund auseinander.

Die Borderline-Störung ist somit in erster Linie eine Bindungsstörung!

Betroffene konnten die Fähigkeit, sich und ihre Bezugspersonen als eigenständige Individuen wahrzunehmen, nicht entwickeln. Somit können sie sich nur auf symbiotische Bindungen einlassen und sind abhängig von ihren Bezugspersonen, so wie diese es oft von ihnen sind.

Aus diesem Grund sollte jede Person, die sich in einer derartigen Beziehung wiederfindet und nicht oder nur schwer in der Lage ist, sich daraus zu lösen, auch immer die eigenen Anteile an der Beziehung und deren Verlauf hinterfragen.

Das Profil des „typischen" Partners

Da ich in meinen folgenden Ausführungen immer wieder den Begriff des „typischen Partners" einer Borderline-Persönlichkeit nutzen werde, möchte ich auf diese Bezeichnung zunächst einmal näher eingehen. Ebenso wenig wie es DEN „Borderliner" gibt, existiert auch DER Partner nicht.

Allerdings finden sich auch bei jenen Menschen, die sich auf einer partnerschaftlichen Ebene, also aus der freien Wahl heraus, auf eine Beziehung zu einem Betroffenen einlassen, ähnlich verbindende Elemente, wie sie bei den Spaltungsmechanismen von Borderline-Persönlichkeiten anzutreffen sind.

Jeder Mensch mit einer „Ich bin nicht o.k."-Lebensanschauung kann in eine Borderline-Beziehung geraten, was nicht grundsätzlich bedeuten muss, defizitär zu sein oder unter einer Co-Problematik zu leiden. Viele, vor allem hochfunktionale Borderline-Persönlichkeiten, vermitteln zu Beginn einer Beziehung ein sehr ansprechendes Bild von sich. Sie wirken autark und sicher, bestechen durch Rhetorik und Intelligenz ebenso, wie durch emotionalen Tiefgang und mitreißende Lebendigkeit. Sie zeigen sich mitunter als sehr o.k. und (auch erotisch) anziehend, sodass die meisten Menschen sie entsprechend wahrnehmen.

Erst im Verlauf der Beziehung, die sich durch eine charakteristische, in jeder Borderline-Beziehung präsenten Struktur kennzeichnet (siehe Kapitel 5) zeigt sich die typisch-defizitäre Partnerpersönlichkeit. Nach einer zumeist anfänglichen Phase der bedingungslosen Vertrautheit, in der von Partnern oft zum ersten Mal im Leben das Gefühl tiefer Geborgenheit und Nähe erlebt wird, kommt es zu einem rasanten Absturz. Nichts ist mehr, wie es war, völlig unverständliche Konflikte und Distanzen bewirken Chaos und Hilflosigkeit und einen brennenden Schmerz, der nichts als Leere und das Gefühl ohnmächtiger Hoffnungslosigkeit hinterlässt.

Das oft abrupte Ende der anfänglichen Idealisierung, der Übergang in eine durch Instabilität und Inszenierungen geprägte Phase, häufig begleitet von Irrationalität und emotionaler (mitunter auch körperlicher) Gewalt, ist typischen Partnern oft unbewusst vertraut und reaktiviert alte verdrängte kindliche Verletzungen und dazugehörige Verhaltensmuster.

Oft verbergen sich hinter diesen Vorgängen reaktivierte Traumata oder kindliche, unverarbeitete Beziehungserfahrungen. Und wie es für Retraumatisierungen typisch ist, kommt es beim Partner zu diffusen, emotionalen Überflutungen aus der Zeit, in der das Trauma erlebt bzw. unbewältigt überlebt wurde.

Realität und Vergangenheit verschmelzen und machen ein erwachsenes, durchdachtes und selbstfürsorgliches Handeln unmöglich. Aus dem idealen „Ich bin o.k." ist ein vernichtendes „Ich bin nicht o.k." geworden, eine altvertraute Erfahrung, die oft zu dem verzweifelten Bemühen führt, den alten Zustand von Nähe um jeden Preis (Selbstaufgabe) wieder herzustellen.

In der Folge kommt es bei einem typischen Partner zu einer komplexen Verknüpfung von zutiefst kindlich geprägten Mustern, bei denen direkt auf jene Eltern-Ich–Informationen zurückgegriffen wird, die an die getriggerten emotionalen Erfahrungen des Kind-Ichs gekoppelt sind. Die sich daraus ergebenden Mechanismen zeigen sich unter anderem durch:

- einen eingeschränkten bzw. vollständigen Verlust adäquater Emotionen wie Ärger, Frustration, Wut ..., was die Fähigkeit zur Selbstfürsorge erheblich einschränkt oder sogar unmöglich macht (dissoziativer Zustand);
- die völlige Fixierung auf den Zustand der Borderline-Persönlichkeit sowie der verzweifelte Versuch deren unverständliches Verhalten zu verstehen und Erklärungen dafür zu finden;
- sich selbst zu beschwichtigen und die gefundenen Erklärungen zu nutzen, um das eigene Erleben zu banalisieren;
- sich schuldig fühlen mit dem Drang, die Verantwortung für den augenblicklichen Konflikt zu übernehmen und alles wieder „gut" zu machen;
- eigene Anteile, Ansprüche und Erwartungen (z. B. nachhaltige Konfliktklärung) zu verdrängen oder zu verleugnen, um weitere Konflikte zu vermeiden;
- die Tendenz, eigene Impulse oder Intuitionen abzuwerten (das hab ich falsch verstanden);
- das blinde Festhalten an schönen Erinnerungen, mit denen auch die kleinste Tendenz des Erkennens eines destruktiven Beziehungsverlaufs abgewehrt wird;
- eine ausgeprägte Unfähigkeit, die Beziehung zu der Borderline-Persönlichkeit loszulassen, da sich dies wie der Verlust der eigenen Existenz anfühlt ...

Tragischer Weise führen gerade diese Muster in den Interaktionen mit einer Borderline-Persönlichkeit zu einer kurzfristigen Entspannung der Situation, da sie den Mechanismen der Spaltung entsprechen. Übernimmt der Partner ungerechtfertigt Verantwortung für einen inszenierten Konflikt, entspricht er der Unfähigkeit der Borderline-Persönlichkeit den eigenen Anteil zu erkennen, sodass diese sich als nicht verantwortlich erleben muss.

Mit der Übernahme des schmerzhaften Erlebens von Hilflosigkeit, Wut oder Verlassenheit spiegelt der Partner den/die Betroffene/n perfekt und verstärkt so die Ebene der projektiven Identifikation (ich bin mit dir identisch), was letztendlich dazu führt, dass die Mechanismen der Spaltung als Selbsthilfe bei der Borderline-Persönlichkeit greifen.

In diesem Moment schnappt die Falle zu. Durch die Idealisierung in eine Abhängigkeit geraten, verstricken sich typische Partner in ihren eigenen Mustern. Letztendlich sind sie es selbst, die den Startschuss für eine missbräuchliche Beziehung geben.

Die oben genannten unreifen kindlichen Mechanismen eines typischen Partners, die sich aus den destruktiven Beziehungserfahrungen mit seinen ersten Bezugspersonen ergeben, werden mehr und mehr aktiv und dominieren schließlich sein Verhalten. Mit der Zeit wird es für ihn immer schwieriger, sich abzugrenzen, Konflikte zu vermeiden oder eigenständig zu agieren. Die meisten meiner Klienten berichten, dass sie sich anfänglich noch abgrenzen konnten, was im Verlauf der Beziehung aber immer schwieriger und schließlich unmöglich wurde.

Je mehr Partner jedoch auf ihre kindlichen Mechanismen zurückgreifen, womit sie die perfekte Projektionsfläche für spaltende Verhaltensweisen bieten, desto instabiler wird sich die Beziehung gestalten. Bei der Projektion werden innerpsychische Konflikte durch die Abbildung eigener Gefühle auf die Bezugsperson übertragen, womit die Auseinandersetzung mit ängstigenden oder schmerzhaften Anteilen vermieden werden kann. Der typische Partner zeichnet sich nun aber gerade dadurch aus, dass seine kindliche Beziehungsebene mit der Übernahme fremder Gefühle und Konflikte vertraut ist. Er schluckt bereitwillig Verantwortungsübergaben, Schuldzuweisungen oder Schamgefühle (die auch seinem Selbstbild entsprechen) und verinnerlicht so Konfliktanteile seines Borderline-Partners, was vor allem auch die Ebene der projektiven Identifikation (ich bin wie du) stärkt. In der Konsequenz verschwimmen die ohnehin schwachen Grenzen der Beteiligten immer mehr, sodass sich daraus die für Borderline-Beziehungen typischen instabilen Nähe-Distanz-Muster ergeben, die zumeist als emotionale Achterbahnfahrt beschrieben werden.

Diese Form der instabilen und hochdramatischen emotionalen Beziehung wird von einem typischen Partner unbewusst als vertraut wahrgenommen. Er verfügt über perfekt darauf abgestimmte eigene Mechanismen, und obwohl er mit extrem schmerzhaften und ängstigenden Gefühlen konfrontiert wird, fühlt sich die Beziehungskonstellation „richtig" an. Sie entspricht dem Bild von sich selbst (ich bin nicht o.k.) und kombiniert einen Komplex an Emotionen, der mit jener „Liebe“ assoziiert werden kann, die man als Kind erfahren hat: Zuwendung im unvorhersehbaren Wechsel mit Distanz oder Abwertung, unverständliche Irrationalität, Schuldzuweisungen, Angst, Verlassenheitsgefühle, Erleichterung, überschwängliche Glücksgefühle, denen ein rascher Absturz folgt und immer wieder Hilflosigkeit - vertraut, kindlich akzeptiert und als Liebe verinnerlicht ...

Der Moment, in dem nach einer (zu) idealen Phase der erste Absturz erfolgt - die Gestaltung und der Umgang mit den ersten Konflikten, die sich oft irrational und dramatisch zeigen -, erweist sich als entscheidend. Identitätsstarke Menschen suchen an diesem Punkt das Weite. Sie erkennen die Destruktivität der Beziehung oder haben zumindest ein Gespür dafür, dass ihnen diese Beziehung nicht gut tut.

Der typische Partner aber verbleibt nicht trotz der Borderline-Symptomatik in der Beziehung, sondern eben gerade, weil es diese gibt.

Bindung – ohne sie, sind wir leer ...

Menschsein bedeutet immer auch in Bindung/Beziehung zu sein - zu sich selbst, und daraus resultierend auch zu anderen. Als emotionale Wesen, deren Lebendigkeit sich vor allem durch die Fähigkeit des bewussten Fühlens ausdrückt, brauchen wir soziale Bindungen und sind in der Gestaltung dieser davon abhängig, wie wir Bindung erlernt haben.

Im Sinne der Evolution und der Arterhaltung brauchen wir Menschen die Fähigkeit der Bindung. Erst diese ermöglicht uns, eigene individuelle Stärken und Begabungen in ein komplexes Netz der Gemeinschaft so einzubringen, dass wir als Art nicht nur überleben, sondern uns beständig weiterentwickeln.

In den ersten Monaten seines Lebens, der Phase der Spaltung, erlebt sich ein Kind ausschließlich über seine Mutter (symbiotische Bindung). Es wird in der Welt außerhalb des Mutterleibes mit einer unglaublichen Vielzahl an neuen, unbekannten und zunächst extrem bedrohlichen Gefühlen konfrontiert. Erst über die beständige und stabile Präsenz einer Bezugsperson, zumeist der Mutter, und deren liebevolle und zugewandte Spiegelung, erfährt es, richtig zu sein, richtig im Erleben seiner Gefühle und dessen Ausdruck. Je stabiler sich dieser Prozess entwickelt, desto besser kann das Kind sein emotionales Erleben als o.k. in sich integrieren. Erst wenn dieser Prozess abgeschlossen ist, kann das Kind es zulassen, sich als eigenständig und unabhängig von der Mutter zu erleben. Es löst sich aus der bedingungslosen Verschmelzung mit ihr und beginnt ein Ich (Identität) zu entwickeln.

Bindung zu sich und zu anderen erfährt und erlernt ein Kind ausschließlich im Kontakt mit seinen ersten Bezugspersonen. Nicht ohne Grund hat die Natur es so eingerichtet, dass Säugetiere, deren Gehirn sich nicht so komplex wie das menschliche darstellt, ihre Jungen ohne Blickkontakt nähren. Der Wert des Stillens bemisst sich nur zu einem kleinen Teil über den Gehalt der Muttermilch. Einzigartig und lebensnotwendig zeigt er sich aber für den Bindungsaufbau zwischen Mutter und Kind. Nur durch diesen kann das Kind Bindung erlernen und in sich integrieren.

Während des Stillens wird im Gehirn der Mutter Oxytocin, das sogenannte Kuschelhormon ausgestoßen. Die Natur lässt keinen Trick aus, um nachzuhelfen. Das Stillen soll als lustvoll erlebt werden, damit die Mutter motiviert ist, sich dem Kind bedingungslos zuzuwenden.

Oxytocin wird ebenfalls bei engem, warmen Körperkontakt ausgestoßen. Es vermittelt ein erfüllendes, tiefgehendes Gefühl von Geborgenheit und Ganzsein, einer allumfassenden Richtigkeit - einer der Gründe, warum Borderline-Persönlichkeiten zur Promiskuität neigen oder Borderline-Mütter eine Stillsucht entwickeln können.

Das Kind, im Blickkontakt mit der Mutter, wird von ihren Armen ganz und warm umschlossen. Gleichzeitig wird es genährt. Ein perfekter Zustand kompletter Befriedigung und bedingungsloser Zuwendung. Das Kind, in symbiotischer, spaltender Einheit mit seiner Mutter, nimmt diese in sich auf. Sein gesamtes Erleben in diesem wundervollen Augenblick speichert sich unauslöschlich ab. Es wird zu einem Bestandteil seiner neuronalen Struktur und fließt, wenn sich dieser Prozess stabil wiederholt, in spätere Bindungen ein - als Gefühl von Erfüllung und Verbundenheit im Blickkontakt mit einem anderen Menschen. Der Trost einer Umarmung, eines warmen Streichelns, eines heißen Bades: Es gibt eine Vielzahl wohltuender Trigger, die wir durch achtsame Präsenz in uns selbst oder durch den Kontakt mit anderen reaktivieren können.

Das verletzte Kind

In den ersten Jahren seines Lebens speichert ein Kind jede Erfahrung, sowohl auf der emotionalen (Kind-Ich) als auch auf der rein informativen Ebene (Eltern-Ich) neuronal ab. Erleben und Handlungen verankern sich unauslöschlich in der kindlichen Hirnstruktur und werden zum festen Bestandteil der Persönlichkeit. So entwickelt der kleine heranwachsende Mensch mit der Zeit umfassende Vorstellungen von Beziehungsabläufen und seiner eigenen Position in Bindungen: Was muss ich tun, um geliebt zu werden? Was darf der andere tun? Welche Gefühle gehören für mich zu Beziehungen? Wie gehe ich oder meine Bezugsperson damit um?

In dieser Zeit ist ein Kind nicht in der Lage, sein Elternteil infrage zu stellen. Es ist von Vater und Mutter abhängig und braucht ein bedingungsloses Wissen darum, gute und zuwendungsfähige Eltern zu haben. Es darf seine Hoffnung auf die Liebe seiner Eltern nicht verlieren, da es dann auch die Hoffnung auf das eigene Überleben aufgeben müsste, was letztendlich dazu führen würde, dass es auch auf der körperlichen Ebene zugrunde gehen würde.

Je bedürftiger und defizitärer sich Eltern zeigen, desto massiver gestalten sich oft die Übergriffe auf das Kind, das im Verlauf seiner Kindheit eine Vielzahl an Verletzungen erfährt, die es nicht verarbeiten kann. Kinder verfügen über einen unerschöpflichen Vorrat an genialen Mechanismen, die ihnen helfen, selbst bei destruktiven Eltern zu überleben oder sich gut zu entwickeln, häufig um den Preis der psychischen Gesundheit. Aber das Leben setzt hier seine Prioritäten auf den Augenblick und den Erhalt der körperlichen Existenz.

Da jeder Mensch über die Fähigkeit der Selbstheilung verfügt, werden sich psychische Verletzungen, die in der Kindheit nicht verarbeitet werden konnten (Trauma) im Laufe des Lebens zeigen, um gesehen und integriert zu werden. Verdrängte, abgespaltene Anteile rauben extrem viel Energie und hemmen eine lebendige Entfaltung. Es ist der innere unbewusste Drang nach Heilung, der nach Möglichkeiten sucht, die einst erlebten Verletzungen zu verarbeiten, und so suchen wir unbewusst nach einem geeigneten Partner, mit dem wir unser kindliches Drama reinszenieren können. Hemmende oder sogar selbstschädigende Prägungen sollen dem Unterbewusstsein entlockt werden, um sie sichtbar und veränderbar zu machen. Was das abhängige und wehrlose Kind nicht bewältigen konnte, soll nun der Erwachsene bewusst gestalten und überwinden.

Von den uns zur Verfügung stehenden hundert Prozent erfahrenen und abgespeicherten Informationen nutzen wir etwa zehn Prozent bewusst. Neunzig Prozent entziehen sich unserem wissentlichen Zugang, sind aber unterbewusst aktiv. Diese neunzig Prozent leiten uns in unserem Handeln und unserer Orientierung aber ebenso, wie die uns zugänglichen Informationen. Und so suchen wir uns, ohne es bewusst zu steuern, immer wieder Bindungen, an denen wir wachsen und heilen können.

Ich nehme die meisten meiner Klienten als retraumatisiert wahr. Vor allem in Trennungssituationen vermischt sich ihr augenblickliches Leid mit alten, vernichtenden Erfahrungen. Es fällt ihnen schwer, einen Sinn in ihrer leiderfüllten Bindung zu erkennen oder diese als Chance oder Heilungsprozess wahrzunehmen. Alles, was ihr inneres Kind augenblicklich zum Überleben braucht, ist die fürsorgliche, stabile, tröstende Zuwendung einer Bezugsperson, die genau das nicht geben kann. Typische Partner erhoffen und erwarten sich dies von ihren Borderline-Persönlichkeiten genauso intensiv wie einst von ihren versagenden Eltern.

Vergeblich.

Neben der unbewussten Suche nach Heilung und Entwicklung versucht das innere Kind des typischen Partners seine kindlichen Zuwendungsdefizite auf der erwachsenen Beziehungsebene aufzuheben. Das O.K., das ihm einst verweigert wurde, soll jetzt eine Bezugsperson geben, die in ihrem Verhalten dem einst versagenden Elternteil ähnelt.

In erwachsenen Beziehungen ist es aber niemals die Aufgabe der Beteiligten, diese kindlichen Defizite auszugleichen. In Borderline-Beziehungen erwarten in der Regel beide Seiten vom anderen Heilung, womit aber auch von beiden Seiten ein Missbrauch ausgeht.

Es ist unbestritten, dass Partner im Kontakt mit Borderline-Persönlichkeiten viel Leid erfahren. Es ist aber ebenso unbestritten, dass es die alleinige Aufgabe des Partners ist, für seine kindlich reaktivierten Verletzungen genauso die Verantwortung zu tragen, wie er dies auch von seiner betroffenen Bezugsperson erwartet.

Neben dem inneren verletzten Kind existiert in jedem Partner aber auch eine erwachsene Person, die in der Lage ist, Einfluss zu nehmen und die Situation zu verändern. Erst wenn dieser erwachsene Anteil beginnt, sich dem bedürftigen kindlichen Anteil zuzuwenden und für ihn zu sorgen, kann sich die Situation verändern.

Neben all den kindlichen Verletzungen, die dann gesehen und verarbeitet werden wollen, den dysfunktionalen Beziehungsmustern und dem eingeschränkten Selbstbild geht es in einem ersten Schritt darum, NEIN zu sagen. Nein zur bedingungslosen Anpassung, nein zur Selbstverleugnung und nein zur physischen oder psychischen Gewalt!

Borderline-Beziehung und Selbstheilung

Optimaler Weise begegnen sich zwei Menschen auf der Beziehungsebene mit der unbewussten Erwartung, sich an und mit dem anderen weiter zu entwickeln. Häufig suchen wir uns Partner, die Anteile in sich tragen, die uns fehlen, und die wir in uns integrieren möchten, um stärker und lebensfähiger zu werden. Der emotional gehemmte Mensch sucht sich einen hochemotionalen Partner. Der Lethargische den Aktiven, der Unruhige den Ruhigen ...

Hormonelle Veränderungen, denen wir im Zustand der Verliebtheit ausgesetzt sind, sollen Lust auf Beziehung machen. Die Ausschüttung von Dopamin vermittelt ein außerordentliches Glücksgefühl. Neurotrophine bewirken zielgerichtete Verbindungen zwischen Nervenzellen und sichern so den Fortbestand neuronaler Verbindungen. Und natürlich spielt auch das bereits erwähnte Kuschelhormon Oxytocin eine wesentliche Rolle. Der Cocktail dieser beglückenden Hormone führt zunächst unweigerlich zu einer Einschränkung unserer vernünftigen Wahrnehmungsfähigkeit. Wir sehen, was wir sehen wollen.

Beziehungen sorgen dafür, dass wir die Palette unserer Fähigkeiten erweitern, dass wir an und mit dem anderen reifen, uns auseinandersetzen, neue Facetten in unsere Persönlichkeit integrieren oder unbewältigte, hemmende Erfahrungen verarbeiten. Das Ich will sich im anderen erkennen, Defizite identifizieren und überwinden, um an ihnen zu wachsen, stärker und lebendiger zu werden. Die Fähigkeit zur zwischenmenschlichen Beziehung trägt einen wesentlichen Anteil an der evolutionären Entwicklung des Menschen.

Und so sucht das Unbewusste ein Pendant der ehemaligen, defizitären Beziehungserfahrung, jemanden, der in seinen irritierenden Verhaltensmustern exakt den einstigen Eltern entspricht und so mit dem kindlichen und leider noch unreifen Selbst konfrontiert. Die Konsequenzen sind ähnlich schmerzhafte emotionale Erfahrungen, wie sie in der Kindheit erlebt wurden. Deshalb kommen Menschen mit kindlichen Verletzungen oft zu dem Schluss „immer wieder an den Falschen" geraten zu sein. Viele meiner Klienten, Partner und Angehörige von Borderline-Persönlichkeiten, waren bereits mehrfach in instabilen oder missbräuchlichen Beziehungen. Häufig gestalteten sich diese im Laufe der Zeit immer destruktiver. Wenn die Botschaft der Beziehung (erkenne deine Verletzungen und heile sie!) nicht verstanden wird, präsentiert das Leben eben eine noch deutlichere Botschaft in Form eines noch chaotischeren oder übergriffigeren Beziehungspartners. Erst wenn diese Botschaft verstanden und angenommen wurde, kann sich etwas ändern.

Borderline-Bindungen bieten für involvierte Partner eine einzigartige Möglichkeit. Gnadenlos mit eigenen Defiziten konfrontiert, können sie lernen, sich der Verantwortung für die eigene Persönlichkeit zu stellen. Im Gegensatz zur Borderline-Persönlichkeit verfügen Partner sowohl in ihrer Lebensanschauung, als auch in der Anordnung ihrer Ich-Zustände eher über die Möglichkeit, Wachstumspotenziale zu erkennen und zu nutzen.

Auch der Zeitpunkt, an dem ein typischer Partner sich in einer Borderline-Beziehung wiederfindet, ist nicht zufällig. Auf einer unbewussten Ebene erkennt er, wann der richtige Moment gekommen ist, sich den Verletzungen zu stellen, die sich hinter den Beziehungserfahrungen zu der Borderline-Persönlichkeit verbergen. Es braucht eine gewisse Reife und Kraft, sich darüber bewusst zu werden, dass man als Kind nicht die Liebe erfahren hat, auf die man ein Recht hatte. Noch schwerer ist es, sich einzugestehen, von den Menschen, denen man einst ausgeliefert war, und die man liebte, missbraucht, misshandelt und gedemütigt worden zu sein.

Je kindlicher und unreifer die Persönlichkeit geblieben ist, desto weniger kann sie sich diesem Reifeprozess stellen. Viele, meiner Ansicht nach sogar die meisten typischen Partner, die unreflektiert an ihren Borderline-Beziehungen festhalten und dabei eigene Anteile vehement leugnen, verharren unbewusst in ihrer kindlichen Angst. Sich dem inneren Kind und dessen Verletzungen zuzuwenden und so die eigenen Eltern infrage zu stellen, wird als dermaßen bedrohlich und vernichtend erlebt, dass es sicherer scheint, das vertraute Leid weiter zu ertragen. Sie halten an ihren kindlichen Mechanismen fest und weisen die Verantwortung für ihren Leidensdruck dem/r Betroffenen zu. Dabei bleiben sie in ihrer einst tatsächlichen Opferrolle als Kind und schreiben dem/der Betroffenen eine stellvertretende Täterrolle zu.

Erst wenn diese Opferrolle aufgegeben wird, kann der Heilungsprozess beginnen!

Der systemische Hintergrund des typischen Partners

Eine Borderline-Persönlichkeit nutzt auf der Beziehungsebene Spaltungsmuster, was dazu führt, dass Angehörige nicht auf einer tatsächlichen Bindungsebene wahrgenommen werden können. Bezugspersonen werden, wie die eigene Person auch, als Objekt erlebt und in diesem Rahmen funktionalisiert und als Arbeitsfläche für symptomatische Selbsthilfemechanismen benutzt.

In Beziehung zu einer Borderline-Persönlichkeit zu sein, bedeutet, sich dauerhaft auf einer Double-Bind-Ebene zu bewegen. Die kleinkindliche Bedürftigkeit des Betroffenen fordert Verantwortungsübernahme und Bemutterung vom Partner. Der erwachsene Teil jedoch will unabhängig sein und duldet die (oft übergriffige) Hilfe nicht, die aber gleichzeitig ständig eingefordert wird.

Als Partner hat man jede Eigenständigkeit aufzugeben und dem anderen bedingungslos zur Verfügung zu stehen. Widersprüchliches darf nicht hinterfragt werden, sich ständig wiederholende, hochdramatische Konflikte sind zu ertragen. Eine verweigernde Haltung des Partners und dessen Abgrenzung führen zu hochdramatischen Konflikten sowie massiver Abwertung.

Menschen, die an derartigen Beziehungen festhalten, können eigene Verletzungen oft kaum spüren und funktionieren blind. Häufig finden sie sich, ohne dass es ihnen bewusst wird, in einer Parallelwelt ihres ursprünglichen Familiensystems wieder.

Nachfolgend einige der familiären Strukturen, die einen Partner für eine Borderline-Beziehung prägen:

Die Ursprungsfamilie

- Oft geprägt von Instabilität. Mindestens eines der Elternteile zeigte psychisch auffälliges Verhalten. Zumeist spielen hier Alkoholismus, Depressionen, bipolare, narzisstische oder Borderline-Störungen eine Rolle.
- Das Elternhaus ist stark religiös geprägt, wobei das Kind einer rigiden Strenge unterworfen war, und eine selbstverleugnende Haltung (Als-ob) einnehmen musste.
- Es kommt zu vielfältigen Übergriffen, bei denen das Kind körperlicher und/oder psychischer Gewalt ausgesetzt ist. Es wird herabgesetzt, nicht wahrgenommen, funktionalisiert, parentifiziert (das Kind erfährt einen Rollentausch und muss die Verantwortung für sein Elternteil übernehmen) und entfremdet.

- Neben einem Täter-Elternteil existiert oft ein co-abhängiger Elternteil, der nicht schützend eingreift (Mittäter).
- Geprägt von Gleichgültigkeit oder latentem oder offenem Inzest.

Unabhängig von dem deutlich zerstörerischen Hintergrund derartiger Familien, muss noch ein weiterer geschichtlicher Umstand beachtet werden, der sich auf die emotionale Entwicklung von Millionen Kindern in Deutschland nachhaltig auswirkte und noch weiter wirksam ist.

Die noch immer präsenten Folgen des Zweiten Weltkrieges spielen im emotionalen Miteinander der Generationen eine wesentliche Rolle. Unzählige kriegstraumatisierte Menschen überlebten den Krieg zwar körperlich, aber zum Teil schwer traumatisiert und psychisch zerstört. Jene Kinder, die den Krieg, die Vertreibung oder Flucht nur deshalb überlebten, weil sie lernten, nichts zu spüren, überlebten mit dem Preis des Verlustes ihrer Emotionalität. Trauma-Aufarbeitung existierte nicht. Im Land der Schuldigen gab es keinen Raum für Opfer, und emotionale Wunden waren und sind auch heute noch zu wenig messbar, als dass sie Beachtung finden. Die damaligen Kriegskinder gaben Ihre Traumata an ihre Kinder weiter, so wie diese die unverarbeiteten Erfahrungen ihrer Eltern und die daraus entstandenen eigenen Verletzungen, wieder an ihre Kinder weitergaben.

Aus den Erfahrungsberichten der Kriegskinder und Kriegsenkel (Sabine Bode) liest man heraus, wie eingeschränkt sich der emotionale Umgang in den Familien gestaltete. Gefühle wurden wenig oder gar nicht gezeigt und durften weder gelebt noch gespürt werden. Die unbelastete und intensive Emotionalität der Kinder, die nach dem Krieg geboren wurden, war für kriegstraumatisierte Eltern oft bedrohlich - ein beständiger, provozierender Spiegel des Verlustes der eigenen Lebendigkeit. Eine Korrektur erfolgte dann am Kind, indem diesem vermittelt wurde, dass es in seinem emotionalem Erleben und Ausdruck nicht o.k. sei.

Viele meiner Klienten, die sich als ausgesprochen hochsensibel wahrnehmen, berichten von beständigen Zurechtweisungen, Maßregelungen und anderen „pädagogischen" Maßnahmen, von den Schuldgefühlen die sich lähmend über ihre Lebensfreude legten, und dem andauernden Schamgefühl, dass sie nie wieder losließ. Das anhaltende Gefühl „falsch" zu sein, sucht nun einerseits nach der Bestätigung durch die Bezugsperson (Stellvertreter der Eltern) und andererseits nach der Befreiung von den Fesseln, die all die ungelebten und unterdrückten Gefühle gefangen halten.

Eine Borderline-Beziehung und die damit verbundene emotionale Grenzerfahrung können sich hier als Chance erweisen.

3.

DER TRANSAKTIONSANALYTISCHE HINTERGRUND DES TYPISCHEN PARTNERS

Die Lebensanschauung der Partner-Persönlichkeit

Die Lebensanschauung „Ich bin nicht o.k. – du bist o.k." zeigt sich als typisch für Partner von Borderline-Persönlichkeiten. Die meisten Menschen in zivilisierten Gesellschaften verfügen über diese eingeschränkte Form des Urvertrauens. Sie erleben ihr Selbst als minderwertig und definieren ihre Existenz über die Reflektion der von ihnen als mächtig und wertvoll definierten Außenwelt. Sie verdienen sich ihr O.K. durch Anpassung, Verantwortungsübernahmen, Perfektionismus oder permanenten Aktionismus. Sie sind ständig verfügbar, grenzen sich zu wenig oder gar nicht ab, richten ihre Aufmerksamkeit auf die Bedürftigkeit ihrer Bezugsperson und sind oft nur eingeschränkt in der Lage, eigenen Interessen selbstfürsorglich zu entsprechen.

Menschen, die eine typische Persönlichkeitsstruktur als Partner einer Borderline-Persönlichkeit entwickelten, haben in der Zeit, in der sich ihre Lebenseinstellung ausprägte, entsprechende prägende Erfahrungen gemacht. In der Regel wurden sie, wie es für die bereits aufgeführten dysfunktionalen Ursprungsfamilien typisch ist, in ihrem kindlich-emotionalen Erleben nicht oder nur unzureichend bestätigt und reflektiert. Ihre Wahrnehmung wurde oft infrage gestellt, sodass sie nicht lernen konnten, dieser zu vertrauen. Meist wurden ihre Ängste ignoriert oder lächerlich gemacht. Den Ausdruck ihrer Gefühle mussten sie vermeiden, mitunter bis zur Unfähigkeit, diese selbst noch spüren zu können. Ihre Bedürftigkeit wurde aus der elterlichen Lebenseinstellung fehlinterpretiert, was zu unangemessenen Maßregelungen führte und widersprüchliche, irritierende Informationen im Eltern-Ich hinterließ.

Vor einiger Zeit beobachtete ich eine junge Mutter, die in einer Drogerie zusammen mit ihrem etwa zweijährigen Mädchen einkaufte. Die Mutter nahm Gegenstände aus dem Regal und legte diese in den Wagen. Das Kind beobachtete die Mutter und erkannte das Handeln der Mutter sofort als o.k. Da die Kleine aus Ihrem Lebenstrieb heraus die Mutter imitieren und deren O.K. in sich selbst integrieren musste, ahmte sie das Verhalten der Mutter nach und griff ebenfalls nach einem der bunten Dinge in den Regalen. Stolz streckte sie sich, um das Genommene in den für sie sehr hohen Wagen fallen zu lassen und erwartete von der Mutter ein bestätigendes O.K.-Feedback. Von dieser kam jedoch eine herbe Zurechtweisung. Ihr scharfer Tonfall und das sofortige Zurückstellen der kindlichen Eroberung ließen keinen Zweifel: Das war nicht o.k. Das kleine Mädchen war zunächst irritiert, versuchte dann aber erneut, die Mama nachzuahmen, um wie sie o.k. zu sein: „Es kann doch nicht falsch sein, wenn ich mache, was die Mama macht." Die Konsequenz war eine Verschärfung der Situation. Die Mutter erlebte offensichtlich das Verhalten des Kindes als „Ignoranz" ihrer Zurechtweisung. Aus der eigenen „Ich bin nicht o.k."-Wahrnehmung war sie nicht in der Lage, die Motivation und das Wesen ihres Kindes zu erkennen. Sie interpretierte das Verhalten ihres Kindes als provozierend und frech und reagierte letztendlich, indem sie ihr Kind schlug. Die Kleine weinte herzzerreißend, was dann zu weiteren Vorwürfen und Maßregelungen durch die Mutter führte.

Der geschilderte Vorfall betrifft eine Situation, die trauriger Weise fast alltäglich wirkt, kein dramatischer Autounfall, keine Situation, die wir als traumatisierend registrieren - und dennoch mit massiven Konsequenzen für das Kind.

Welche Erfahrungen speicherte das Mädchen wohl ab? „Ich bin mit meinen Bedürfnissen und Gefühlen falsch. Ich bin unfähig, etwas zu verstehen und werde nicht angenommen, wenn ich für mich sorgen möchte. Meine Wahrnehmung funktioniert nicht, und wenn ich mich auf meine Intuition/Bedürftigkeit verlasse, schade ich anderen. Ich kann weder mir noch anderen vertrauen und muss anders sein, als ich bin." Was zurückbleibt, ist eine allumfassende Verunsicherung, die dazu führen wird, dass das Kind seinen lebendigen Impulsen misstraut und sie hemmt.

Als Gegenbeispiel ist mir auch ein Vater aufgefallen, der in einer ähnlichen Situation sein Kind immer wieder aufforderte, einen Gegenstand aus einem Regal zu nehmen und in den Wagen zu legen. Er band das Kind mit ein, vermittelte ihm ein O.K. und bestätigte ihm, in seiner Orientierung, seinem Handeln und Fühlen richtig zu sein. Es geht auch so!

Vermitteln Eltern widersprüchliche Informationen, speichert ein Kind diese ungefiltert in seinem Eltern-Ich ab. Ähnlich wie in dem oben beschriebenen Fall, resultieren diese häufig aus der elterlichen Unfähigkeit, sich in das Erleben des Kindes hineinzuversetzen. Indem sie das gesunde und natürliche Verhalten ihres Kindes fehlinterpretieren, erleben sie es als Aggressor und schieben ihm eine Täterrolle (nicht o.k.) zu. In der Konsequenz kann das Kind nur lernen, dass es in seinem natürlichen Impulsen falsch ist und anderen schadet.

Ebenso häufig stehen verbale elterliche Informationen im Gegensatz zu dem, was sie dem Kind durch eigenes Handeln vorleben. Zum Beispiel wird einem Kind zu dessen Selbstschutz verbal vermittelt, dass es niemals mit Fremden mitgehen und auch nichts von diesen annehmen sollte. Parallel dazu erlebt es aber im Umgang mit seinen Eltern, dass es Erwachsenen nicht zu widersprechen hat. Kommt es jetzt tatsächlich in eine bedrohliche Situation, werden unweigerlich beide Eltern-Ich Informationen aktiviert: *„Geh nicht mit und widersprech*e" und gleichzeitig: *„Tu, was man dir sagt und widersprech*e *nicht."* Das Kind kann nur überfordert und handlungsunfähig reagieren (was ihm dann oft wiederum zum Vorwurf gemacht wird).

Typische Partner haben in ihrem Eltern-Ich zumeist Unmengen widersprüchlicher Informationen abgespeichert. Der Umgang mit inkongruenten Bezugspersonen ist ihnen ebenso vertraut wie die Konfrontation mit Double-Binds oder schizophrenen Bindungsmustern. Neben gegensätzlichen, unerfüllbaren Forderungen (Double-Bind) zeigt sich die schizophrene Bindung vor allem durch die Erwartung an eine Bezugsperson, auf verschiedenen Ich-Ebenen gleichzeitig präsent zu sein.

Die Borderline-Persönlichkeitsstörung kennzeichnet sich durch das Verharren Betroffener in der Entwicklungsphase der Spaltung (Geburt bis zum 12. –15. Lebensmonat), sodass die Mechanismen des Störungsbildes erhalten bleiben. Und so erwarten Betroffene die Befriedigung ihrer Bedürfnisse nach dem gleichen Muster, wie sie einst der Säugling in der Phase der symbiotischen Verbindung mit seiner Mutter erfahren sollte.

Ein abspaltendes Kleinstkind wird in seinem Spiegelungsbedürfnis optimaler Weise auf drei Ebenen befriedigt:

1. sein Gefühl wird gespiegelt (du bist mit deinem Gefühl o.k.)
2. es wird mit seinem Bedürfnis angenommen (du bist mit dem, was du brauchst o.k.) und
3. es wird befriedigt (du bekommst, was du brauchst und bist o.k.).

Schizophrene Bindung zu Bezugspersonen

Spieglungsabhängigkeit auf 3 Ebenen
(wahrgenommen, bestätigt und befriedigt werden)

Die Forderung einer emotional identischen Spiegelung (sei wütend wie ich ...) und der gleichzeitigen Erwartung, dafür positiv bestätigt und letztendlich auch befriedigt zu werden (nimm mir die Wut) ist in der symbiotischen Verbindung zwischen Mutter und Kind realisierbar, in der erwachsenen Beziehung jedoch irreal und unerfüllbar.

Parentifizierte Kinder, die als Kind mit instabilen, widersprüchlichen und bedürftigen Elternteilen konfrontiert waren und derartige Beziehungsmuster als normal erlebt haben, eignen sich so hervorragend als Projektionsfläche von Chaos und Verwirrung. Geradezu perfekt übernehmen sie das Erleben von Überforderung, Anspannung und Handlungsunfähigkeit und bedienen so optimal die Ebene der projektiven Identifikation (ich bin wie du, und du bist wie ich). Sie bieten das, was für die Borderline-Persönlichkeit lebensnotwenig ist, die Spiegelung ihres emotionalen Erlebens.

Zudem fehlte ihnen oft die wichtigste Botschaft, die Eltern zu geben haben: Du bist mit allem, was dich ausmacht, richtig. Und so konnte sich die Fähigkeit, sich selbst vertrauen zu können, nur eingeschränkt ausbilden.

Um nun das erdrückende „Ich bin nicht o.k." ertragen zu können, nutzt ein Kind eine Vielzahl von Überlebensmechanismen:

- Es übernimmt die Verantwortung für das Verhalten seines Elternteils und glaubt, „schuld“ zu sein. Im Rahmen der „schwarzen Pädagogik“ (Alice Miller) wird das „Du bist schuld“ durch missbräuchliche Eltern auch oft verbal direkt vermittelt.
- Es versucht, durch Empathie das Handeln des verletzenden Elternteils zu verstehen. Durch sein Mitgefühl kann das Kind sich leichter mit dem Täter identifizieren und so seine Idealisierung aufrecht erhalten.
- Es hält sich an positiven Erfahrungen fest und verdrängt negatives Erleben, um die Idealisierung des Elternteils aufrecht erhalten zu können.
- Das Kind lernt, seine Gefühle in unerträglichen Situationen „abzustellen“. Es verliert den Zugang zu Gefühlen, wie z. B. Wut, Ekel, Hass, Angst und Schmerz und lernt, zu dissoziieren (sich von seinem unerträglichen Gefühl zu trennen, um es nicht mehr fühlen zu müssen).
- Es versucht, gut zu funktionieren und den Erwartungen seines Elternteils zu entsprechen. Es beginnt, sich sein O.K. zu verdienen und entwickelt ein Als-ob-Sein.
- Es richtet seine Aufmerksamkeit auf sein bedürftiges Elternteil und versucht, dessen Bedürfnissen zu entsprechen.
- Es bemüht sich, keine Angriffsfläche zu bieten und vermeidet den Ausdruck eigener Gefühle und Bedürfnisse ...

Dem aufmerksamen Leser wird an dieser Stelle nicht entgangen sein, dass diese Überlebensmechanismen den späteren Verhaltensmerkmalen des typischen Partners auffallend ähneln bzw. teilweise mit diesen identisch sind. Denn es ist letztendlich ausschließlich das einst verletzte Kind, das im Hier und Jetzt auf seine (einst elterliche) Bezugsperson reagiert. Solange das Kind-Ich die Kontrolle behält und das Erwachsenen-Ich zu schwach ist, um einzugreifen, kann und wird sich die Lebenssituation eines typischen Partners nicht ändern.

Die Anordnung der Ich-Zustände

Eine klare Abgrenzung der einzelnen Ich-Zustände findet sich bei Menschen mit der Lebensanschauung „Ich bin o.k. – du bist o.k.". Jeder einzelne Zustand besteht ungetrübt und klar voneinander abgegrenzt, was dazu führt, dass die darin abgespeicherten Informationen und Inhalte uneingeschränkt zur Verfügung stehen. Das Erwachsenen-Ich kann störungsfrei die Daten des Eltern-Ichs auf den neusten Stand bringen *(helfen mir meine Grundannahmen noch weiter?)* und auch die Daten des Kind-Ichs beständig aktualisieren *(kann ich meine Gefühle gerade gefahrlos ausdrücken?)*. Es kann zwischen beiden Zuständen vermitteln, innere Konflikte erkennen und beheben und dementsprechend klar und selbstfürsorglich nach außen auftreten.

Menschen mit einer „Ich bin nicht o.k. – du bist o.k."-Lebensanschauung haben entsprechende Kindheitserfahrungen gemacht, sodass ihre Schlussfolgerung, nicht o.k. zu sein, schließlich eine logische Konsequenz aus diesen ist. Ihr Kind-Ich hat mehrfach erfahren müssen, in seinem Erleben und dessen Ausdruck falsch zu sein, was mit Scham-, Schuld- und Angstgefühlen verbunden war. Gesunde kindliche Anteile wie Neugier und Kreativität stärken das Erwachsenen-Ich. Wird aber von außen maßregelnd eingegriffen und dem Kind vermittelt, dass es in seinen lebendigen Impulsen nicht o.k. ist, wird die grundlegende Angst vor dem Verlust der Zugehörigkeit dazu führen, dass das Kind die Aktivität seines Erwachsenen-Ichs einschränkt. In der Konsequenz schiebt sich das Kind-Ich über das Erwachsenen-Ich, womit es zu einer Grenzverletzung beider Ich-Zustände kommt. Der getrübte Bereich der so entstandenen Verschiebung sorgt nun dafür, dass intensive emotionale Reaktionen aus dem einst kindlichen Erleben im Hier und Jetzt zumeist ohne Bezug zur Realität reaktiviert und verallgemeinert werden.

Typische Partner reagieren zum Beispiel auf den Rückzug ihrer Borderline-Persönlichkeit oft mit einem Zustand vollkommener Leere, Sinn- und Hoffnungslosigkeit. Die Distanz, die einem erwachsenen Menschen zwar berechtigt wehtun kann, wird zur lebensbedrohlichen Erfahrung. Dieser Zustand ist deutlich eine Reaktivierung des kindlichen Abgetrenntseins, der höchsten Potenz menschlicher Einsamkeit, die Aufgabe jeder Hoffnung auf ein Weiterleben, der Übergang zum Tod. Für noch abspaltende Kleinstkinder, die man isoliert und in ihrer Bedürftigkeit bewusst ignoriert hat, stellt dies ein reales Erleben dar. Als trauriges Überbleibsel faschistoider Erziehungsmaßnahmen wurde diese Form der „Erziehung“ in der Mitte des letzten Jahrhunderts in Deutschland noch regulär praktiziert und ist auch heute noch weit verbreitet.

Den meisten typischen Partnern fehlt der Zugang zu dem tief sitzenden, extrem intensiven, angstvollen und schmerzhaften Erleben, dem sie als Kind oft ausgesetzt waren. Angesichts der Hintergrundproblematik, den Inhalten der Ich-Zustände und den entstandenen Trübungen ist dies kein Wunder.

Wird nun das kindlich real erlebte Abgetrenntsein im Jetzt reaktiviert, zeigt sich so vor allem die Verschiebung des Kind-Ichs über das Erwachsenen-Ich. Die damalige reale Gefahr wird im Jetzt zur irrealen Bedrohung. Für den typischen Partner scheint das Erleben real zu sein, der Schmerz und die Angst lassen keinen Zweifel daran, wie gefährlich die Situation ist. Das Weiterleben ohne die Borderline-Bezugsperson scheint unmöglich und sinnlos. Ein Zugang zu der erwachsenen Ebene, ein Wissen darum, ein unabhängiger, erwachsener und allein lebensfähiger Mensch zu sein, existieren nicht. Es dominiert das Erleben des einstigen abgetrennten Kindes, welches schlimmstenfalls - ohne Zugang zu seinem Erwachsenen-Ich - mit ebenso eingeschränkten alten Mustern versucht, die qualvolle Situation unter Kontrolle zu bekommen *(ich tu alles, was du willst ...)*.

Verschiebung des Kind-Ich mit Trübung des Erwachsenen-Ich

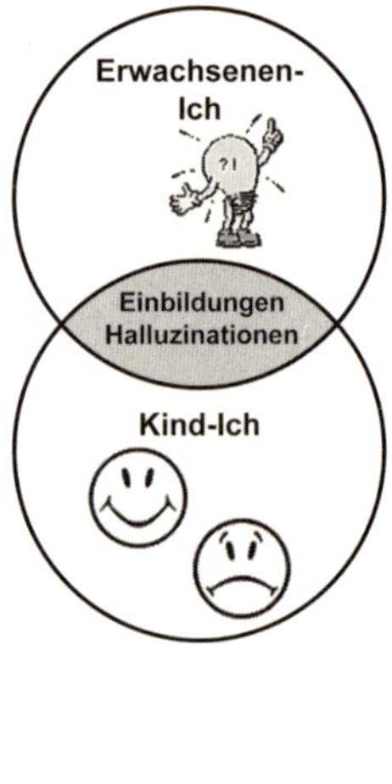

Wenn das damalige Kind in der Auseinandersetzung mit seinen Eltern nun derartig schmerzerfüllte Erfahrungen machen musste, wird sein Erwachsenen-Ich sofort die Entscheidung treffen, dass es besser ist, widerspruchslos zu funktionieren: „Besser nicht fragen, warum man selbst nicht schwindeln darf, der Papa aber am Telefon gerade gesagt hat, dass die Mama nicht da ist, obwohl sie direkt daneben stand.“ Informationen zu hinterfragen oder Widersprüche aufzudecken, wird zu einem existenziellen Risiko. Ein abhängiges Kind muss sich um jeden Preis die Zugehörigkeit sichern und darf seine Eltern nicht gegen sich aufbringen.

Verschiebung des Eltern-Ich mit Trübung des Erwachsenen-Ich

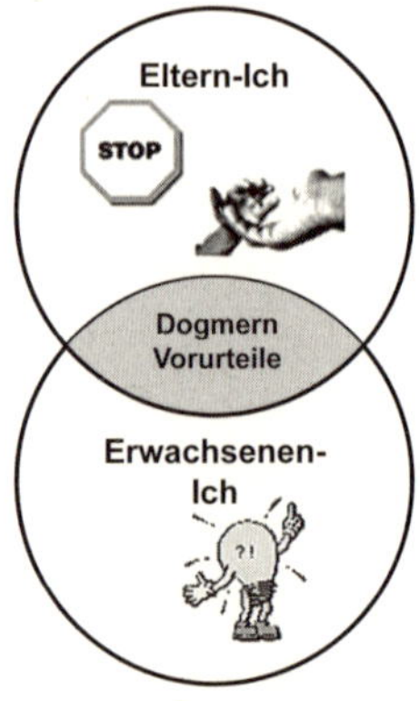

Also wird jede elterliche Information völlig ungeprüft abgespeichert. Die Arbeit des Erwachsenen-Ichs schränkt sich immer mehr ein. Es lernt weder Ursache und Wirkung zu erkennen, noch vorhandene Daten zu überprüfen. Die Entscheidungsfähigkeit verkümmert ebenso wie die Fähigkeit, Fakten zu sammeln und zu hinterfragen.

In der Konsequenz schiebt sich das nun als bedrohlich erlebte Eltern-Ich über das Erwachsenen-Ich und zwingt dem Kind Unmengen an Dogmen und Vorurteilen auf, die es völlig unhinterfragt verinnerlicht. Gleichzeitig speichert es auch die Information ab, dass es gefährlich ist, Fakten zu hinterfragen oder der eigenen Wahrnehmung zu vertrauen.

Das Dilemma ist perfekt, denn nun sitzt das Erwachsenen-Ich buchstäblich in der Falle. Menschen mit dieser beidseitigen Trübung halten an ihren Grundannahmen fest, ohne sie zu hinterfragen oder gar zu aktualisieren. Noch immer erleben sie es als gefährlich, sich zu konfrontieren, und bleiben so in ihren kindlichen Verhaltensmustern stecken.

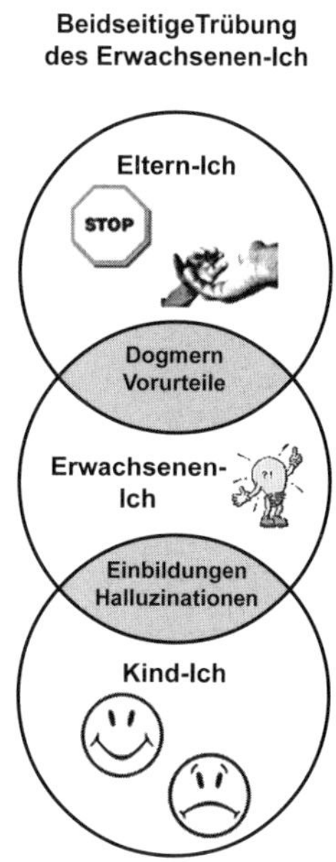

Gerade im Kontakt mit missbräuchlichen Beziehungspartnern kann sich unter diesen Umständen nur eine Verstärkung des Missbrauchs ergeben. Bleibt der sich daraus ergebende Leidensdruck unhinterfragt und die alten Muster präsent, verstärkt sich die Trübung. Das Erwachsenen-Ich verkümmert mehr und mehr, bis es - und dies ist bei typischen Partnern in Borderline-Beziehungen durchaus nicht selten - seine Funktion gänzlich aufgibt.

Der völlige Verlust der Integrität (Übereinstimmung des persönlichen Wertesystems mit dem eigenen Handeln) ist nicht selten, sodass die Persönlichkeit des typischen Partners in einer langanhaltenden Borderline-Beziehung immer instabiler wird und in ernsthafte Gefahr geraten kann.

Als ich Bodo kennenlernte, war Marcel gerade zwei Jahre alt. Anfangs verstanden sich die beiden prima. Bodo war begeistert von seiner Ersatzvaterrolle und Marcel liebte es, mit ihm zu toben und zu kuscheln. Alles fühlte sich perfekt an, und ich war so glücklich, nun doch eine kleine, intakte Familie zu haben und einen Papa für den Kleinen. Nach etwa einem halben Jahr kippte die Situation.

Bodo fühlte sich von dem Kleinen auf einmal belästigt. Ständig schimpfte er mit ihm und wollte sich auch nicht mehr um ihn kümmern. Ich solle das „Ding" zu meinen Eltern geben, er sei ja nur im Weg. In dieser Zeit begann er auch, mich zu schlagen. Danach beteuerte er dann immer, wie leid es ihm tue, aber ich würde ihn halt so provozieren. Ich fühlte mich wie in einem Strudel. Bodo war doch immer so lieb gewesen und all meine Freundinnen fanden ihn total nett. Das, was ich da erlebte, passte so gar nicht zu ihm und ich glaubte lange, dass ich irgendwie anders sein müsse oder tatsächlich zu viel falsch machte. Ich gab Marcel dann oft zu meinen Eltern, was die Situation aber nicht besserte. Inzwischen trank Bodo viel, ging ständig weg, und ich merkte, dass es auch andere Frauen gab. Vier Jahre machte ich das mit, ohne wirklich zu sehen, wie es meinem Kind dabei ging. Ich war wie leer. Erst als Bodo auch Marcel schlug, kam ich zu mir. Ich suchte Unterschlupf in einem Frauenprojekt und bekam Hilfe. Meine Wohnungseinrichtung war zertrümmert, als ich nach Hause kam. Es war unendlich schwer, neu anzufangen. Angst habe ich noch immer. Bodo ruft mich ständig an, schickt mir Briefe und Blumen, die ich aber wegwerfe. Ich will nichts mehr mit ihm zu tun haben und muss erst einmal für mich verarbeiten, warum ich das alles zugelassen habe. (Martha, 32, Tochter eines Alkoholikers)

Überlebensmechanismen

Kinder, die mit schwierigen Eltern konfrontiert sind, haben keine Chance sich zu wehren. Völlig unfähig, das Verhalten ihrer Eltern kritisch zu hinterfragen, nutzen sie instinktiv Überlebensmechanismen, die es ihnen möglich machen, auch bei diesen Eltern aufwachsen zu können. Übernimmt im späteren Leben eines solchen Kindes in einer ähnlichen Beziehungskonstellation das Kind-Ich die Kontrolle, wird es instinktiv auf diese Mechanismen zurückgreifen.

Einer dieser Mechanismen ist die Fähigkeit, Introjekte zu bilden, wobei das Kind elterliche Botschaften, Verhaltensweisen und Haltungen verinnerlicht und so ein Abbild seines Elternteils in der eigenen Persönlichkeit schafft. Introjekte können sowohl positiv als auch negativ sein.

Ist ein Kind missbräuchlichen Eltern ausgesetzt, wird es im Kontakt mit einem verletzenden Elternteil Täterintrojekte bilden. Diese dienen ausschließlich seinem Schutz. Da es die überwältigend schmerzhafte Realität nicht ertragen und verarbeiten kann und auch weiterhin mit seinen Eltern leben muss, nimmt das Kind die Wesenszüge des aggressiven Elternteils (Meinungen, Verhalten, Motive ...) in sich auf. Es entwickelt Empathie *(Papa ist wütend, weil er so viel Sorgen hat, also ist Wut ausleben o.k.)*. Es sucht nach seiner eigenen Schuld *(er muss mich schlagen, weil ich nicht brav war, also ist schlagen o.k.)*. Das Kind kann so Vater oder Mutter auch mit deren destruktivem Verhalten weiter idealisieren und diese als o.k. erleben, sich selbst aber (die vertraute Lebensanschauung) als nicht o.k.

Neben den Täterintrojekten existieren auch Mittäter-Introjekte, bei denen das Kind zum Beispiel das anwesende aber nicht schützende Elternteil ebenfalls als o.k. in sich aufnimmt *(sie war enttäuscht von mir, denn ich habe enttäuscht und habe keinen Schutz verdient)*.

So wie das Kind von seinen Eltern behandelt wurde, wird es im späteren Leben mit sich selbst umgehen. Wurde es respektiert, wird es sich selbst mit Respekt begegnen. Wurde es verachtet, wird es sich selbst verachten und die Verachtung anderer als angemessen erleben. Introjekte speichern sich im Eltern-Ich als richtungsweisende Botschaften ab und gestalten im späteren Leben sowohl den Umgang mit Beziehungen als auch mit sich selbst.

Martha, die Tochter des alkoholabhängigen Vaters, war als Kind immer wieder dessen Instabilität und Übergriffen ausgesetzt. Er sagte zu ihr: *„Du bist eine Last und hast Prügel verdient"*. In ihrem Eltern-Ich setzt sich damit eine Stimme fest, die sagt: *„Wenn du etwas für dich möchtest, bist du lästig, und man darf dich schlagen"*. Martha „schluckt" die Botschaft des Vaters ohne sie zu „verdauen" (zu hinterfragen und abzuwehren). Mit ihrer Akzeptanz der väterlichen Botschaft versuchte sie, sich unbewusst vor weiteren Übergriffen zu schützen.

Nachfolgend sind einige Introjekte des typischen Borderline-Partners aufgeführt:

- ➢ Du bist verachtenswert und wertlos!
- ➢ Nur wenn du etwas Besonderes leistest, wirst du akzeptiert – für den Augenblick!
- ➢ Du hast kein Recht, glücklich zu sein!
- ➢ Du bist für andere verantwortlich!
- ➢ Du hast keinen Schutz verdient!
- ➢ Du bist schuld! Schäm dich!
- ➢ Liebe musst du dir verdienen!
- ➢ Mit deiner Wahrnehmung, deinen Gefühlen und Bedürfnissen stimmt etwas nicht!
- ➢ Funktioniere! Sei nicht! Tu so, als ob! ...

Es sind eben diese verinnerlichten Botschaften, die entscheiden, ob ein Mensch aus der häufigen „Ich bin nicht o.k. – du bist o.k."-Lebensanschauung sich als typische Partner-Persönlichkeit erweist oder nicht. Sobald das Kind diese und ähnliche Botschaften verinnerlicht hat und als o.k. definiert, wird es dazu neigen, sich Bezugspersonen zu suchen, die diesen vermeintlichen O.K.-Verhaltensweisen entsprechen.

Martha, die Tochter des Alkoholikers, lernte frühzeitig sich den Launen des gereizten Vaters anzupassen. Ihm zu widersprechen, hatte schnell eine Ohrfeige zur Folge. Marthas Mutter ließ die Launen ihres Mannes oft kommentarlos über sich ergehen. Erst wenn er weg war, weinte sie viel und schüttete dem Kind ihr Herz aus. Martha tröstete die Mutter dann und versuchte, ihr so viel wie möglich zur Hand zu gehen. Ihre eigenen Ängste und Sorgen zeigte sie nicht, denn sie wollte der Mutter nicht noch mehr Kummer machen. Wenn Marthas Vater zu betrunken war, um arbeiten zu gehen, rief die Mutter dort an und entschuldigte ihn damit, dass er „krank" sei. Zu Martha sagte sie dann oft, dass der Papa es schwer habe und deshalb so viel trinken würde.

Martha glaubte als Kind, dass der Papa, der es ja so schwer hatte, ihretwegen trinken würde, denn sie hörte bei den Streitgesprächen der Eltern oft, wie wenig Geld sie hatten. Wenn der Papa trank, dann also nur, weil er Kummer hatte.

Martha sollte bald in die Schule kommen, und das war teuer. Sie schämte sich, dass sie so viel Geld kostete. Wenn sie nicht da wäre, müssten die Eltern auch nicht so viel streiten und die Mama wäre nicht immer so traurig.

Die kleine Martha half sich, indem sie Introjekte bildete: Alkohol trinken ist o.k., Launen an mir auslassen ist o.k., mich verantwortlich zu machen ist o.k., allein zu sein ist o.k. ...

Martha war zu Beginn ihrer Beziehung zu Bodo gar nicht in der Lage, die ersten Anzeichen seines zerstörerischen Verhaltens als nicht o.k. wahrzunehmen. Im Gegenteil, sie erlebte ihn als genauso o.k wie ihren Vater damals. Sie hatte gelernt, dass Liebe bedeutet, Leid zu ertragen, sich benutzen zu lassen und den Missbrauchenden zu schützen. Es war ein langer und harter Weg für sie, einen Zugang zu ihren eigenen Gefühlen wie Widerwillen, Ekel oder Wut zu bekommen. Bodos Verhalten hatte sie zu lange als vertraut und „normal" erlebt.

Neben der Introjektion wirkt noch der Mechanismus der Internalisierung, bei der sich das Kind auch in seinen erwachsenen Beziehungen so verhält, als wären die Eltern noch anwesend. Obwohl sie nicht mehr da sind, wirken sie von innen (Eltern-Ich). Ihre Verbote und Regeln gelten unhinterfragt noch heute.

Lena wuchs bei ihrer streng religiösen Großmutter auf. Freudlosigkeit und strenge Regeln bestimmten den Alltag. Hatte Lena etwas „falsch" gemacht, wurde sie ohne Abendessen ins Bett geschickt. Sie musste oft „Buße" tun und ihre Sünden bereuen, die häufig darin bestanden, dass sie zu „fröhlich" mit ihren Freundinnen spielte und dabei die Zeit vergaß. Im Winter musste sie für ihre „Vergehen" büßen, indem sie in einem ungeheizten Raum schlief. Sie fror jämmerlich. Kälte und Hunger waren ihr vertraut. Noch im Alter von 54 Jahren bestrafte sie sich, wenn sie glaubte, ungenügend zu sein, durch Essensentzug. In ihrer Wohnung war es nur selten warm.

Das Internalisieren von elterlichen Geboten und Verboten ermöglicht den typischen Partnern an der Seite einer Borderline-Persönlichkeit, diese ebenso aufrecht zu erhalten wie das dazugehörige emotionale Erleben. So habe ich leben gelernt, so bleibt das. Veränderungen anzustreben, bedeutet aber auch gleichzeitig, das Erwachsenen-Ich aktiv werden zu lassen. Je eingeschränkter dieses ist, desto mehr Angst wird entstehen, wenn es gefordert ist, sich mit Fakten auseinanderzusetzen, Entscheidungen zu treffen oder abzuschätzen, welche Konsequenzen sich daraus ergeben.

Bei vielen typischen Partnern ist die unbewusste kindliche Angst dermaßen überwältigend, dass es ihnen leichter fällt, das alte Dilemma mit Stellvertretern beizubehalten, als sich darauf einlassen zu müssen, das damals Erlebte zu verarbeiten.

Die Übereinstimmung der Lebensanschauungen

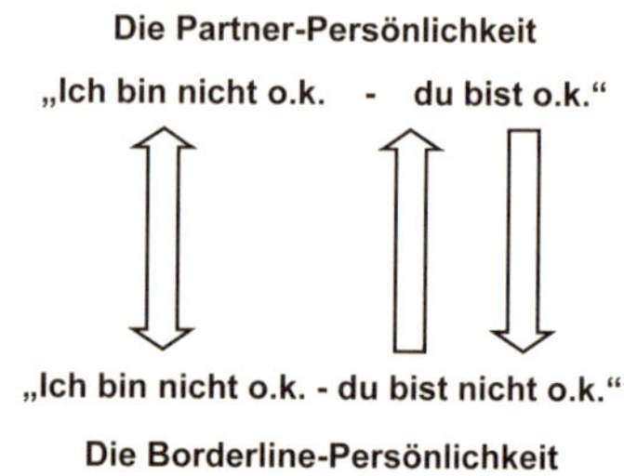

Ein Sprichwort sagt, dass verletzte Kinder einander erkennen, und so begegnen sich nicht ohne Grund Menschen, die etwas aufzuarbeiten haben und von dem anderen, wenn auch unbewusst, Unterstützung und Heilung erhoffen.

Sowohl die Borderline-Persönlichkeit als auch die typische Partner-Persönlichkeit verbindet die gemeinsame Grundannahme, nicht o.k. zu sein. Auf dieser Ebene der Lebensanschauung, dem verinnerlichten „Ich bin nicht o.k.", können sich beide gut miteinander identifizieren. Die Ebene der projektiven Identifikation als Hauptmerkmal der Borderline-Störung (wir sind eins) kann sich nur so aufbauen. Ähnliche Mechanismen im Beziehungsaufbau, indem beispielsweise dem anderen nur das gezeigt wird, was dieser sehen möchte (Als-ob-Verhalten), führen zu einer realitätsfernen gegenseitigen Idealisierung (er/sie ist perfekt).

Die „Du bist nicht o.k."-Ebene der Borderline-Persönlichkeit sucht noch immer nach dem nährenden O.K.-Elternteil. Im Rahmen der nicht überwundenen Beziehungsebene der projektiven Identifikation (Symbiose) wählen Betroffene Bezugspersonen, denen sie entsprechende elterliche O.K.-Qualitäten zuweisen (stabil, empathisch, fürsorglich ...). Sie hoffen dabei unbewusst, deren O.K in sich integrieren zu können. Auch die Borderline-Persönlichkeit ist auf der Suche nach Selbstheilung durch Beziehung.

Der typische Partner, der als zweite Ebene der Lebensanschauung ein „Du bist o.k." verinnerlicht hat, entspricht oft durch sein Verhalten dieser Hoffnung und wirkt daher sehr anziehend auf eine Borderline-Persönlichkeit.

Typische Partner sind fast immer einst parentifizierte Kinder, die gelernt haben, die eigene Existenz durch Aufgabe ihres Selbst und Hingabe an den anderen abzusichern. Viele meiner Klientinnen gehören zu den sogenannten „starken Frauen", die davon ausgingen, alles unter Kontrolle zu haben, stabil, stark und unerschütterlich zu sein - bis sie sich in einer Borderline-Beziehung wiederfanden.

Als perfektes „Elternteil" wird der typische Partner zunächst mitsamt seinem „Du bist o.k." von der Borderline-Persönlichkeit idealisiert. Diese erwartet von ihrem Partner aber, mit ihr identisch zu sein (sei wie ich - nicht o.k.). Gleichzeitig fordert sie, um die Idealisierung des Selbst über den Partner aufrecht erhalten zu können, auch das Gegenteil ein (sei nicht wie ich - sei o.k.), womit jene schizophrene Bindungsebene entsteht, deren Widersprüchlichkeit für den/die Betroffene/n nicht erkennbar und noch viel weniger auflösbar ist.

Der typische Partner, vertraut mit widersprüchlichen Erwartungen, wird nun auch unweigerlich mit all seinen perfekt dazu passenden Introjekten konfrontiert. Die Borderline-Persönlichkeit wird so zunächst - gerade mit ihren symptomatischen Verhaltensweisen - als o.k. erlebt.

Diese ebenso perfekte wie perfide Übereinstimmung von Anschauungen, Mechanismen und Introjekten führt direkt in einen sich immer mehr forcierenden, beiderseitig missbräuchlichen Beziehungsverlauf und charakterisiert eine typische Borderline-Beziehung.

4.

DER TYPISCHE PARTNER IN DER BEZIEHUNG

Der Partner und sein Erleben im Beziehungsverlauf

Unabhängig von den für Borderline-Beziehungen charakteristischen Phasen, auf die ich später noch eingehen werde, zeigen Partner im Beziehungsverlauf deutlich fassbare Erlebens- und Verhaltensmuster, die in den meisten derartigen Beziehungen immer wieder erkennbar sind. In den überwiegenden Fällen kommt es zu folgenden Abläufen:

1. Es fühlt sich einfach perfekt an

Die Borderline-Persönlichkeit wirkt auf ihre zukünftigen Partner begehrenswert und faszinierend. Viele Partner fühlen sich gleichzeitig angezogen, spüren aber mitunter auch intuitiv, dass sie einen Fehler begehen, wenn sie sich einlassen. Diese innere Warnung wird zumeist aber abgewehrt. Mit extrem viel Offenheit geben sich die Partner verletzlich hin und berichten vertrauensvoll von Dingen, die sie noch niemandem anvertraut haben. Bedingungslos lassen sie sich in die euphorisierende gegenseitige Idealisierung hineinfallen. Die Nähe des anderen wird als einmalig erlebt. Es existieren viele Gemeinsamkeiten. Ähnliche Ansichten, Meinungen und Interessen, lassen den Eindruck von „Seelenverwandtschaft" entstehen. Oft fühlen Partner sich zum ersten Mal in ihrem Leben ganz und gar richtig, angenommen und absolut o.k. Ihre eigene permanente unterschwellige Angst, verlassen oder zurückgewiesen zu werden, verliert sich. Es entsteht ein Gefühl von Sicherheit und Geborgenheit, wie es selten oder noch nie erlebt wurde.

Sexualität spielt in dieser Phase oft eine wesentliche Rolle. Sie wird als sehr intensiv und einmalig wahrgenommen. In dieser Phase der Beziehung erleben sich die meisten noch autark und abgrenzungsfähig, zumal sie noch nicht in dem Ausmaß kontrolliert und eingeengt werden wie im späteren Verlauf.

2. Erste Irritationen

Es entstehen erste Konflikte und/oder Distanzen, die nicht wirklich verstanden und verarbeitet werden. Die Partner reagieren oft irritiert und überfordert. Hilflos versuchen sie, den ursprünglichen Zustand der ersten idealen Zeit wieder herzustellen und damit auch das einmalige Gefühl von Geborgenheit und Nähe. Am liebsten würden sie die unangenehmen Veränderungen einfach ignorieren. Sie sind vorsichtiger, beginnen ihre Aufmerksamkeit mehr auf den anderen, als auf sich zu richten, versuchen, Konflikte zu vermeiden und eigene Interessen zu unterdrücken. Trotz ihrer Bemühungen und Selbsteinschränkungen kommt es zu immer neuen Auseinandersetzungen, was dazu führt, dass sie sich noch mehr anpassen. Auf der sexuellen Ebene kann es zu Grenzüberschreitungen kommen, die oft noch toleriert, mitunter auch neugierig angenommen werden. Hier kann sich durchaus auch eine sexuelle Abhängigkeit entwickeln. Substanzabhängige Borderline-Persönlichkeiten versuchen, ihre Partner in die Sucht mit einzubeziehen, mitunter wird dem - aus Angst vor Auseinandersetzungen und/oder Neugier - auch nachgegeben.

3. Die Achterbahnfahrt beginnt

Die intimen, vertraulichen Informationen, mit denen die Partner sich anfangs in ihrer ganzen Verletzlichkeit den Betroffenen anvertrauten, werden nun oft gegen sie gerichtet *(dein Vater hat sich umgebracht – kein Wunder bei dieser Tochter)*. Für die meisten Partner eine Erfahrung, die sie zutiefst destabilisiert. Das symptomatische Verhalten des/der Betroffenen ist nun wieder vollständig präsent. Extreme Wutausbrüche, verbale und/oder körperliche Gewalt gegen andere oder die eigene Person, Kontaktabbrüche und erneuter Kontakt, emotionale Erpressung und dramatische Inszenierungen hinterlassen beim Partner ein diffuses Chaos, Angst und Zerrissenheit. Die symbiotische Bindungsebene der projektiven Identifikation (ich bin du - und du bist ich) zieht ihn, ohne dass er sich darüber bewusst ist, in den gleichen Erlebnisstrudel, dem auch die Borderline-Persönlichkeit ausgesetzt ist (Instabilität). Die mehrfach erlebten Kontaktabbrüche und Übergriffe haben beim Partner inzwischen überwältigende Gefühle von Verlassenheit, Hoffnungs- und Sinnlosigkeit hinterlassen. Bei jeder darauffolgenden „Versöhnung“ folgte ein ebenso überwältigendes Gefühl der Erleichterung, das Leben hatte wieder einen Sinn (Achterbahnfahrt). Der Borderline-Partner ist nun selbst ausgeprägt instabil und zumeist massiv retraumatisiert. Sein Kind-Ich hat ganz die Kontrolle übernommen. Durch bedingungslose Anpassung, versucht er, jedem Konflikt aus dem Weg zu gehen. Er beginnt, nicht nur die Verantwortung für Konflikte zu übernehmen, sondern auch die Verantwortung für die Borderline-Persönlichkeit (Überfürsorglichkeit, co-abhängiges Verhalten). Es kommt immer häufiger zu Inszenierungen und Übergriffen, die zum Teil auch lebensgefährlichen Charakter tragen (riskantes Autofahren, gefährliche Sportarten), mitunter werden auch die Kinder mit involviert. Auf der sexuellen Ebene kann es zu einem Abbruch kommen, auch die Entwicklung extremer Praktiken (sado-masochistisch) ist möglich. Noch immer ist der Partner auf das Erleben der ersten idealen Zeit fixiert und versucht, sich die schmerzhaften Erfahrungen der letzten Tage, Wochen, Monate so zu erklären, dass er die Beziehung aufrecht erhalten kann. Dabei entlastet er den/die Betroffene/n, indem er Erklärungen für deren/dessen Verhalten findet (er/sie war ja auch überlastet), und sucht nach Belastungspunkten für sich (das hätte ich nicht sagen, denken, fühlen dürfen). Einige Partner lösen sich zu diesem Zeitpunkt aus der Beziehung. Die meisten jedoch versuchen, jeden Impuls, der sie zu einer Entscheidung gegen die Beziehung drängt, abzuwehren.

4. Ich erkenne mich nicht wieder

Die Partner verlieren immer mehr ihre Selbstbestimmtheit und den Zugang zu ihrem Wertesystem. Sie lösen sich aus ihren sozialen Kontakten, isolieren sich vollständig, um ganz für die Borderline-Persönlichkeit verfügbar zu sein. Die nun immer häufiger auftretenden Krisen und Double-Bind-Situationen überfordern sie maßlos. Sie sind nicht mehr in der Lage, die Widersprüchlichkeit ihrer Borderline-Bezugsperson zu erkennen und sich den gegensätzlichen Forderungen zu entziehen. Nach mehrfachen Kontaktabbrüchen und emotionalen und/oder körperlichen Gewalterfahrungen ist ihre Verlustangst so überwältigend, dass sie jede Selbstständigkeit aufgegeben haben. Mitunter bezeichnen einige Partner zu einem späteren Zeitpunkt, diese Erfahrung als „Gehirnwäsche“. Als interessantes Phänomen kann in dieser Phase der Beziehung beobachtet werden, dass es viele Partner gibt, die sich so vollständig mit der Borderline-Persönlichkeit identifizieren, dass sie deren spaltende Verhaltensweisen teilweise übernehmen. Freunde, die sich „gegen“ die Beziehung stellen, und versuchen die Selbstfürsorge des Partners zu aktivieren, werden abgestoßen und negativ besetzt. Übergriffe auf involvierte Kinder werden nicht nur toleriert, sondern manchmal auch selbst inszeniert. Zu diesem Zeitpunkt ist die alte kindliche Angst bereits dermaßen reaktiviert, dass es nur noch um den Selbstschutz geht, dem alles, selbst die eigenen Kinder, geopfert werden.

5. Nichts ist ohne Schmerz

Es kommt zu Bestrafungsritualen, wenn Partner den (oft unerfüllbaren) Erwartungen der Borderline-Persönlichkeit nicht entsprechen. Dabei werden oft

Kontrollspiele genutzt, bei denen der Partner massiven Übergriffen ausgesetzt ist *(wage es nicht, zu telefonieren, du gehst nicht aus dem Haus ...).* Wehrt der Partner sich, wird er bestraft, wehrt er sich nicht, wird das „Spiel" verschärft. Mitunter hat der/die Betroffene sich bereits auf einen neuen Beziehungspartner eingelassen. Partner erleben sich zu diesem Zeitpunkt als vollständig abgewertet. Alles an ihnen wird als schlecht und falsch reflektiert - die Art, wie sie atmen, essen oder sich bewegen. Aus eigener Kraft können sie sich kaum noch lösen. Zunehmende Grenzüberschreitungen der Borderline-Persönlichkeit *(lern doch mal meine neue Freundin kennen)* oder extrem gewalttätige und gefährliche Inszenierungen rauben ihnen die letzten Kräfte. In den meisten Fällen werden die Partner, nicht ohne mit massiven Schuldzuschreibungen überhäuft zu werden, zu diesem Zeitpunkt verlassen. Häufig brechen sie aber auch zusammen und müssen klinisch (stellvertretend für die betroffene Borderline-Persönlichkeit) behandelt werden. Kommt es erst an dieser Stelle zu einer vom Partner ausgesprochenen Trennung, kann das, in einigen Fällen, gefährliche Konsequenzen haben.

6. Vernichtung

Der nun ehemalige Partner wird bedroht: Stalking, Rufmord, Überfälle, Anzeigen beim Finanzamt, diffamierende Anrufe beim Arbeitgeber, Isolation durch Manipulation von Freunden und Angehörigen, Morddrohungen, Sachbeschädigungen, öffentliche Verleumdung (z.B. eindeutige Anzeigenschaltung im sexuellen Gewerbe), die Manipulation und Entfremdung gemeinsamer Kinder. In schlimmsten und seltenen Fällen kommt es zu sogenannten Familientragödien. In den Medien liest man dann zu diesen Meldungen Stichworte wie Trennung, Sorgerechts- oder Umgangsentzug, unauffälliges, isoliertes Paar oder, da gab es oft Streit ...

Hin und wieder kann es in seltenen Fällen auch zum Suizid des Partners kommen. Stellvertretend für den/die Betroffenen wird die von ihm/ihr erlebte Vernichtung an der eigenen Person tatsächlich vollzogen.

7. Traumaverarbeitung

In der Zeit nach der Trennung kann sich eine posttraumatische Belastungsstörung entwickeln. Das unbewältigte Erleben zeigt sich durch Flashbacks (plötzliches Wiedererleben), Schlafstörungen, Panikattacken und somatische Störungen (Magen, Wirbelsäule, Haut ...). Dazu kommen auch immer wieder klassische Symptome des kalten Entzugs wie Schweißausbrüche, Übelkeit, diffuse Schmerzen, Ruhelosigkeit und Angst. Die Beziehung zeigt sich als Abhängigkeit, der Partner muss sich seiner „Sucht“ stellen und das Erlebte tiefgehend verarbeiten. Partner, die sehr lange in der Beziehung waren, erleben oft überwältigende Schuldgefühle und das Gefühl, versagt zu haben - zunächst gegenüber dem Betroffenen (das innere Kind hat vergeblich darum gekämpft, den Stellvertreter seines Elternteils zu retten, um endlich geliebt zu werden), später dann auch jenen gegenüber, denen durch Verlust der Integrität Schaden zugefügt wurde (z. B. Schuldgefühle gegenüber den Kindern).

Nicht jeder typische Partner geht durch all diese Phasen. Die meisten finden den Absprung, bevor sie den Zugang zu sich selbst verlieren. Aber auch sie bleiben oft völlig verwirrt und destabilisiert zurück, da die Borderline-Beziehung eine ihnen zugehörige kindlich-existenzielle Verletzung reaktivierte.

Viele Partner halten aber auch bis zum Selbstverlust an ihren destruktiven Beziehungen fest. Dabei muss davon ausgegangen werden, dass eigenständige Störungsbilder existieren, wie z.B. ebenfalls eine Borderline-Persönlichkeitsstörung, eine dependente (abhängige), eine histrionische (dramatisierende) oder eine narzisstische Persönlichkeitsstörung.

Die narzisstische Persönlichkeitsstörung und ihre Rolle in Borderline-Beziehungen

Die narzisstische Persönlichkeitsstörung ist als komorbide (begleitende) Störung immer in die Borderline-Problematik eingebunden. Hier existieren sowohl weibliche als auch männliche narzisstische Ausprägungen, wobei sich die männliche Ebene tatsächlich häufiger bei männlichen Betroffenen zeigt. Betroffene kompensieren ihre Symptomatik (Leere, eingeschränkter Selbstwert, Depression ...) oft durch omnipotentes (allmächtiges) Verhalten. In Interaktionen agieren sie, vor allem in für sie kritischen Momenten, überwiegend aus dem negativ kritischen Eltern-Ich (be- und abwertend, aggressiv, verurteilend, Schuld zuweisend ...). So wehren sie das eigene Nicht-O.K. ab und projizieren es auf ihr Gegenüber.

Der weibliche Narzissmus (entspringt der Minderwertigkeit) ist das perfekte Gegenstück zum männlichen Narzissmus (Größenselbst und Dominanzbestreben) und wird auch als Komplementär-Narzissmus bezeichnet. Beide brauchen einander, zum einen, da ihre Verhaltensmuster perfekt aufeinander abgestimmt sind (der Täter braucht das Opfer und umgekehrt), zum anderen, da auch bei diesen Persönlichkeitsstörungen der unbewusste Drang existiert, an der Beziehung zum Gegenpol zu wachsen.

Die narzisstische Problematik ist extrem vielschichtig und komplex, sodass ich diese im Rahmen dieses Ratgebers nur streifen kann. Dem interessierten Leser empfehle ich für diese Thematik Werke von Bärbel Wardetzki (siehe Buchempfehlung im Anhang).

Bei fast allen typischen Partnern finden sich - unabhängig von der Dauer der Beziehung - Anteile des sogenannten weiblichen Narzissmus', der durchaus auch bei vielen Männern eine Rolle spielt. Nachfolgend einige Merkmale des weiblichen Narzissmus':

- ist in der Minderwertigkeit, Depression und Hilflosigkeit verwurzelt
- kompensiert Schwäche durch Überanpassung, Leistung und Attraktivität
- sucht nach Anerkennung und definiert seinen Wert über die Reflektion anderer
- nimmt eine Opferposition ein
- kennzeichnet sich durch eine ausgeprägte Leidensfähigkeit
- geht ganz in seiner Bezugsperson auf, empathisches Mitfühlen bis hin zur Übernahme fremder Gefühle

- Beziehungssuchend (klammernd)
- Identifikation mit dem idealisierten Bild, das die Bezugsperson von sich selbst hat
- sucht bei seiner Bezugsperson nach einer Elternfigur und Halt
- neigt dazu, seine Bezugsperson zu bemuttern, Überfürsorglichkeit, Verantwortungsabnahme
- ist passiv aggressiv, oft in Form von Verweigerung, Trotz und verdeckter Abwertung.

Transaktionsanalytisch dominieren im weiblich-narzisstischen Verhalten das negativ angepasste Kind-Ich sowie das negativ fürsorgliche Eltern-Ich. Im Ausdruck eigener Bedürfnisse zeigen sich Unsicherheit und Angst. Aus diesem Grund wird hier häufig die verdeckte Form der Transaktion genutzt.

Täter und Opfer

Auch wenn eine Beziehung zu einer Borderline-Persönlichkeit von Angehörigen und Partnern als sehr schmerzhaft und konfliktreich erlebt wird (für den/die Betroffenen allerdings ebenso) ist es durchaus nicht so, dass sich dabei immer eine klare Täter-Opfer-Beziehung ergibt. Grundsätzlich ist davon auszugehen, dass beide Seiten - aufgrund ihres frühkindlichen Erlebens und des in dieser Zeit real erlebten Mangels an Zuwendung und Bindung - Opfer waren. Im späteren Leben hat dies dann auch unweigerlich einschränkende Konsequenzen auf die Bindungsfähigkeit. Wie die erwachsene Person mit ihren Beziehungserfahrungen umgeht, unterliegt jedoch ausschließlich ihrer eigenen Verantwortung.

Partner nehmen sich in der Regel in Borderline-Beziehungen überwiegend als Opfer der Betroffenen wahr und weisen diesen auch oft eine klare Täterposition zu. Aus diesem Grund möchte ich mich an dieser Stelle einmal näher mit dem Begriff „Opfer" auseinandersetzen.

Auf der zwischenmenschlichen Ebene wird jemand als Opfer bezeichnet, der durch einen anderen Schaden erleidet. Dabei ist es einem Opfer nicht möglich, diesen Schaden abzuwehren. Ein Kind, das missbräuchlichen Eltern ausgeliefert ist, hat tatsächlich einen Opferstatus, denn es hat keinen Einfluss auf seine Lebensumstände. Nicht nur aufgrund seiner körperlichen Wehrlosigkeit und Abhängigkeit, sondern auch, weil es aus seiner psychischen Konstitution heraus weder seine Eltern noch seine Lebenssituation realistisch wahrnehmen und kritisch hinterfragen kann. Ein Kind nimmt seine Eltern vorbehaltlos als o.k. wahr und ist von der Hoffnung, bei ihnen in Sicherheit zu sein, existenziell abhängig. Seine eigene Position im missbräuchlichen Geschehen kann es zwangsläufig nicht richtig einschätzen.

Natürlich existieren auch bei Erwachsenen tatsächlich oft deutliche Täter-Opfer-Konstellationen in Borderline-Beziehungen, in denen der Handlungsspielraum eines Partners massiv eingeschränkt ist und sich katastrophale, existenziell bedrohliche Situationen für diesen ergeben können. Dennoch sind Partner als erwachsene Menschen nicht mit der Wehr- und Hilflosigkeit eines abhängigen Kindes gleichzusetzen. Durch die im Beziehungsverlauf reaktivierten kindlichen Verletzungen (unverarbeitete Traumata) verlieren aber die meisten Partner immer mehr den Zugang zu ihrer erwachsenen Ebene und geraten überwiegend unter die Kontrolle ihres Kind-Ichs. Sobald dies der Fall ist, erleben sie sich als ohnmächtig, ausgeliefert, abhängig und haben kaum noch einen Bezug dazu, dass dies nicht der Realität entspricht. Deutlich spürbar ist dies durch typisch kindliche Grundannahmen, die das Verhalten steuern. Dazu gehören zum Beispiel Annahmen wie:

- wenn ich mich wehre, abgrenze oder nicht funktioniere, bin ich in Gefahr
- ohne ihn/sie bin ich absolut verloren
- ich würde niemanden mehr finden, der mich lieb hat
- ich würde eine Trennung nie überwinden und auch nie wieder glücklich werden ...

Partner, die ich durch ihre Borderline-Beziehungen begleitet habe, die diese dann verarbeitet und losgelassen haben, sehen oft staunend zurück und können kaum noch verstehen, in welchem Erleben sie einst gefangen waren. Erst dann wird ihnen auch bewusst, dass sie selbst oft wenig hilfreich und zum Teil ebenfalls destruktiv auf die Beziehung und die Borderline-Persönlichkeit Einfluss genommen haben.

Wenig hilfreich - das Helfersyndrom

Auch auf der Partnerebene sind oft Verhaltensmuster erkennbar, die sowohl für die Beziehung als auch für die Borderline-Persönlichkeit destruktive Konsequenzen zeigen können. Dabei spielt das Helfersyndrom eine große Rolle, das sich zumeist bei Menschen herausbildet, die als Kind parentifiziert wurden. Durch den in der Kindheit erlebten Rollentausch erscheinen Verantwortungs- und Schuldzuweisungen vertraut. Selbst anmaßende oder übergriffige Wünsche und Erwartungen der Bezugsperson scheinen normal.

Ich war etwa fünf Jahre alt, als mein Vater uns verließ. Mama und Papa hatten sich ständig gestritten und ich erinnere mich dunkel daran, dass ich mich dann immer unter meinem Bett versteckt habe. Wir mussten dann aus dem Haus mit dem Garten ausziehen, und ich war sehr traurig. Ich erinnere mich noch, dass Mama sehr wütend auf den Papa war, aber auch viel weinte. Das war alles sehr schlimm für mich, und ich habe meinen Papa sehr vermisst. Ich habe oft gehofft, dass er mich besuchen kommt, aber er kam nicht und Mama meinte damals, dass er uns nicht mehr lieb hätte. Erst als ich ihm als Erwachsenen begegnete, erfuhr ich, dass sie ihm gar nicht erlaubt hatte, mich zu sehen. Seine Briefe und Geschenke hatte sie ihm immer wieder zurückgeschickt.

Nach dem Einzug in die kleine Wohnung mitten in der Stadt kam ich dann auch zur Schule. Meiner Mutter ging es meistens schlecht, damals begann sie auch zu trinken. Manchmal, wenn ich aus der Schule kam, gab es kein Essen. Es war auch nichts eingekauft und es kam immer wieder vor, dass ich bis abends allein war. Manchmal kam meine Mutter betrunken nach Hause. Ich wusste nicht, was mit ihr los war und dachte immer, sie wäre krank, weil sie sich ja manchmal auch übergeben hat. Ich hatte große Angst, dass sie sterben muss. Nachts habe ich meist bei ihr im Bett geschlafen, damit sie nicht allein sein musste. Davor hatte sie Angst.

Dann brachte sie immer wieder mal einen Mann mit, der dann auch bei uns schlief. Ein paar Tage lang ging es ihr dann besser, aber die Männer blieben nicht lange, und wenn sie weg waren, war sie sehr wütend. Sie erzählte mir dann, was die gesagt und getan hätten. Ich hab nicht alles verstanden, was sie meinte, aber sie waren wohl ziemlich böse zu ihr. Ich wollte nicht, dass sie meinetwegen auch noch Kummer haben sollte, und hab versucht, immer ganz brav zu sein. Damals habe ich ganz viel zu Hause geholfen. Ich bin auch nicht oft Spielen gegangen, weil ich Angst hatte, dass es meiner Mutter wieder schlechter geht und dann niemand da ist. Sie war nicht gern allein.

Einmal sagte sie zu mir, dass ich der Mann im Haus wäre und sie so froh sei, dass ich da bin. Ich wäre das Beste, was ihr in ihrem Leben passiert sei. Das machte mich sehr stolz. Ich gab mir sehr viel Mühe, alles richtig zu machen, habe aber doch ganz viel falsch gemacht. Einmal habe ich mir Geld genommen, um etwas einzukaufen, denn es war nichts da. Sie war furchtbar wütend und hat mich ein paar Stunden in meinem Zimmer eingesperrt. Später hat sie dann geweint und sich entschuldigt, sie tat mir so leid.

Abends saß sie oft zusammengesunken in ihrem Sessel und fühlte ihren Puls. Sie rief mich dann manchmal und ich sollte fühlen, wie schnell er gehen würde. Sie hätte sicher nicht mehr lange zu leben, meinte sie.

Wenn ich heute zurückblicke, wird mir klar, dass ich gar nicht wirklich Kind war. Ich ging kaum raus und hatte eigentlich auch keine Freunde. Nachts hörte ich auf ihr Atmen, weil ich Angst hatte, sie könne im Schlaf sterben und ich merke es nicht und bin dann schuld an ihrem Tod.

Ihren Freundinnen erzählte meine Mutter immer, dass ich ihr nie Probleme gemacht hätte und so ein lieber Junge sei, so gar nicht wie die anderen. Als Kind dachte ich, dass ich also etwas Besonderes sei. Als ich dann mit 15 mit Freunden ein Wochenende zum Zelten an den See wollte und sie wieder anfing, ihren Puls zu fühlen und zu jammern, ich könne sie doch nicht allein lassen, kam es zum ersten großen Krach. Ich bin dann einfach gegangen. Als ich zurückkam, lag sie betrunken im Bad, alles war voll gebrochen.

Ich habe mich nie wieder getraut, einfach wegzugehen. Mit 18 bin ich dann ausgezogen, in eine WG mit Freunden. Sie hat wochenlang nicht mir geredet und meinte, ich wäre eine Enttäuschung. Früher wäre ich so ein lieber Junge gewesen …

Mittlerweile habe ich mehrere Beziehungen hinter mir, die allesamt nicht lange dauerten. Einige meiner Partnerinnen waren selbst frisch getrennt und wurden in ihren vorherigen Beziehungen geschlagen. Eine hatte ein kleines Kind, eine andere war depressiv. Zuletzt hatte ich eine Partnerin, die depressiv war und auch noch trank. Zu meiner Mutter habe ich heute keinen Kontakt mehr … (Markus F. 46, Anwalt)

Markus war ein solch parentifiziertes Kind und lernte, seiner bedürftigen Mutter gegenüber eine fürsorgliche und versorgende Haltung einzunehmen. Seine eigene Bedürftigkeit musste er dabei leugnen.

Die Erfahrung, andere permanent streicheln zu müssen, selbst aber wenig Streicheln zu erhalten, ist Menschen wie Markus vertraut. Als Kind haben sie oft viel Mühe in ein Lob, ein Lächeln, ein nettes Wort investiert. Ein O.K. hat für sie nur dann einen Wert, wenn sie es sich erarbeiten müssen. Bedingte Zuwendung erleben sie als vertraut und angemessen, denn sie entspricht ihren frühen Beziehungserfahrungen.

Bedingungsloses Streicheln verunsichert sie und wird oft abgewehrt. Es entspricht nicht dem Selbstbild, o.k. zu sein. Das „Ich kann o.k. sein, wenn ich ..." hingegen beinhaltet die Chance, alle vertrauten Verhaltensmuster zu nutzen und gibt so Orientierung in den Kontakten.

Einst parentifizierten Kindern fällt es oft schwer, die für das Miteinander nötige Streichelbalance zu erkennen und einzuhalten. Für lebendige und erfüllte Kontakte ist es jedoch wichtig, dass die Zuwendung in Form von Streicheln (o.k.) gleichmäßig verteilt ist. Bei einem Gruß erwartet man einen Gegengruß, eine geschenkte Blume ein passendes Gegenstreicheln in Form eines Lächelns oder eines herzlichen Dankes. Die Balance ist gestört, wenn der Gruß eines entfernten Bekannten mit einer unverhältnismäßigen, stürmischen Umarmung erwidert wird oder, statt der Blume, ein Straus Rosen geschenkt wird.

Das damalige Kind erhielt immer wieder Belohnungen, wenn es gut für sein Elternteil gesorgt hatte, was dazu führte, dass sich neben seinem Gefühl der Wertlosigkeit auch das Erleben von Allmacht (Omnipotenz) entwickelte. Dem Kind wurde die Macht vermittelt, das O.K.-Elternteil heilen oder dessen Leid lindern zu können. Dabei hatte es aber mit all seinem Streichelvermögen, das Elternteil nie retten können und in der Konsequenz verinnerlicht, dass sein Streicheln wenig wert war. Es muss sich also, wenn es sich richtig anfühlen soll, mit fünf O.K. für ein O.K. revanchieren. Daraus können sich später dann schnell missbräuchliche Beziehungen ergeben. Auch auf dieser Ebene passt der typische Partner perfekt zu einer Borderline-Persönlichkeit, deren ungestilltes Kind–Ich extrem streichelbedürftig ist.

Bezugspersonen aber, die immer wieder im Übermaß gestreichelt werden, können sich durch die Streichel-Dysbalance schnell auf einer Schuldebene wiederfinden. Sie haben kaum eine Chance, eine ausgewogene Balance herzustellen und erleben sich dann selbst bald als „nicht o.k.".

Parentifizierte Kinder lernten nicht, ihre Individualität zu leben, was es ihnen im späteren Leben fast unmöglich macht, in Beziehungen angemessen für sich zu sorgen. Da die Parentifikation als Bindungsstörung betrachtet werden muss, hat sie auch Auswirkungen auf die Bindungen der späteren Erwachsenen.

Dabei entwickeln diese dann oft massive, nicht realitätsangepasste Anforderungen an sich. Sie neigen zum Perfektionismus, wechseln zwischen dem Gefühl von Macht und Ohnmacht und leben mit der ständigen Angst, zu versagen. Sie leiden unter Einsamkeit, Überlastung und einem ausgeprägten verminderten Selbstwertgefühl. Ihre rastlose Suche nach dem O.K. bestimmt ihr Leben.

Dieses O.K. aber suchen sie gerade bei jenen Menschen, die ihren Introjekten entsprechen. Martha, die als kleines Mädchen dem instabilen Verhalten ihres alkoholkranken Vaters ausgesetzt war, lernte, diese Instabilität als o.k. wahrzunehmen. Aus ihrer kindlichen Interpretation heraus musste er ja trinken, weil er es so schwer hatte (woran sie sich als schuldig erlebte). Als logische Konsequenz war sie verantwortlich und somit nicht o.k. Um diesen Zustand zu überwinden und endlich o.k. zu sein, suchte sie unbewusst nach einem Partner, bei dem sie eine zweite Chance bekam, das alte Dilemma aufzulösen. Ihr bedürftiges inneres Kind suchte noch immer nach dem damals so lebensnotwendigen O.K.

Da in der Lebensanschauung „Ich bin nicht o.k. – du bist o.k." das damals vorenthaltene O.K. nicht in das kindliche Selbstbild integriert werden konnte, muss es im Heute immer wieder neu verdient werden. Die existenzielle Abhängigkeit des inneren Kindes überträgt sich leider oft unreflektiert auf den späteren Erwachsenen, der dann entweder entsprechende Berufe ausfüllt und/oder sich bedürftige Partner wählt.

Das Bedürfnis, einander zu helfen, ist grundsätzlich eine wunderbare menschliche Haltung, die sowohl die Gemeinschaft als auch die Zugehörigkeit stärkt. Das Helfersyndrom aber findet seine Motivation im Erringen des O.K., die es sich durch die „Rettung" eines Bedürftigen verdient. Dies hat nichts mit der positiven menschlich verbindenden Erfüllung zu tun, das Leben anderer (und somit auch das eigene) zu bereichern. Personen mit einem Helfersyndrom suchen nach Bedürftigen, um eigene kindliche Verletzungen aufzuarbeiten und endlich das O.K., dass ihnen in der Kindheit versagt wurde, zu erhalten.

Dabei agieren sie, auch wenn sie nach außen hin aufopfernde Selbstlosigkeit vermitteln und dies mitunter auch selbst so wahrnehmen, auf einer eher egozentrischen Ebene. Nicht die zwischenmenschliche Bindung steht im Mittelpunkt, sondern das kindlich bedürftige Ich. Unter Umständen können sich für Hilfesuchende daraus fatale Konsequenzen ergeben. Wenn beispielsweise Fortschritte geleugnet werden *(bleib schön bedürftig, damit ich weiter helfen kann)* oder nicht vorhandene Erfolge suggeriert werden *(ich bestehe darauf, dass meine Hilfe wirksam war)*, kommt es zu einem Missbrauch des Bedürftigen. Im schlimmsten Fall kann sich dessen Situation durch die unreflektierte „Hilfe" noch verschlechtern.

Ein Helfersyndrom (Arbeitsbögen im Anhang) macht langfristig unglücklich. Erfolge verpuffen rasend schnell, da das erkämpfte O.K. sich nicht in die

Lebensanschauung integrieren lässt. Die ständige Jagd nach dem O.K. laugt aus, erzeugt Leid, führt ins Burn-out und in Depressionen. Wird es nicht reflektiert und verarbeitet, kann es sich zur Co-Abhängigkeit entwickeln.

Das Drama verstärken durch Co-Abhängigkeit

Als co-abhängig werden zunächst einmal Bezugspersonen von Suchtkranken bezeichnet, die durch ihre spezifischen Verhaltensweisen dafür sorgen, dass die Sucht des Erkrankten erhalten bleibt. Ihr Tun oder Lassen stützt die Abhängigkeit und behindert den Süchtigen in seiner Gesundung. Verhalten sich Angehörige co-abhängig, reduzieren oder übernehmen sie den Leidensdruck des Abhängigen und erhalten so seine Erkrankung und letztendlich auch dessen Leid. Co-Abhängige sorgen (wenn auch zumeist unbewusst) dafür, dass ihre bedürftigen Bezugspersonen bedürftig bleiben. Sie ziehen dabei aus dem Leid, das auf allen Seiten aufrecht erhalten bleibt, einen Vorteil. Indem sie ihr kindliches Erleben reinszenieren, erhalten sie sich ihre Lebensanschauung. Sie entsprechen ihren Introjekten, weisen den Darstellern ihrer Inszenierung, sich selbst eingeschlossen, vertraute Rollen zu und können so in ihren alten Mustern verbleiben, ohne diese zu hinterfragen oder sie ändern zu müssen.

Co-abhängige Menschen sind streng genommen selbst abhängig. Auf der permanenten Jagd nach dem O.K. brauchen sie Beziehungen, in denen sie ihre erlernten Muster nutzen können. Menschen, die weder bedürftig sind, noch Hilfe brauchen, deren Liebe man sich nicht verdienen muss, sondern geschenkt bekommt, werden oft als „uninteressant, langweilig oder farblos“ erlebt. Bei ihnen findet das bedürftige Kind-Ich des Co-Abhängigen keine Chance „geliebt“ zu werden (Glaubenssatz: Liebe muss man sich verdienen).

Co-abhängiges Verhalten lässt sich durch typische Impulse aus den jeweiligen Ich-Zuständen identifizieren:

1. Einsatz des positiv fürsorglichen Eltern-Ich (Retter)

Der Betroffene erhält besondere Zuwendung, Trost und Mitgefühl. Ihm wird Unterstützung angeboten, wobei davon ausgegangen wird, dass er in der Lage ist, sein Problem eigenständig zu lösen. Diese Ebene ist noch als positiv anzusehen, da sie dem Betroffenen ein „Du bist o.k.“ vermittelt. Sie findet sich häufig in der Phase der gegenseitigen Idealisierung.

2. Einsatz des negativ fürsorglichen Eltern-Ichs (Retter)

Hier übernehmen co-abhängige Helfer die Aufgaben und Probleme des Betroffenen, wodurch sie dessen Leidensdruck mildern, ihn davor bewahren, sich mit seinem Thema auseinanderzusetzen und die Verantwortung dafür zu tragen (*komm mal her, ich mach das für dich*). Häufig werden die Probleme gegenüber dritten Personen verdeckt oder banalisiert (*er hat so einen Druck*). Durch Verantwortungsabnahme wird dem Betroffenen ein „Du bist nicht o.k." zugewiesen. Auf dieser Ebene holt sich der „Helfer" auf Kosten seiner erkrankten Bezugsperson sein „Ich bin o.k."

3. Einsatz des negativ kritischen Eltern-Ichs (Täter)

Dabei kommt es zur Bewertung, Verurteilung und Anklage des Süchtigen (*du bist unmöglich, ich hätte mehr von dir erwartet, schäm dich!*). Die Aggression und Verachtung ihm gegenüber nimmt zu. Die Botschaft lautet „du bist nicht o.k. – ich bin o.k.".

4. Einsatz des negativ angepassten Kind-Ichs (Opfer) mit Kompensation durch das negativ kritische Eltern-Ich (Täter)

Als Letztes kommt es zum Empfinden vollständiger Hilflosigkeit, Ohnmacht und Verzweiflung, die beim Co-Abhängigen entstehen. Die Verantwortung für sein Erleben wird dem Süchtigen zugewiesen *(weil du ..., muss ich leiden).* Aus dem kindlich erlebten „Ich bin nicht o.k." *(ich habe es nicht geschafft, dich zu retten")*, wird Schuld zuweisend ein „Du bist nicht o.k." *(du hast versagt).* Das angepasste Kind-Ich des Gegenübers erhält die Botschaft „du bist schuld" mit der Aufforderung *„schäm dich und funktioniere"*. Diese Konstellation bedient perfekt die projektive Identifikationsebene in Borderline-Beziehungen. Wir sind beide nicht o.k. und fühlen uns hilf- und wertlos.

Der Ablauf ist beliebig wiederholbar und trägt deutlichen Inszenierungscharakter.

Der klassisch co-abhängige Angehörige eines Suchterkrankten hält mit seinem Verhalten eine ganz konkrete Beziehungskonstellation aufrecht, die in ihren Schwankungen aber relativ konstant bleibt. Die Vorgänge wiederholen sich immer wieder, sodass die Beziehung über einen langen Zeitraum hinweg erhalten bleiben kann. Dies kann solange der Fall sein, bis einer der Beziehungspartner sich weigert, weiterhin eine der Täter-, Retter-, oder Opferrollen zu besetzen und aus der Dramaschleife aussteigt. Ist die Bezugsperson einer Borderline-Persönlichkeit co-abhängig, wird damit aber nicht nur das symptomatische Verhalten aufrecht erhalten, sondern es kommt zu einer beständigen Verschlechterung der Situation.

Da Co-Abhängige im Verlauf der Inszenierungen ihrer nicht funktionierenden Bezugsperson immer öfter ein „Du bist nicht o.k." zuweisen, kann diese, wenn hier eine Borderline-Problematik vorliegt, sich mit dem Partner nicht mehr identifizieren. *„Du musst o.k. sein, damit ich auch o.k. bin. Bist du nicht o.k., bin ich es auch nicht"*. Dies kann zu erneuten Krisen und einer Zunahme des symptomatischen Verhaltens führen. Bleiben dann die co-abhängigen Muster erhalten, steigt der Leidensdruck für beide Beziehungspartner an, was zur Eskalation führen kann.

Die Auseinandersetzung mit der Borderline-Störung beinhaltet immer wieder verwirrende oder irritierende Details. Insofern werden Sie auf jeder Ebene mit schizophrenen Mustern und verzerrten Wahrnehmungen konfrontiert. Eine Borderline-Persönlichkeit ist abhängig vom O.K. der Bezugsperson, kann aber auch instabil werden, wenn sie das O.K. erhält und es aus dem augenblicklichen Erleben heraus nicht akzeptieren kann.

Ich fühle mich schlecht, also bin ich nicht o.k. Wenn du meinst, dass ich o.k. bin, stimmt mit dir etwas nicht, dann bist du nicht o.k. Mit jemandem, der nicht o.k. ist, will ich nichts zu tun haben!

In der Konsequenz wird der streichelnde Partner abgewertet und abgewehrt. Da das vermittelte O.K. den Betroffenen destabilisiert, werden der Partner und sein Streicheln als bedrohlich erlebt.

Aus diesem Grund gebe ich in diesem Zusammenhang nochmals den eindringlichen Hinweis, sich im eigenen Verhalten nicht an der Symptomatik Betroffener zu orientieren! Unabhängig davon, sollten grundsätzlich keine „Du-bist-nicht-o.k.„-Zuweisungen an den Partner erfolgen. Negative Ich-Zustände sollten vermieden werden. Ganz gleich, ob das Gegenüber an einer Persönlichkeitsstörung leidet oder nicht, ist die Kommunikation aus den negativen Ich-Zuständen im sozialen Miteinander immer trennend.

Partner, die ihren Betroffenen tatsächlich helfen wollen, werden diese für ihre eigenen Zustände niemals verantwortlich machen, sondern die Verantwortung für sich selbst tragen und allein für sich sorgen.

Das perfekte Pendant: „Co-Borderline"

Auch wenn sich der Begriff „co-abhängig" in der Regel auf Suchtkranke bezieht, ist er aus seiner Definition heraus ebenso für viele Partner von Borderline-Persönlichkeiten zutreffend.

Wie beim klassischen co-abhängigen Angehörigen von Suchterkrankten nutzen auch Partner von Borderline-Persönlichkeiten überwiegend die Ebenen des fürsorglichen Eltern-Ichs. Zunächst aus der positiven (empathischen), später dann zumeist aus der negativen (Verantwortung abnehmenden) Ebene. Ebenfalls deutlich präsent ist das negativ angepasste Kind-Ich (unsicher, gehemmt, zurückhaltend ...). Das kritische Eltern-Ich zeigt sich häufig eher auf der nonverbalen Ebene und in indirekten Transaktionen (Schuld zuweisend, anklagend).

Natürlich existiert der Begriff „Co-Borderline" nicht, mit dem ich Partner von Betroffenen auch keinesfalls stigmatisieren möchte. Was ich jedoch mit diesem Begriff verdeutlichen möchte, ist, dass typische Partner über eine Vielzahl differenzierter Verhaltensmuster, Introjekte und Erfahrungen verfügen, die sie auf einer sehr individuellen Ebene geradezu perfekt für eine Beziehung zu einer ganz bestimmten Borderline-Persönlichkeit prägen.

Insbesondere ist dies die Vertrautheit des typischen Partners mit den schizophrenen Bindungsmustern, die in einer Borderline-Beziehung präsent sind. Die Erwartungshaltung Betroffener, dass der Partner mit ihnen identisch sein muss *(sei wie ich, abhängig und nicht o.k.)*, gleichzeitig aber ganz anders *(sei unabhängig und o.k.)* führt in eine immer wiederkehrende Double-Bind-Ebene, in der nichts richtig gemacht werden kann.

Ein typischer Partner mit Co-Borderline-Tendenzen ist mit widersprüchlichen Beziehungsmustern vertraut und hat entsprechend viele widersprüchliche Informationen in seinem Eltern-Ich abgespeichert. Er spürt dies an seiner Irritation und Handlungsunfähigkeit, der er in Interaktionen oft ausgesetzt ist. Seine Hilflosigkeit in Double-Bind-Situationen macht es ihm unmöglich, diese aufzudecken und so dem sicheren Gefühl des „Versagens" zu entgehen. Das verzerrte Bild, das die Borderline-Persönlichkeit auf ihn projiziert, akzeptiert er oft widerstandslos. Damit entspricht er perfekt der borderline-typischen Bindungsebene der projektiven Identifikation, bei der er in seinem Erleben (hilflos, überfordert, unsicher, verwirrt ...) den/die Betroffene perfekt spiegelt.

Nicht selten verbergen typische Borderline-Partner ihre eigene Instabilität hinter der schwankenden Schwarz-Weiß-Welt des Betroffenen. Sie erleben diesen dabei als verantwortlich für das Chaos ihrer eigenen Emotionalität, ohne sich eigener Anteile bewusst zu sein. Viele Borderline-Partner neigen dazu, sich eher immer wieder auf destruktive Beziehungen einzulassen, als dass sie sich mit den Wurzeln ihrer eigenen Beziehungserfahrungen auseinandersetzen. So, wie die Borderline-Persönlichkeit über ihre typischen Verhaltensmechanismen verfügt, besitzen auch deren Partner übereinstimmende Gemeinsamkeiten, die sich destruktiv auf ihr Leben auswirken.

In „Wenn lieben weh tut" bin ich bereits auf die prägnanten Grundannahmen der Partner eingegangen, aus denen sich letztendlich Verhaltensweisen ergeben, die Co-Abhängigkeit begünstigen (Sie finden diese in Form einer Liste im Anhang dieses Buches). Das ursprünglichste Merkmal aber, das die Hingabe an eine Borderline-Persönlichkeit mit allen Konsequenzen erst ermöglicht, nämlich die Bereitschaft, mit dieser zu verschmelzen, ergibt sich aus einer ähnlichen Persönlichkeitsstruktur.

Der typische Partner hat, wie auch die Borderline-Persönlichkeit, schmerzhafte Bindungserfahrungen erlebt. Er leidet unter starken Verlustängsten und erfährt seinen Wert oft ausschließlich über die Reflektion Außenstehender. Sein Erwachsenen-Ich ist beidseitig getrübt, sodass es ihm gerade auf der Beziehungsebene schwerfällt, sich klar mit Fakten auseinanderzusetzen und selbstfürsorgliche Entscheidungen zu treffen. Aufgrund der Trübungen sind die Grenzen zwischen den Ich-Zuständen durchlässig, sodass äußere Grenzen ebenfalls nicht klar definiert werden können. Die daraus resultierende Schwäche, das eigene Ich von dem der Bezugsperson zu trennen, führt so ebenfalls zu verschmelzenden Beziehungsmustern, die schnell akzeptiert und nicht hinterfragt werden.

Echte Nähe, bei der beide Partner eigenständig bleiben und keine symbiotische Beziehung eingehen, kennt der typische Partner nicht. Auch wenn er sich sehr nach Nähe sehnt, kann er nur schwer mit ihr umgehen und vermeidet sie durchaus auch aktiv. Unter anderem, indem er sich auf Bezugspersonen einlässt, die wirkliche Nähe nicht ertragen können, oder auf Beziehungen zu weit entfernt lebenden oder bereits gebundenen Personen.

Nähe bedeutet nicht, die gleichen Interessen zu haben, das Gleiche zu fühlen, zu denken oder zu wollen. Dies deutet eher auf eine Verschmelzung hin, wie sie für Borderline-Beziehungen typisch ist. Nähe bedeutet, sich authentisch zu zeigen und dabei darauf vertrauen zu können, von dem anderen angenommen zu werden. Die Fähigkeit, Nähe leben zu können, entwickelt sich aus der Balance von Freiheit und Zugehörigkeit, die das Kind in seinen ersten Jahren erfahren hat.

Typische Partner haben bereits früh die Erfahrung machen müssen, dass sie so, wie sie sind, nicht akzeptiert werden. Das kluge Erwachsenen-Ich des damaligen Kindes, hat daraufhin die Entscheidung getroffen, nur das zu zeigen, was erwartet wird, oder, was ihm Zuwendung verspricht. Es musste die Freiheit (*ich darf so sein, wie ich bin*) der Zugehörigkeit (versorgt werden) opfern. Geblieben ist die Angst vor dem Verlust der Bezugsperson, wenn das damalige Kind es wagt, sein wahres Ich zu zeigen oder zu leben. Das daraus entstehende Als-ob-Verhalten (*ich zeige dir, was du sehen willst*), wird zum Schauspiel, bei dem allenfalls die Rolle des Darstellers geliebt wird, aber nicht die dahinter verborgene Person. Dies führt immer in Einsamkeit und Isolation, denn das wahre Selbst kann weder gesehen noch geliebt werden. Wird dies nicht bewusst, werden sich die Anstrengungen, über die dargestellte Rolle geliebt zu werden, noch verstärken - eine sich zuspitzende Schleife von Missbrauch an sich selbst, der stellvertretend für die Eltern, bei denen dieses Verhalten erlernt wurde, fortgesetzt wird (Internalisierung).

Je länger ein Kind in derartige Muster genötigt wird, desto mehr wird es sich mit diesem Rollenverhalten identifizieren. Es kann nicht lernen, was ihm gefällt oder nicht, was es braucht, um glücklich zu sein, und wo seine Grenzen sind. Es bleibt durchlässig für die Erwartung der Anderen, über die es sich definiert. Daraus ergibt sich ein existenzieller Kampf: Nur wenn ich angenommen werde, kann ich überleben. Wir haben als Erwachsene oft keinen Zugang mehr dazu, wie schwer es ist, ein Kind zu sein.

Echte Nähe kann also nur zwischen identitätsstarken Menschen entstehen (ich bin o.k. - du bist o.k.), die in der Lage sind, den anderen in seiner Eigenheit als Bereicherung und nicht als Bedrohung zu erfahren.

Die zudem auf beiden Seiten gleichermaßen vorherrschende infantile Struktur ermöglicht nicht nur die anfängliche Identifikation und Verschmelzung, sondern vermittelt beiden Partnern auch den Eindruck von Gleichheit. Sprachliche und emotionale Muster erscheinen unbewusst vertraut. Unterschwellige Hilflosigkeit und das Erspüren ebenfalls vertrauter Ängste am Anderen lassen eine von Hoffnung getragene Erwartung an diese Beziehung entstehen. Diese wird von beiden Seiten auf den Anderen projiziert und ist ebenso irreal, wie irreführend. Eigene emotionale und körperliche Signale, als Reaktionen zu verstehen und Informationen frei von Verzerrungen zu nutzen, ist dem Kind-Ich nicht möglich. Dazu wäre der Einsatz des Erwachsenen-Ichs nötig, das aber nur eingeschränkt und in Krisensituation meist gar nicht zur Verfügung steht.

Im Kind-Ich des Partners haben sich zudem starke Gefühle von Schuld, Scham und Unzulänglichkeit manifestiert. Parentifizierte Kinder wurden oft mit Schuldgefühlen manipuliert, damit sie sich dem bedürftigen Elternteil fügen. Ihnen wurde vermittelt, dass Leid entsteht, wenn sie nicht funktionieren, was für ein abhängiges Kind aber immer auch eine existenzielle Bedrohung darstellt. Ein Kind kann sein bedürftiges Elternteil niemals tatsächlich befriedigen und - gleichgültig, wie alt es ist - bleibt ihm das Gefühl des Versagens, der Schuld und der Scham. Auch in dieser Beziehung existieren zwischen dem typischen Partner und einer Borderline-Persönlichkeit magnetisierende Ähnlichkeiten. Die Gleichheit des Erlebens zieht sie an und ihre perfekt zueinander passenden „Spiele" (rette mich - du schaffst es nicht) entwickeln sich zu einer andauernden retraumatisierenden Inszenierung.

Neben all den Gemeinsamkeiten existieren aber auch klare Unterschiede. Der typische Partner hat die Entwicklungsphase der Spaltung überwunden und nutzt keine Spaltungsmechanismen, was seine Beziehungsfähigkeit zwar einschränkt, aber nicht unmöglich macht. Seine Lebensanschauung beinhaltet einen O.K.-Zustand, sodass er Ressourcen bilden kann und ebenso in der Lage ist, auf positive Erfahrungen zurückzugreifen. Er verfügt zwar über ein eingeschränktes, aber dennoch vorhandenes Erwachsenen-Ich, das trainiert und gestärkt werden kann. In welcher Form dies möglich ist, erläutere ich in einem späteren Kapitel.

Instabilität als ein Hauptmerkmal der Borderline-Störung

Die Borderline-Störung wird auch als emotional instabile Persönlichkeitsstörung bezeichnet. Betroffene sind emotionalen Schwankungen ausgesetzt, die für sie nicht steuerbar sind. Diese Schwankungen zeigen sich bei jedem Betroffenen in ganz eigenen, individuellen Abständen. Einige stürzen mehrfach täglich in den krisenbehafteten Schwarzbereich, andere können Wochen, mitunter auch Monate, gut in der weißen Ebene funktionieren, bevor sie abstürzen.

Diese Schwankungen gehören zur Grundproblematik und sind teilweise neurophysiologisch begründet. Ursächlich für die Ausbildung einer Borderline-Störung sind unter anderem destruktive familiäre Strukturen, denen das damalige Kleinstkind ausgesetzt war. Ein ausbleibendes Bindungsangebot, fehlende Spiegelung, Vernachlässigung oder Misshandlungen finden sich im Entwicklungshintergrund fast aller Betroffenen. Gerade in den ersten Lebensjahren aber ist das hochempfindliche, komplexe kindliche Gehirn darauf angewiesen, sich störungsfrei strukturieren zu können. Wird diese Phase durch immer wiederkehrende extreme Stresszustände gestört, kommt es durch den Ausstoß aggressiver Stresshormone zu neuronalen, irreparablen Schädigungen. Diese sorgen dann dafür, dass Betroffene immer wieder den gleichen sich wiederholenden emotionalen Schwankungen ausgesetzt sind. Völlig unabhängig von äußeren Umständen, erleben sie sich als bedroht, geängstigt, in Panik, leer und verloren. Das Gehirn vergisst nicht. Da Borderline-Persönlichkeiten aber die Realität ausschließlich nach ihrem emotionalen Erleben bewerten, werden Angehörige zwangsläufig auch in deren Instabilität hineingezogen.

Solange Betroffene sich im weißen Bereich aufhalten, kann ihre Symptomatik für sie kaum spürbar und auch für Außenstehende oft nicht erkennbar sein. Vor allem hochfunktionale Betroffene, die selbst in den schwarzen Episoden ihre Symptomatik vorwiegend auf der Bindungsebene ausleben, können in der weißen Ebene ungewöhnlich leistungsfähig sein.

In diesem Bereich zeigen sich Betroffene durchaus selbstreflektiert und mitunter sogar selbstkritisch, sodass Partner hier viel Hoffnung fassen, dass sich doch noch alles zum Guten wenden könnte (mit noch mehr Geduld und noch mehr aufopfernder Liebe). Zudem scheinen die Reue und der eventuelle Therapiewunsch ehrlich zu sein, was auch tatsächlich in der Regel der Fall ist. So instabil und widersprüchlich Betroffene sein mögen, zumeist sind sie im Ausdruck ihres Erlebens echt und authentisch. Sie können ganz und gar in einem

Moment lieben, was sie im nächsten Moment hassen und beides ist wahr - für den Augenblick.

Das Kind-Ich des typischen Partners sucht immer wieder nach Indizien, es nun endlich geschafft zu haben, die Bezugsperson (und damit sich selbst) gerettet zu haben. Aus diesem Grund halten sich die meisten Partner an den introspektiven Momenten ihrer Borderline-Persönlichkeit verzweifelt fest und rufen sie sich, sollten sie in den schwarzen Phasen dann doch zweifeln, immer wieder in Erinnerung.

Der Absturz in die schwarze Ebene kommt zumeist völlig unvorbereitet und aus dem scheinbaren Nichts. Die Betroffenen können die Auslöser zumeist selbst nicht zuordnen, häufig spielen hier emotionale Flashbacks eine Rolle, Überforderungen oder Dissonanzen zwischen der Lebensanschauung und der Realität.

Überforderungen entstehen oftmals vor oder während der Feiertage oder bei Familienfeiern. Unbefriedigte Wünsche oder Erwartungen, Urlaube, Misserfolge jeglicher Art, die Bedrohung, die sich durch die Abgrenzung von den Bezugspersonen ergibt, oder der Verlust von Rollen, über die sich Betroffene definieren (Beruf, Jugendlichkeit, Sexualität, Elternrollen ...), können dramatische Krisen auslösen.

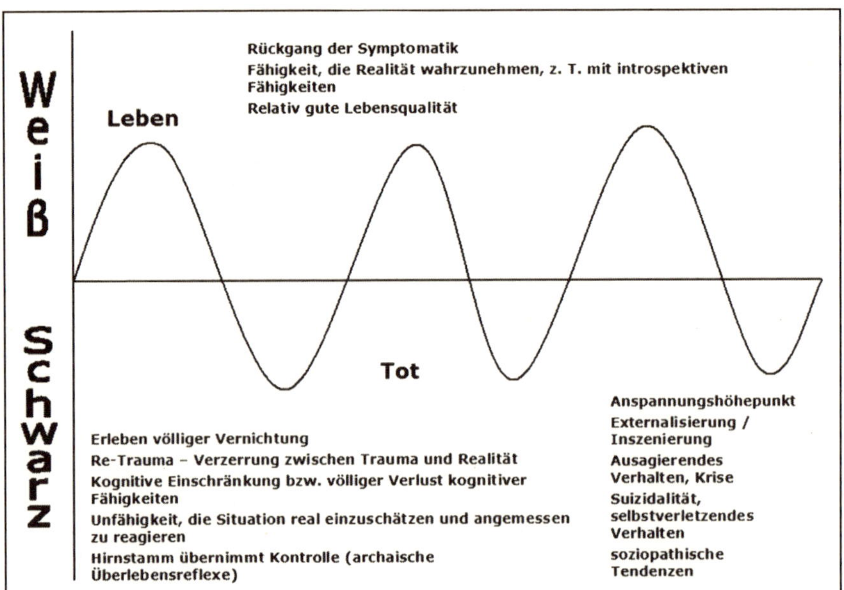

Diese ziehen den Betroffenen in einen Strudel uralter, traumatischer Erfahrungen, die mit dem Hier und Jetzt verschmelzen und ein sinnvolles Handeln im Augenblick unmöglich machen (psychotische Episoden). Die Symptomatik zeigt ihre ganze Bandbreite, kognitive Fähigkeiten stehen nicht mehr zur Verfügung. Das Verhalten der Betroffenen wirkt unlogisch, da es sich nicht auf die Realität bezieht, für die Betroffenen jedoch völlig real ist. Borderline-Persönlichkeiten versuchen dann, durch Inszenieren eines Dramas zumindest etwas Übereinstimmung zwischen dem inneren Erleben und der äußeren Realität zu erlangen (Externalisieren), um so Orientierung zu gewinnen.

Gerade der Höhepunkt der Krise, das Wiedererleben des Abgetrenntseins, das absolute Gefühl der Vernichtung, bringt den Betroffenen wieder in Kontakt zu sich. Dieses Empfinden ist vertraut, hier kann er sich spüren und hat einen Zugang zu sich. Erst wenn dieser Punkt überwunden ist, lässt seine Anspannung nach, denn nun hat er wieder eine Orientierung, seine Lebensanschauung ist wieder stimmig. Nicht selten führen gerade „Du bist o.k."-Botschaften direkt in die Krise. Die Diskrepanz zwischen Selbstwahrnehmung (ich bin nicht o.k.) und äußerer Reflektion (du bist o.k.) kann den Betroffenen massiv destabilisieren. Spaltung bedeutet, mit der Bezugsperson identisch zu sein. Fehlt hier die Übereinstimmung, bedeutet dies einen Verlust der Symbiose (Verlassen werden), was als vernichtend erlebt wird. Hier zeigt sich unter anderem eine der Ursachen für die Nähe-Distanz-Problematik.

Je nachdem, an welchem Punkt sich die Borderline-Persönlichkeit auf der instabilen Kurve zwischen Schwarz und Weiß aufhält, können Zuwendung und auch Kritik akzeptiert und (für den Moment) angenommen oder als vernichtende Provokation erlebt werden.

Da die typische Partnerpersönlichkeit in ihrem familiären Ursprungssystem oft mit nicht vorhersehbaren Wechseln von positiver (du bist o.k.) und negativer (du bist nicht o.k.) Zuwendung konfrontiert wurde, ist ihr diese Instabilität bei Bezugspersonen vertraut.

5.

DIE PHASEN EINER BORDERLINE-BEZIEHUNG

Partner von Borderline-Persönlichkeiten lassen sich nicht vorsätzlich auf missbräuchliche Beziehungsmuster ein, sondern erleben die Signale, die sie zu Beginn einer Beziehung durch Betroffene erhalten, oft als vertraut (*als ob wir uns schon ewig kennen würden*). Häufig erleben sie sogar eine besonders starke Faszination (die Chemie stimmt), weil sie durch bestimmte Impulse (Trigger), direkt in altvertraute Beziehungserfahrungen zurückversetzt werden. Die Borderline-Persönlichkeit verfügt zum Beispiel über eine ähnliche Art und Weise, ausschließlich über sich zu reden, so wie einst der Vater, um dessen Aufmerksamkeit man sich vergeblich eine Kindheit lang bemüht hat. Im Umgang mit derartigen Situationen verfügt der Partner über dazugehörige Verhaltensmuster (Zuhören, Aufmerksamkeit geben, sich selbst zurücknehmen ...) und empfindet die eventuell zuwendungsarme Interaktion als vertraut. Unbewusst erahnt er eine Chance, mithilfe seiner altvertrauten Möglichkeiten, nun doch noch das Ziel zu erreichen, geliebt zu werden.

Diese Vertrautheit vermittelt eine trügerische Sicherheit. Da die empfangenen Impulse direkt das Kind-Ich des Partners berühren, reagiert dieses auch unmittelbar. Lässt es sich nun auf eine Beziehung ein, so geschieht dies wenig reflektiert. Je frühzeitiger das innere Kind verletzt wurde, desto stärker sehnt es sich nach Symbiose und bedingungsloser Zuwendung, was es für verschmelzend-symbiotische Beziehungen anfällig macht. In Borderline-Beziehungen ist dies auf beiden Seiten, wenn auch im unterschiedlichen Ausmaß der Fall.

Borderline-Beziehungen weisen in ihrem Verlauf spezifische Muster auf, die von der Dauer der Beziehung relativ unabhängig sind. Die deutlich voneinander trennbaren Beziehungsphasen können innerhalb weniger Tage durchlaufen werden, sie können sich mitunter aber auch über viele Jahre hinziehen. Im Wesentlichen ist dies sowohl von der Ausprägung der Borderline-Störung abhängig als auch von der Beeinträchtigung des Partners, dessen Verhalten durchaus ebenfalls durch Persönlichkeitsstörungen geprägt sein kann. Je stärker die Defizite eines typischen Partners ausgeprägt sind, desto länger verbleibt er in der Beziehung.

In der Regel verlaufen derartige Beziehungen extrem emotional und instabil. Im Französischen existiert dafür die Bezeichnung „Amour fou“ - die verrückte

Liebe, weil sie den Verstand völlig ausschaltet und ihre eigene LEIDEN-schaftliche Gesetzmäßigkeit lebt. Der Beziehungsverlauf orientiert sich an dem instabilen Grundmuster der Borderline-Störung, der Schwarz-Weiß-Wahrnehmung, und verläuft in der Regel immer nach dem gleichen Muster.

Die Idealisierungsphase - Endlich angekommen

Diese Phase kennzeichnet den Beginn der Beziehung. Sie verläuft oft sehr intensiv und hinterlässt bei den meisten Partnern den Eindruck nun endlich „angekommen" zu sein. Innerhalb der Idealisierungsphase passt sich die Borderline-Persönlichkeit ganz ihrem Partner an. Mit ausgeprägten empathischen Fähigkeiten stellt sie sich auf die Bedürfnisse ihres Gegenübers ein und macht sie zu den eigenen. Den meisten Partnern fällt vor allem die Offenheit und Emotionalität der Betroffenen auf. Viele wirken stark, lebendig und souverän - mit klaren Zielen oder Vorstellungen. Sie können, im Kontakt mit einer idealisierungswerten Person, ein unglaubliches Charisma entwickeln, sind humorvoll, mitreißend eloquent und aufmerksam. Viele Partner berichten davon, noch nie so viel Interesse und Aufmerksamkeit erhalten zu haben.

Partner, die durch Intelligenz und Eloquenz hochfunktionaler Betroffener beeindruckt sind, erleben sich aus ihrer Selbstunsicherheit heraus oft unterlegen, gleichzeitig aber durch das Interesse des/r Betroffenen auch aufgewertet. Aus der daraus resultierenden Bestätigung der Lebensanschauung des Partners (ich bin nicht o.k. - du bist o.k.) kann so eine starke Anziehungskraft entstehen (es passt).

Dazu kommt, dass auch der Partner, ähnlich wie die Borderline-Persönlichkeit, seine Hoffnungen und Erwartungen auf den potenziellen Bindungspartner projiziert (jemand, der mich endlich annimmt und nicht mehr verlässt). Er wird weniger die reale, dafür aber umso mehr die gewünschte Person in dem anderen wahrnehmen. Und so wird er sich mit seinen vertrauten Möglichkeiten (Als-ob-Verhalten) um die Zuwendung des anderen bemühen, um sich so auch die eigenen Hoffnungen zu erfüllen. Diese Möglichkeiten finden sich in jenen Grundannahmen wieder, die im Eltern-Ich des ehemaligen Kindes gesammelt wurden.

In der Idealisierungsphase nimmt der Betroffene seinen Partner vor allem als Verschmelzungsobjekt wahr. Er verbindet sich mit diesem und sucht nach Übereinstimmungen, welche die Identifikation und das Empfinden von Gleichheit ermöglichen sollen. Das, was in dieser Phase als unglaubliche „Nähe" wahrgenommen wird, ist vor allem das Resultat der Verschmelzung, in der zwei Personen ihre Individualität aufgeben und grenzfrei ineinander einfließen. „Ich bin du, und du bist ich" - diese symbiotische Verbindung knüpft direkt an die frühkindliche abspaltende Bindung an die Mutter an.

Durch die Verschiebungen von Kind- und Eltern-Ich über das Erwachsenen-Ich, sind die Grenzen zwischen den Ich-Zuständen verletzt und durchlässig. Erst diese in der Persönlichkeitsstruktur verankerten Trübungen ermöglichen die Grenzenlosigkeit zwischen den Beziehungspartnern und machen sie empfänglich für eine verschmelzende Beziehung (projektive Identifikation).

Bedingt durch die neue, noch enttäuschungsfreie Beziehung fällt es einer Borderline-Persönlichkeit leicht, den neuen Partner zu idealisieren und sich mit diesem zu identifizieren. Hier zeigen sich bereits spaltende Verhaltensweisen.

Da es dem Betroffenen im Kontakt mit seinem neuen Partner gut geht, erlebt er sich im Augenblick als o.k. und schreibt die Verantwortung dafür seiner neuen Bezugsperson zu, die so ebenfalls als o.k. erlebt wird *(„du machst, dass es mir gut geht, also bist du gut")*.

Die Identifikation und beginnende Verschmelzung füllt nun die Leere der Borderline-Persönlichkeit. Endlich kann sie ihrer quälenden Identitätslosigkeit, dem unerträglichen Zustand des „Ich bin nicht" entkommen.

In der Konsequenz lässt die Symptomatik vorübergehend nach. Leere, Anspannung und die permanente, quälende Angst vor dem Verlassenwerden sind verschwunden oder zumindest erträglicher. Die grenzenlose Erleichterung wird postwendend dem Partner zugeschrieben, der dann hemmungslos idealisiert wird *(„weil du da bist ...; erst durch dich ...; noch niemals ...")*. Der typische Partner, ausgehungert nach positiver Zuwendung und endlich befreit von der eigenen Angst, verlassen oder zurückgewiesen zu werden, saugt derartige Projektionen wie ein Schwamm auf. Dankbar und erleichtert gibt er die Befreiung von der eigenen verinnerlichten Unzulänglichkeit wieder zurück *(weil ich mich gut fühle, bist du gut)*. Es entsteht ein extrem intensiver Strudel an gegenseitiger Aufwertung, der eine rauschhafte Emotionalität erzeugt, wie sie in „normalen" Beziehungen nicht zu finden ist. Hier liegt der „Grundstein" der Abhängigkeit auf beiden Seiten, da dieser Zustand als Realität wahrgenommen und nicht hinterfragt wird.

Auffallend zeigt sich in der Idealisierungsphase oft das kindlich unreflektierte Erleben beider Seiten, bei dem die gegenseitige überzogene Aufwertung als angemessen erlebt wird. Missbrauchte oder vernachlässigte Kinder neigen dazu, auf Zuwendung vollkommen kritiklos zu reagieren. Ausgehungert nach Zärtlichkeit, Aufmerksamkeit oder Wertschätzung ist diese so unglaublich wertvoll, dass sie nicht infrage gestellt wird, zumal der Umgang mit echter bedingungsloser Zuwendung oft nicht erlernt wurde und gänzlich unvertraut ist.

Wie berauschend und eindringlich diese anfängliche Idealisierung von einem typischen Partner erlebt wird, erkennt man noch lange nach dem Ende seiner Borderline-Beziehung. Noch völlig in seiner für ihn überwältigenden Erfahrung gefangen, ganz und gar o.k. zu sein, sucht er nach einer Wiederholung und erlebt „normale“ Kontaktaufnahmen oft als langweilig und farblos.

Die Nähe und Distanzphase – Die Achterbahnfahrt beginnt

Da ein Partner jedoch keinerlei Verantwortung für die Borderline-Störung und deren Symptome trägt und letztendlich auch ein eigenständiges Wesen ist, wird die Illusion der vollständigen Symbiose irgendwann gestört. Dies kann durch kaum wahrnehmbare alltägliche Kleinigkeiten ausgelöst werden. Eine andersartige Emotionalität oder andere Meinung reichen aus, um die Verschmelzung aufzulösen, was Betroffene unbewusst stark verunsichert und destabilisiert. Da eine Borderline-Persönlichkeit aus der Spaltung heraus (wir sind eins) davon ausgeht, dass die Gefühle und Bedürfnisse des Partners mit den eigenen identisch sind, wird die mangelnde Übereinstimmung sie unterschwellig verunsichern. Sie erwartet, dass ihre unausgesprochene Bedürftigkeit vom Partner erspürt und erfüllt wird. In der Regel unfähig, diese selbst zu spüren und auszudrücken, wird dem Partner eine mütterlich symbiotische Funktion zugewiesen, die dieser gar nicht erfüllen kann. Er kann also nur enttäuschen.

Entzieht sich ein Partner der Symbiose und lebt seine individuelle Eigenständigkeit (ich bin), erlebt die Borderline-Persönlichkeit dies als „Verlassen werden". Abhängig von verschmelzender, bedingungsloser Übereinstimmung, fühlt sie sich existenziell bedroht, was zu einem Absturz in die schwarze Ebene (Krise) führen kann. Die quälende Symptomatik stellt sich wieder ein. Der Betroffene erlebt sich als abgetrennt, verlassen, desorientiert und haltlos, wofür er, im Rahmen der Spaltung, seinen Partner verantwortlich macht *(„mir geht es schlecht, weil du ...")*. Die Rückkehr der Symptome wird als Versagen des Partners erlebt, von dem sich die Borderline-Persönlichkeit „Heilung" versprochen hatte. Dieser wird nun als Verursacher der akuten Not erlebt. Da in der Regel für diesen ersten Konflikt kein tatsächlicher Auslöser existiert, kommt es häufig zu einer fadenscheinigen Inszenierung, dem Aufbau eines Scheinkonfliktes. Das erste Drama ohne erkennbaren, verständlichen Hintergrund führt zur ersten, für den Partner zumeist völlig unverständlichen Abwertung und Distanz.

Da fast alle Menschen in zivilisierten Gesellschaften mit dem unverständlichen und unvorhersehbaren Wechsel von Nähe und Distanz konfrontiert wurden (Säuglinge werden zumeist abgetrennt und separiert), ist dieses Erleben den meisten vertraut. Insofern kann jeder Mensch mit einer „Ich-bin-nicht-o.k."-Lebensanschauung in eine derartige Beziehungssituation geraten, ohne diese angemessen infrage stellen zu können.

Ist ein Kind immer wieder destruktivem elterlichen Verhalten ausgesetzt (Zurückweisung, Bestrafung, Ignoranz), kann dies zu dem Erleben einer gewissen „Normalität" führen. Wird es im späteren Leben mit ähnlichen Verhaltensmustern konfrontiert, kann es nicht mehr angemessen und abgegrenzt reagieren.

Die meisten Menschen jedoch haben trotz leichter Trübungen ihrer Ich-Zustände einen konstanten Zugriff auf ihr Erwachsenen-Ich. Jene, die gegenüber der ungewöhnlichen Idealisierung bereits eine leichte Skepsis entwickelt hatten und nicht vollständig in ihrem bedürftigen Kind-Ich gefangen sind, erkennen die Situation als bizarr oder übergriffig. Sie vertrauen ihrer Wahrnehmung und haben einen guten Zugang zu ihrer Emotionalität, sodass sie Ärger und Enttäuschung auch spüren können, und so auch handlungsfähig sind. Sie grenzen sich ab, vermitteln sich klar und entziehen sich der Beziehung, wenn sie diese als nicht tragfähig erkennen.

Menschen aber, deren Kind-Ich bereit ist, jede Realität anzunehmen, solange sie nur nicht zurückgewiesen oder verlassen werden, akzeptieren und bleiben. An dieser Stelle erkennt ihr Kind-Ich die altvertraute kindliche Beziehungsstruktur im Hier und Jetzt und gibt seine Zustimmung zu Instabilität und Übergriffigkeit.

Die Achterbahnfahrt beginnt.

Die Irritation über die erste nicht nachvollziehbare Distanz führt beim Partner zu einem schrecklichen Dilemma. Aus der Flut des überwältigenden O.K. ist ein gnadenloses Nicht-O.K. geworden. Eben noch „sicher" in der Idealisierung geborgen, ist er nun völlig hilflos einem extrem schmerzhaften Verlustgefühl ausgeliefert. Alte Kind-Ich-Erinnerungen überfluten ihn, womit sich die Fähigkeiten des Erwachsenen-Ichs massiv einschränken.

Dazu kommt, dass die mit der Distanz einhergehende Abwertung dem Selbstbild des typischen Partners entspricht und so unbewusst akzeptiert wird. Da Abwertung und ausagierendes Verhalten aus dem kritischen Eltern-Ich des Betroffenen das angepasste Kind im Partner ansprechen, wird dieser aufgrund seiner Introjekte die Situation als vertraut erleben. Das innere Kind bewertet den/die Betroffene/n als o.k. und hält orientierungssuchend an seiner Lebensanschauung fest. Es kann nur zu dem Schluss kommen, mangelhaft und nicht o.k. zu sein. Gerade hochfunktionale Betroffene zeigen eine unglaubliche Begabung, ihre verzerrte Wahrnehmung in Konflikten überzeugend als absolut wahr darzustellen. Der Partner, seiner Wahrnehmung nicht vertrauend *(„ich muss etwas falsch gemacht haben")*, übernimmt aus seiner Verwirrung heraus schnell Projektionen und Schuldzuweisungen und überlässt völlig überfordert seinem Kind-Ich die Kontrolle. Häufig hat er zudem nur einen eingeschränkten oder gänzlich fehlenden Zugang zu passenden Emotionen (Ärger, Widerwillen ...) und kann so auch nicht angemessen reagieren.

Sämtliche dazugehörige Eltern-Ich Informationen („*was hast du da nur wieder angerichtet, mach das mal wieder gut ...*") werden aktiviert, was dazu führt, dass er an der Beziehung nun gerade festhalten wird. Er ist weder in der Lage, seine reale Situation einzuschätzen, noch sich selbstfürsorglich abzugrenzen, woraus sich auch der weitere typische dramatische Beziehungsverlauf ergibt.

Dabei werden beide Seiten versuchen, den anfänglich erlebten Idealzustand wieder herzustellen. Dies geschieht in der Regel ohne jeden Bezug zum anderen und außerhalb einer tatsächlichen Beziehungsebene. Jeder für sich ist oft ausschließlich nur darauf orientiert, den schrecklichen Zustand des Abgetrenntseins für sein inneres Kind zu beenden. Ohne sich dessen bewusst zu sein, reinszenieren beide Beziehungspartner ihre kindlichen Traumata, die weder etwas mit dem anderen, noch mit dem Hier und Jetzt zu tun haben, und insofern auch weder zu klären noch aufzuheben sind.

In der Folge kommt es auf beiden Seiten zu den immer gleichen Erwartungshaltungen und Enttäuschungen, in denen sich Idealisierung und Abwertung, Nähe und Distanz in immer kürzeren Abständen abwechseln. Es kommt zu dramatischen Trennungen, die nach kurzer Zeit zu leidenschaftlichen Versöhnungen führen. Die furchtbare Angst vor dem kindlichen Erleben des Abgetrenntseins (Leere, Hoffnungs- und Sinnlosigkeit) führt in eine beiderseitige Abhängigkeit und macht es unmöglich, ohne den anderen zu sein, wobei aber jedes Miteinander unerträglich wird. Irgendwann ist es der Borderline-Persönlichkeit nicht mehr möglich, den Partner als o.k. wahrzunehmen, was dazu führt, dass sie sich mit diesem nicht mehr identifizieren kann. Der Partner wird nur noch als enttäuschend, vernichtend und aggressiv erlebt. Der Kontakt zu ihm wird unerträglich.

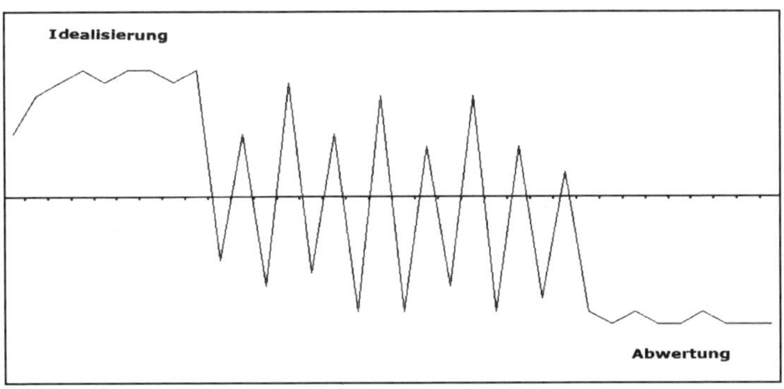

Die entwertende Phase – Absturz ins Nichts

Das Ende einer Borderline-Beziehung gestaltet sich in der Regel hochdramatisch. Häufig geht die Trennung von dem Betroffenen selbst aus, der so versucht, sich vor dem „Existenzverlust“, den er durch das Nicht-O.K. seines Partners und den Verlust der Symbiose erlebt, zu schützen. Oft sind es auch seine überwältigenden existenziellen Ängste, die er spürt, wenn er Partner oder Angehörige als nicht mehr bedingungslos zugewandt erleben kann. Eine eigene Beteiligung an der Beziehungsgestaltung und den Konflikten erkennt der Betroffene in der Regel nicht. Da er sich über seine Bezugsperson wahrnimmt, erlebt er eigene Zustände an dieser. Seine Wut, Enttäuschung oder Aggressivität schreibt er dem Partner zu. Spürt er Hass, erlebt er sich durch den anderen gehasst. So kann er sein Hassgefühl als berechtigt und o.k. wahrnehmen (*wenn ich gehasst werde, darf ich auch hassen*). Ursache und Wirkung werden verzerrt. Die Betroffenen aber erleben dies als real. Da die äußere Realität nun zu ihrem inneren Erleben passt (Externalisieren), halten sie sich auch daran fest. So erhalten sie sich ein Minimum an Orientierung. Zu diesem Zeitpunkt ist es unmöglich, Betroffenen die Realität aufzuzeigen oder Klärungen herbeizuführen.

Die meisten typischen Partner neigen aus ihrem Kind-Ich heraus dazu, sich in kritischen Situationen zu erklären. Sie wollen verstanden werden und Krisen auflösen, so wie sie es bereits als Kind versucht haben. In diesem Fall kollidieren dann die Mechanismen beider Beziehungspartner. Der Betroffene muss - aus seinen Überlebensmechanismen heraus - an dem Konflikt festhalten. Der Partner muss ebenso existenziell den Konflikt auflösen. Je mehr er dies aber versucht, desto massiver wird die Bedrohung für den Betroffenen. Dieser kann seine Wahrnehmung nicht infrage stellen und auch nicht mehr zulassen, dass der andere o.k. ist.

So kennzeichnet sich die letzte Phase der Beziehung durch das anhaltende unaufhebbare Abwerten des Partners und der Beziehung. Da Borderline-Persönlichkeiten die Realität nach ihrem augenblicklichen Erleben bewerten, erfolgt ein verallgemeinerndes Schwarz-Besetzen des Partners und der Beziehung. ALLES war IMMER abgrundtief falsch und schlecht. Das, was den Partner ausmacht, wird jetzt als unerträglich empfunden - seine Art, sich zu bewegen, was er sagt oder, was er nicht sagt, jede seiner Handlungen und Reaktionen. Es ist die blanke Existenz des Partners, die nicht mehr toleriert werden kann.

Die Borderline-Persönlichkeit ist abhängig von Identifikation und symbiotischer Beziehung. Im Rahmen der Spaltung definiert sie ihre Existenz durch ihre Bezugsperson - sie IST durch diese. Wenn eine Identifikation nicht mehr möglich ist und keine Ersatzperson zu Stelle ist, verliert sie ihre „geborgte" Identität und „stirbt". Sie blutet seelisch aus und fühlt sich vernichtet (wofür sie den Partner als verantwortlich erlebt). Spaltende Bindung bedeutet, eins und in allem identisch zu sein. Mein Erleben ist dein Erleben, und gibt es mich nicht mehr, kannst auch du nicht mehr sein. Jede existenzielle Äußerung des Partners wird als Provokation wahrgenommen, auf die mit blanker Wut und mit Hass reagiert wird. Dieses Erleben wird jedoch dem anderen zugeschrieben, woraus sich auch eine Rechtfertigung des eigenen Erlebens und Handelns ergibt. Weil du mich hasst, hasse ich auch dich. Die sich potenzierende Aggressivität der Borderline-Persönlichkeit und ihre Wahrnehmung, vernichtet worden zu sein, führt oft zu deren Wunsch, nun auch den „verantwortlichen" Partner, vernichtet zu sehen. Stalking, Rufmord oder Falschanzeigen sind nur einige der Möglichkeiten, die genutzt werden, um selbst nach dem Ende der Bindung die Verschmelzung aufrecht zu erhalten (perverse Bindung): Sei verloren, leer, verzweifelt, unverstanden und ohne jede Hoffnung. Fühle wie ich! Sei wie ich!

Wenn eine Trennung oder ein Loslassen zu diesem Zeitpunkt nicht möglich ist, sei es durch Kinder oder gemeinsame Verpflichtungen, kann sich diese Phase durchaus über Jahre hinziehen und dabei immer wieder Konflikte und Dramen produzieren.

In besonders schweren und tragischen Fällen kann es auch zu Familientragödien kommen. Mord, Suizid oder erweiterter Suizid erscheinen Betroffenen oft als einziger Ausweg aus dem unerträglichen, nicht endenden Gefühl zu sterben. Da der Augenblick als dauerhaft empfunden wird und kein Zugang dazu existiert, dass auch der jetzige schmerzhafte Zustand enden wird, gibt es für sie nicht die geringste Hoffnung. Zu der Fähigkeit des Erwachsenen-Ichs, Informationen zugänglich zu machen, haben Betroffene in Krisensituationen keinen Zugang. Ihre Erfahrungen, Trennungen oder ähnlich kritische Situationen schon einmal überwunden zu haben, bleiben ihnen verborgen (Ressourcen).

Das Thema „Suizid" kann in dieser emotional vernichtenden Phase auf beiden Seiten eine Rolle spielen. Durch die Beziehungsebene der projektiven Identifikation (sei wie ich) und einen eventuellen vollständigen Verlust der Integrität des Partners kann es durchaus auch vorkommen, dass dieser sich stellvertretend für den/die Betroffene/n suizidiert. Die Stellvertreterfunktion spielt auch beim Thema Therapie eine Rolle, wenn Partner in der Beziehung, ersatzweise für den/die Betroffene/n, therapeutische Unterstützung in Anspruch nehmen.

Auch wenn Borderline-Beziehungen genauso emotional enden wie sie beginnen, zunächst intensiv auf- und dann intensiv abwertend: Nicht jede Borderline-Persönlichkeit agiert so ausgesprochen destruktiv und entspricht den oben beschriebenen Mustern. Viele Betroffene ziehen sich auch einfach nur zurück und brechen den Kontakt ab, ohne weiter zu intervenieren. Ebenso viele suchen sich umgehend eine neue Identifikationsfigur. Nur wenige nutzen den dann entstehenden Leidensdruck, um Hilfe in Anspruch zu nehmen. Auch wenn die genannten Phasen typische und mögliche Abläufe beschreiben, soll und darf hier keine Verallgemeinerung stattfinden.

Ich muss an dieser Stelle noch einmal deutlich betonen, dass der Borderline-Persönlichkeitsstörung unreife und frühkindliche Spaltungsmechanismen zugrunde liegen. Betroffene verharren in der spaltenden Entwicklungsphase des Menschen, die sie nie überwunden haben. Neben den irreparablen neurologischen Konsequenzen, die sich unter anderem auch in der Affektdysregulation niederschlagen, nutzen Betroffene die einzigen ihnen zur Verfügung stehenden Muster der Spaltung, um sich in ihrem Leben zu orientieren. So unreif und destruktiv sich diese auch gestalten, sie dienen NICHT der gezielten Vernichtung anderer und bleiben hilfloser Ausdruck eines unfertigen Menschen.

6.

DIE SPIELE DES TYPISCHEN PARTNERS

Warum spielen wir?

„Spiele“ gehören zu sozialen Interaktionen und machen durchaus einen Sinn. Zumeist werden sie unbewusst genutzt, um Lebensanschauungen zu bestätigen oder Nicht-O.K.-Zustände zu kompensieren. Angepasste und wenig durchsetzungsfähige Menschen nutzen Spiele, um auf verdeckter Ebene etwas zu erreichen, was sie offen niemals gewagt hätten. Nicht-O.K.-Personen suchen mit Hilfe von Spielen nach Anerkennung und Bestätigung oder nach Zuwendung, die letztlich auch in negativer Form für sie immer noch besser ist, als gar keine Zuwendung zu erhalten. Je kindlicher und defizitärer eine Persönlichkeit sich darstellt und je massiver die Verschiebungen der Ich-Zustände ausgeprägt sind, desto mehr wird sie spielen.

Für Menschen mit frühkindlichen Verletzungen bieten Spiele zudem die Chance, alte unbewältigte Erlebnisse im Hier und Jetzt neu zu inszenieren. Der emotionale „Spielgewinn“ ist mit den als Kind erlebten schmerzlichen Gefühlen oft identisch, was ihnen die Möglichkeit bietet, die damalige Ohnmacht im Heute wahrzunehmen und aus dem jetzigen Erwachsenenstatus heraus zu überwinden.

Spiele werden aber auch gespielt, um echte Beziehung und Nähe zu vermeiden. Gerade bei Menschen mit schmerzhaften frühkindlichen Beziehungserfahrungen lösen Bindung und Nähe eher Abwehrverhalten aus. Die Spiele, die dann genutzt werden, um Distanz und Disharmonie aufzubauen, sind oft deutlich dissozial geprägt, dienen aber dennoch in der Regel dem Selbstschutz und der Abwehr von Ängsten.

Auch Gefühle wie Wut, Angst und Trauer binden Menschen aneinander. Schmerzhaftes gemeinsames Erleben bindet, wenn auch auf einer auslaugenden Ebene, die nichts als (vertraute) Leere hinterlässt. Nicht ohne Grund bezeichnet Berne zum Beispiel die Ehespiele als „Korsett“ für das Ehe- und Familienleben.

Und nicht zu vergessen, ermöglichen Spiele den Abbau von oft ganz erheblichen „Rabattmarken-Sammlungen“. Diverse „Rabattmarken“ lagern mitunter schon Jahre und warten darauf, endlich eingetauscht zu werden - auf der Seite der Partner zumeist in Form einer Depression oder eines Burn-out.

In „Borderline verstehen“ habe ich bereits einige typische Spiele von Borderline-Persönlichkeiten aufgezeigt. Für ein Spiel benötigt man mindestens einen weiteren Mitspieler. Da die typische Partnerpersönlichkeit ebenfalls über grundlegende Persönlichkeitsdefizite verfügt, neigt auch sie zum Spielen. Auch wenn deren Spiele sich in der Regel meist nicht so destruktiv zeigen, nehmen sie doch trennenden und störenden Einfluss auf Interaktionen. Gerade im Zusammenhang mit co-abhängigem Verhalten können auch die partnertypischen Spiele großen Schaden anrichten, Krisen auslösen und diese eskalieren lassen.

Passive Aggressivität im Spiel

Da die meisten typischen Partner weiblich-narzisstische Anteile zeigen, neigen sie oft zu überangepasstem Verhalten. Überangepasst ist ein Mensch dann, wenn er sich in seinem Handeln maßgeblich an anderen orientiert, seine eigenen lebendigen Anteile hemmt und sich so überwiegend im negativ angepassten Kind-Ich aufhält.

Das kleine Kind hatte einst zwei Grundbedürfnisse, denen sich alle anderen Bedürfnisse unterordnen. Zum einen brauchte es die Zugehörigkeit, in der es versorgt und liebevoll gespiegelt wurde. Zum anderen brauchte es die Freiheit, sich so entwickeln zu dürfen, wie es seinem eigenen Wesen entsprach.

Der typische Partner musste, um zugehörig zu sein, seine authentische Entwicklung und somit seine Freiheit opfern. Das einstige Kind war im Kontakt mit seinen Bezugspersonen gezwungen, genauso zu funktionieren, wie diese es von ihm verlangten. Sein wahrhaftiges Ich musste es verleugnen, und so lernte es oftmals nicht, einen Bezug zu dem zu finden, was sein authentisches Wesen ausmacht.

Nötigung zur Anpassung ist eine Form von Gewalt, auf die jedes vitale Kind auch emotional reagieren wird. Seine maßlose Wut und Enttäuschung, seine Trauer über all das, was in ihm leben will, aber nicht darf, durfte es nie zeigen. Sein Erwachsenen-Ich war klug genug zu entscheiden, dass dies zu gefährlich war.

Wird ein Kind gezwungen, sich permanent anzupassen, ohne eine Chance, sein Ich zu leben, wird es gleichermaßen in Ketten gelegt und in den Kerker der Überanpassung gesperrt. Selbst wenn Eltern nicht mehr einschränken, bleiben ihre Drohungen im Eltern-Ich des Kindes aktiv, oft ein Leben lang - und mit ihnen im Kind-Ich all die schrecklichen Gefühle, die mit dem Verlust der Zugehörigkeit verbunden waren.

Ohne einen Zugang zu diesem Dilemma, entscheidet sich der Erwachsene in seinem Kind-Ich dann oft dafür, in seinem Kerker zu bleiben (und sucht den passenden Partner, der ihm dies ermöglicht). Dessen Enge und Einsamkeit sind vertraut, und da das - *Ich darf sein, wie ich bin, und werde so geliebt, wie ich bin* - nie erlebt wurde, ist es fremd und ungewohnt und erzeugt Angst. Also wird lieber alles gelassen, wie es ist und - stellvertretend für die Eltern - nun die eigene Freiheit für eine scheinbare Zugehörigkeit geopfert.

Wenn nun das Kind-Ich wieder mit einer Eltern-Ich-Figur konfrontiert wird, die Anpassung und Selbstaufgabe verlangt, wird auch die alte ungelebte Wut wieder lebendig und mit ihr die Angst, sie zu leben. Und so wird diese verborgen und heimlich, immer wieder ein ganz klein wenig gelebt, um nicht daran zu ersticken. Mitunter geschieht auch dies nicht bewusst, und werden sich angepasste Partner dessen bewusst, reglementieren sie sich mit dem reichen Erfahrungsschatz ihres Eltern-Ichs und verstärken ihre Muster noch ein wenig mehr.

Überanpassung versteckt sich - scheinbar paradox - oft auch hinter offener Aggressivität und einem betont nicht angepassten Verhalten. Wann immer Menschen, die als Kind gezwungen waren, sich vollständig aufzugeben, um für andere zu funktionieren, mit positiv angepassten Kind-Ich Anteilen konfrontiert werden, sind sie massiven Triggern ausgesetzt. Gute Umgangsformen oder die Akzeptanz von Regeln und Vereinbarungen wirken auf sie wie Provokationen, die das einst zur Anpassung genötigte Kind direkt mit der damaligen Erfahrung des Selbstverlustes konfrontieren. Die Reaktion des jetzigen Erwachsenen, geleitet aus dem getriggerten Kind, kann dann - völlig unangebracht - unhöflich, grob und aggressiv ausfallen.

Überanpassung, Selbstverleugnung und die daraus resultierende passive Aggressivität verführen geradezu zum Spielen, weil die Massen an oftmals uralten Rabattmarken-Sammlungen (angestaute Ärgernisse und schmerzhafte Gefühle) irgendwann eingetauscht werden wollen. Nachfolgend möchte ich auf die charakteristischen Spiele der typischen Partner aufmerksam machen. Auch wenn diese nicht so deutlich destruktiv scheinen wie die Spiele, die oft von Borderline-Persönlichkeiten genutzt werden, können sie dramatische Krisen auslösen. In Unkenntnis vieler Partner über den Hintergrund der Borderline-Störung wird die Tragweite eigener Verhaltensweisen oft falsch eingeschätzt.

Der Abbau von Rabattmarken im Spiel führt allerdings bei überangepassten Menschen oft zu einer neuen Ansammlung von Gefühlen wie Wut, Ärger oder Frustration, die dann ebenfalls unterdrückt werden. Alte vertraute Konflikte und Situationen wiederholen sich. Das Spiel mit einer Bezugsperson, die das Eltern-Ich verkörpert, bietet so auch immer die Möglichkeit, achtsam innezuhalten und sich der Ketten bewusst zu werden.

Andererseits kann dies bei ganz typischen Partnern, die sich hartnäckig und konsequent weigern, ihren Kerker je zu verlassen, zu einer beständigen Schleife an Rabattmarkensammeln und Spielen führen - eine andere Form von Spielsucht, die sich auf Dauer ebenso destruktiv auswirkt, wie jedes andere Suchtverhalten auch.

Im Gegensatz zur Borderline-Persönlichkeit, die in ihren Krisen nicht oder nur eingeschränkt in der Lage ist, sich zu reflektieren und zu steuern, kann ein typischer Partner sich aber durchaus hinterfragen. Indem er seine eigenen Spiele identifiziert und ihren Sinn versteht, hat er auch die Möglichkeit, auf sein Spielverhalten Einfluss zu nehmen und destruktive Spiele zu vermeiden. Im zwischenmenschlichen Miteinander ist es nicht anzuraten, Spiele zu identifizieren und zu thematisieren. Wie bereits erwähnt, kann dies zu einem Nicht-O.K.-Erleben der beteiligten Personen führen, sodass sich eine weitere Konfliktebene (ein neues Spiel) ergeben kann.

Gerichtssaal

Ablauf: *Kai und Marion sind zur Geburtstagsfeier von Marions Bruder eingeladen. Es ist ein schöner Sommertag, und so soll die Feier diesmal im Garten der Familie stattfinden. Neben den Eltern kommen auch noch einige Freunde der Familie, sodass viele Gäste zu erwarten sind. Marion hat nicht viel Lust auf dieses Fest. Sie freut sich zwar, ihre Familie wiederzusehen, aber in ihrer Beziehung zu Kai kriselt es seit einigen Wochen. Kai ist immer seltener zu Hause, und selbst wenn er da ist, zieht er sich oft an seinen Computer zurück. Marion ist ziemlich frustriert, wagt es aber nicht, das Gespräch zu Kai zu suchen.*

Ihre Stimmung ist gedrückt, und inmitten der fröhlichen Geburtstagsgäste fühlt sie sich deplaciert. Während des gemeinsamen Essens im Kreis der Gäste fragt ihr Bruder sie laut und scherzhaft, wann er denn nun endlich Onkel werden würde. Mit einem vorwurfsvollen Seitenblick auf Kai antwortet Marion: „Da müsste sich ja dann wohl der Storch bemühen, bei dem Interesse, das Kai an mir und unserer Beziehung zeigt, wird das wohl nichts werden."

Zunächst erfolgt betretenes Schweigen, dann wendet sich Marions Mutter vorwurfsvoll an Kai und fragt ihn, was denn mit ihm los sei, und warum er sich nicht mehr Mühe gäbe. Alle reden nun durcheinander und diskutieren die intime Situation von Kai und Marion. Kai sieht in die Runde und versucht zu erklären, dass er das jetzt gar nicht versteht und auch gar nichts von Marions Kinderwunsch wusste. Dann steht er auf, zischt ein bissiges „Dankeschön" in Marions Richtung und geht.

„Das ist ja mal wieder typisch", sagt Marion, „er läuft wieder weg, wie immer ...". Tröstend nimmt ihr Bruder sie in den Arm ...

Ziel: Verantwortungsabgabe; Kompensation des eigenen Nicht-O.K. durch Übertragung auf den anderen; verborgenes Ausagieren von Spannungen; Durchsetzung eigener Interessen; Übertragen von Schuldgefühlen; Einfordern von Zuwendung und Bestätigung der Zugehörigkeit (wir denken und fühlen wie du).

Botschaft: *„Ich bin o.k. – du offensichtlich nicht".*

Spielart: Laut Berne ein Ehe-Spiel. In der Dynamik ist es kennzeichnend für bestehende Geschwister-Rivalität (wer gewinnt?).

Teilnehmer: Wird bereits von kleinen Kindern genutzt, die diese Form der Durchsetzung durch Beobachtung erlernt haben. *(„Mama, der Franz hat mir die Schaufel weggenommen").* Ist in allen Schichten und in allen Beziehungen ab mindestens drei Personen spielbar. Dabei werden die Rollen eines Klägers, eines Beklagten und eines Richters oder einer Jury besetzt.

Besondere Merkmale: Das Kind-Ich des Klägers (Opfer) klagt an *(seht, was er mir Böses angetan hat)* und erwartet vom Eltern-Ich des/der Richter/s (Retter) Unterstützung und Zuspruch *(armes Kind, du hast recht).* Der Beklagte (Täter) agiert zumeist ebenfalls aus dem Kind-Ich, indem er sich rechtfertigt und erklärt *(so war das doch gar nicht).*

Analyse: Marions Kind-Ich fühlte sich im Rahmen der Familie sicherer und wagte es, in deren Schutz den Konflikt mit Kai aufzudecken. Sein Verhalten hatte sie als Zurückweisung interpretiert, was ihr „Ich bin nicht o.k." verstärkt hatte. Im Kontakt mit ihm hatte sie sich schlecht und schuldig gefühlt. Als sie ihn nun vor allen Gästen konfrontierte, erlebte sie ihn unsicher und beschämt. Ihr Nicht-O.K. fand einen Spiegel in ihm, was ihr mehr Kontrolle und Selbstsicherheit verschaffte. Indem sie sein „Vergehen" öffentlich machte, brauchte sie auch nicht die Verantwortung für den gemeinsamen Beziehungskonflikt und den Umgang damit übernehmen.

Indirekt forderte sie die Gäste auf, Stellung zu beziehen und sich für sie zu positionieren. Diese ergriffen nun aus der Eltern-Ich Ebene (ich bin o.k. - du aber nicht) Position und nutzen dabei bewertende oder übergriffige Eltern-Ich-Elemente *(was hast du da nur angestellt).* Da sich dies für Menschen, die einem autoritären Erziehungsstil ausgesetzt waren, zumeist o.k. anfühlt (Introjekte), stärkt es das gemeinschaftliche Erleben und so auch die Zugehörigkeit, in die nun auch Marion eingebunden war. Indem Kai als Täter und sie selbst als sein Opfer wahrgenommen wurde, konnte sie ihren Mangel an Zugehörigkeit auf ihn übertragen. Aus ihrem interpretierten „Ich gehöre nicht zu dir" wurde ein „Du gehörst nicht zu uns".

Kai erlebte sich nun isoliert und bedroht. Ihm wurde ein „Vergehen" angelastet, sodass er sich in einer Täterrolle (ich bin nicht o.k. – Marion und die anderen sind es) erlebte. Da Marion seit Wochen kaum mit ihm gesprochen und ihn immer nur so merkwürdig angesehen hatte, hatte er sich in ihrer Gegenwart nicht mehr wohlgefühlt und tatsächlich etwas Distanz gesucht. Er wusste nicht, dass Marion seine Nähe oder gar ein Kind mit ihm wollte. Aus seinem Kind-Ich heraus erlebte er sich nun schuldig, mangelhaft und überfordert, gleichzeitig aber auch wütend und frustriert. Insofern nutzte er seine Art, mit Konflikten umzugehen: Er flüchtete.

Warum nicht – ja aber ...

Ablauf: *Marina, seit längerem Single, sitzt entspannt mit einigen Freundinnen zusammen. Sie trinken Wein, und unterhalten sich über Beziehungen im Allgemeinen und über Männer im Speziellen. Die anwesenden Freundinnen sind alle liiert, eine von ihnen möchte im nächsten Monat sogar heiraten. Marina hört dem fröhlichen Austausch ein Weilchen schweigend zu und wirft dann in die Runde, dass sie zu gern auch wieder einen neuen Partner hätte. Daraufhin lassen es sich die Freundinnen nicht nehmen, einige gute Ratschläge zu platzieren. „Versuch es doch mal mit so einer Singlebörse im Internet, da gibt es einige ganz seriöse." Marina entgegnet: „Ja aber, das ist mir zu unpersönlich". „Warum versuchst du es denn nicht mal auf einer Single-Party?". „Ja aber, die sind so selten, und da müsste ich erst durch die halbe Stadt." „Komm dann doch einfach mal am Wochenende mit in die Berge zum Wandern, da ist jemand in unserer Gruppe, der könnte dir gefallen ...". „Ja aber, du weißt doch, dass ich nicht so gern wandere, und die Berge sind auch nicht so mein Ding".*

Die Freundinnen versuchen noch einige weitere Vorschläge, die aber immer wieder mit einem Ja-aber-Argument abgewehrt werden. Bis sie aufgeben und betretenes Schweigen aufkommt.

Ziel: Bestätigung und Übertragung des eigenen Nicht-O.K.-Zustandes auf andere sowie dessen Kompensation; Einfordern von Zuwendung und Bestätigung der Zugehörigkeit, Kontrolle.

Botschaft: *„Ich bin nicht o.k. - ihr offensichtlich auch nicht".*

Spielart: Laut Berne, ein Partyspiel, was dem Zeitvertreib dient.

Teilnehmer: Ein beliebtes Gruppenspiel, wird mit Vorliebe in Selbsthilfegruppen oder Gruppentherapien gespielt. Benötigt mindestens zwei Teilnehmer und wird in allen sozialen Schichten gespielt.

Besondere Merkmale: Es findet eine verdeckte Transaktion statt. Scheinbar stellt das Erwachsenen-Ich des Protagonisten ein Problem in den Raum und motiviert das Erwachsenen-Ich der Mitspieler, nun ihrerseits Informationen dazu zur Verfügung zu stellen. Tatsächlich aber agiert auf der verdeckten und maßgeblichen Interaktionsebene das bedürftige Kind-Ich des Protagonisten, das die fürsorgliche Eltern-Ich-Ebene der Mitspieler auffordert, zu helfen. Auf beiden Ebenen verläuft die Transaktion parallel und somit ungestört - bis zum Moment des Abbruchs, wenn keine Lösungen mehr angeboten werden können, und das betretene Schweigen zum Sieg des Protagonisten führt *(mir kann* *ja doch keiner helfen; hab ich's doch gewusst; ihr seid auch nicht besser als ich; wir sind alle nicht o.k.).*

Analyse: Marina erlebte sich innerhalb der Gruppe als ausgeschlossen und nicht o.k. Da alle ihre Freundinnen liiert waren, sie selbst aber nicht, konnte sie sich an dem fröhlichen Austausch nicht beteiligen. Ihr wurde dabei auch wieder bewusst, wie allein sie sich oft fühlte, und dass sie mit niemandem ihren Alltag teilen konnte. Indem sie nach außen hin ihre Bedürftigkeit offenbarte, traf sie punktgenau das Eltern-Ich der beziehungserfahrenen Gruppe, die sofort Lösungsvorschläge unterbreiteten *(wir wissen, was man zu tun hat und sind o.k. – du weißt es nicht und bist nicht o.k.).*

Indem Marina nun jeden einzelnen Vorschlag entkräftete, destabilisierte sie das Wir-sind-o.k. der Gruppe *(„ätsch, ihr habt ja doch keine Ahnung").* Je mehr Vorschläge sie abwehrte, desto mehr übertrug sich ihr Nicht-O.K.-Zustand auf die Gruppe, die dann irgendwann ratlos aufgab. Dieser Moment bedeutete für Marina, wieder dazuzugehören *(Wir sind jetzt alle mal ratlos und nicht o.k.).* Sie hatte die Kontrolle über die Situation wiedergefunden und das Gesprächsthema, von dem sie gänzlich ausgeschlossen war, beendet.

Wenn du nicht wärst ...

Ablauf: *Frau Grün lebt bereits seit 40 Jahren in einer äußerst unglücklichen Beziehung mit einem despotischen Ehemann. Schon vor der Hochzeit war ihr klar, dass sie ihren Beruf nie ausüben würde, da der Mann der Meinung war, dass eine Frau sich um die Kinder und das Haus zu kümmern habe. Dabei hatte sie Pharmazie studiert und immer davon geträumt, eine eigene Apotheke zu eröffnen. Sobald Frau Grün einen Wunsch hatte, wie zum Beispiel allein eine Reise zu unternehmen (wie eine ihrer Freundinnen), rechnete ihr Mann ihr vor, wie verantwortungslos es sei, so viel Geld auszugeben. Außerdem brauche er einen neuen Schreibtisch, und wer solle ihm dann das Essen kochen. Frau Grün verzichtete also. Wenn er nicht wäre, würde sie viel mehr reisen. Wenn er nicht wäre, hätte sie auch längst eine gut gehende Apotheke, und wenn er nicht wäre, hätte sie glücklich sein können ...*

Ziel: Vermeidung der Konfrontation mit den eigenen Unzulänglichkeiten oder Schwächen, Verantwortungsabgabe, Festhalten an eigener Passivität und Erlaubnis zur Stagnation.

Botschaft: *„Ich könnte ja o.k. sein, wenn man mich lassen würde".*

Spielart: laut Berne ein Ehespiel.

Teilnehmer: Zwei Personen, von denen einer einschränkt (Tyrann), und der andere sich einschränken lässt (Opfer) - eine Komplementärsituation, die beide Partner brauchen, um ihre jeweiligen Defizite mithilfe des anderen zu kompensieren. „Wenn du nicht wärst ..." wird bereits von Kindern gespielt.

Besondere Merkmale: Verdeckte Transaktion, wobei die offensichtliche Ebene zwischen dem Eltern-Ich des Tyrannen *(du machst, was ich dir sage)* und dem angepassten Kind-Ich seines Partners *(ich muss das ertragen)* parallel verläuft. Auf der verdeckten Ebene kommunizieren hier beide Kind-Ich-Zustände ebenfalls parallel miteinander. Tyrannische Reaktionen wurzeln immer im Kind-Ich (Angst, Unsicherheit) und werden mit dem anmaßendem Eltern-Ich kompensiert (Identifikation des inneren Kindes mit einem tyrannischen Elternteil). Das Gegenüber lässt sich darauf ein, um sich, aus dem ebenfalls unsicheren, ängstlichen Kind-Ich vor Aufgaben zu schützen, von denen es glaubt, sie nicht bewältigen zu können.

Analyse: Das zunächst einmal ängstliche Kind im Tyrannen *(bitte geh nicht weg und lass mich nicht allein)* setzt seine Interessen so durch, wie es das schon als Kind bei seinen Eltern als erfolgreich erlebt hat *(tu, was ich sage)*. Die Angst des Kind-Ichs versteckt sich hinter der Tyrannei des Eltern-Ichs. Aus seinem „Ich bin nicht o.k." wird so das omnipotent-narzisstische „Ich bin grandios und super o.k.".

Sie hingegen hat sich aus dem kindlichen „Ich bin nicht o.k." gerade diesen Partner gewählt und sich ihm als „Opfer" gefügt. Auf der Kind-Ich-Ebene erweist er sich als perfekter Spiegel *(wir haben beide Angst)* und sorgt dafür, dass sie nie mit einem beruflichen Misserfolg konfrontiert wird *(ich kann ja seinetwegen nicht)*. Er entspricht perfekt ihren Introjekten (Bezugspersonen sind Tyrannen) und erspart ihr so die Auseinandersetzung mit ihren schmerzhaften kindlichen Erfahrungen und der Angst, zu versagen. Durch ihn bestätigt sich ihr frühes „Ich bin nicht o.k." immer wieder. Er hingegen kann sein eigenes kindliches „Ich bin nicht o.k." durch die Gefügigkeit seiner Frau erfolgreich abwehren.

Perfekter Zusammenhalt zwischen Narzisst und Komplementär-Narzisst, die einander auf der offenen Ebene nicht ertragen können, aber verdeckt voneinander abhängig sind.

Ich versuche doch nur, dir zu helfen

Ablauf: *Uwe und Anne kennen sich schon seit einigen Monaten. Von Anfang an spürte Uwe, wie abgespannt Anne ständig war. Sie hetzte von einem Termin zum anderen und auch am Wochenende kam sie nicht zur Ruhe und hatte noch tausend Dinge zu erledigen. Dann wurde Anne krank und bat Uwe um Hilfe. Uwe schenkte ihr ein Smartphone, damit sie mehr Übersicht über ihre Termine bekäme und diese auch mobiler koordinieren könne. Nach nur wenigen Tagen sah er, wie sie noch immer mit ihren kleinen Merkzetteln hantierte, das Smartphone lag unbenutzt in ihrem Nachttisch. Er fragte sie, was das denn solle, es habe schließlich nicht wenig gekostet. Anne entschuldigte sich und erklärte, dass sie damit einfach nicht klar käme. Also bot Uwe ihr an, mit ihr gemeinsam einen Arbeitsplan zu erstellen, der auch genug Freiraum beinhaltete. Sie saßen einen ganzen Samstag daran und schon am Mittwoch der nächsten Woche beobachtete er Anne dabei, wie sie zwischen die einzelnen Termine noch zusätzliche Aufgaben schob. Mittlerweile war Uwe ziemlich frustriert und zeigte dies Anne auch, versuchte aber weiter eine Lösung zu finden. Er bot Anne also an, mehr an Hausarbeit zu übernehmen und auch einige von ihren Verpflichtungen in der Betreuung ihrer kranken Mutter. Mittlerweile wurde die Situation auch für Uwe stressig, aber er hoffte, dass Anne nun endlich etwas entspannter sein würde. In letzter Zeit kam es zunehmend zu Streitereien, bei denen Anne immer unbeherrschter wurde. Nach einigen Tagen eröffnete Anne ihm, dass sie noch einen Nebenjob angenommen habe und nun auch samstags arbeiten müsse.*

Uwe war nur noch sauer. Da hatte er alles getan, um Anne zu entlasten, und dann hielt sie sich an keinen seiner Ratschläge und nahm sogar noch einen weiteren Job an. Er fand sie eindeutig undankbar und dabei hatte er doch nur versucht, ihr zu helfen.

Ziel: die Jagd nach dem O.K. vermeidet die Auseinandersetzung mit eigenen Unzulänglichkeiten, Erleichterung von Schuldgefühlen, Bestätigung der verinnerlichten Annahme „Alle Menschen sind undankbar".

Botschaft: *„Ich bin o.k. - du offensichtlich nicht".*

Spielart: Laut Berne ein Doktorspiel, wird besonders häufig in der Therapie gespielt oder in intimitätsarmen, schwierigen Beziehungen.

Teilnehmer: Hier reichen zwei Personen, von denen der eine bedürftig ist, der andere als Helfer präsent ist (Vorsicht: Helfersyndrom).

Besondere Merkmale: Je weniger die Hilfe in Anspruch genommen wird, desto mehr wird sie gegeben *(ich will aber helfen!)*. Der Helfer nutzt überwiegend Elemente aus den negativen Eltern-Ich-Zuständen *(„los funktioniere")*, der Bedürftige agiert rebellierend aus dem Kind-Ich *(„ich denk nicht dran")*.

Analyse: Anne überfordert sich zielgerichtet, um ihren „Ich-bin-nicht-o.k."-Zustand abzuwehren, sie externalisiert. Mit ihrer permanenten inneren Unruhe und Anspannung kann sie schlecht umgehen, und so versucht sie durch gezielte Überforderung eine dazu passende Realität zu schaffen. Anne spielt eine Form von „Überlastet", bei der die Spieler sich in selbstschädigendem Ausmaß überfordern und dabei ihren „Ich-bin-nicht-o.k."-Zustand verstärken. Indem sie sich Uwe gegenüber bedürftig zeigt, motiviert sie dessen Eltern-Ich, zu reagieren: „Komm mal her, ich mach das für dich", was ihr „Ich-bin-nicht-o.k."-Erleben noch verstärkt (Bestätigung der Lebensanschauung). Die gleiche Erfahrung macht Uwe, als er registriert, dass Anne nicht bereit ist, an ihrer Situation etwas zu ändern (was ihr, aufgrund ihrer Persönlichkeitsproblematik auch kaum möglich war). Uwe, der als Kind lernte, dass man für andere die Verantwortung tragen muss, ohne dafür aber Anerkennung zu erfahren, reaktiviert diese alte Erfahrung beständig neu, was sein eigenes „Ich bin nicht o.k." immer wieder bestätigt. Je hilfloser er sich in den Interaktionen mit Anne erlebt, desto ausgeprägter kompensiert er durch den Einsatz seines überfürsorglichen Eltern-Ichs *(ich sage dir, was du zu tun hast)*. Indem er sich auf ihre Bedürftigkeit und ihre „Mängel" konzentriert, kann er die Auseinandersetzung mit sich selbst vermeiden.

Spielgewinn für beide: Reaktivierung kindlich emotionaler Erfahrungen, Zuweisung des eigenen „Ich bin nicht o.k." an den anderen.

Spiele abbrechen

Ein Spiel entsteht dann, wenn die beteiligten Personen die Opferrolle (negativ angepasstes Kind-Ich), die Täterrolle (negativ kritisches Eltern-Ich) oder die Retterrolle (negativ fürsorgliches Eltern-Ich) einnehmen. Insofern ist es am hilfreichsten, wenn man diese Ebenen gar nicht erst nutzt. Leichter gesagt, als getan, da dies nicht nur eine ausgesprochene Achtsamkeit gegenüber der eigenen Person, sondern in Interaktionen auch anderen gegenüber voraussetzt. Schwieriger gestaltet sich der Zugang zu den oft unbewussten Informationen, die in Eltern-Ich und Kindheits-Ich abgespeichert sind und eher unkontrolliert das Verhalten dominieren. Vor allem die Trübungen des Erwachsenen-Ichs sorgen für eine ausgesprochene Spielfreudigkeit. Je schwächer das Erwachsenen-Ich, desto stärker der Spieltrieb. Besser, als ein Spiel zu unterbrechen, was nur sehr schwer gelingt, ist es, dieses gar nicht erst zu beginnen oder sich darauf einzulassen. Nachfolgend dennoch einige Möglichkeiten, Spiele zu stoppen:

- Lernen Sie, falls Sie zur Impulsivität neigen, nicht sofort auf ein Spielangebot zu reagieren und bewusst inne zu halten. Sie können Zeit gewinnen, indem Sie paraphrasieren (die Aussage des Gegenübers mit eigenen Worten wiederholen) und fragen, ob Sie das so richtig verstanden haben.
- Setzen sie sich mit den Informationen in Ihrem Kind- und Eltern-Ich auseinander.
- Identifizieren Sie Ihre eigenen wunden Punkte. In welchen Momenten oder bei welchen Themen sind Sie besonders verletzlich? Empathischen Spielern fällt es oft leicht, genau diesen wunden Punkt im Gegenüber zu finden und für sich zu nutzen.
- Stärken sie Ihr Erwachsenen-Ich (eine Übung im Anhang) und nutzen Sie die Erwachsenen-Ich-Kommunikation (Fragen, Informationen sammeln ...). Bleiben Sie sachlich.
- Reflektieren Sie Ihrem Gegenüber, was Sie gerade wahrnehmen, und wie es Ihnen damit geht. Bleiben Sie dabei ehrlich. Fragen Sie auch den anderen, wie er die Situation wahrnimmt, und wie es ihm dabei geht.
- Haben sie immer eine nichtdefensive Reaktion parat (aha; wenn du das so siehst; das ist ja interessant; wenn du meinst ...). Bei einigen Spielen (z. B. Tumult) kann man so das Spielangebot ins Leere laufen lassen.
- Seien Sie Ihren Gefühlen gegenüber achtsam, diese zeigen Ihnen in der Regel, wenn Sie eine Spielfläche betreten. Wenn es Ihnen schwerfällt, sich zu

fühlen (Dissoziation) achten Sie auf Ihr Körpergefühl (Enge in der Brust, Druckgefühl im Bauch ...).

- ➢ Lassen sie sich nicht verleiten, negative Ich-Zustände zu nutzen (Bewertung, Verurteilung, Herabsetzung).
- ➢ Warten Sie nicht darauf, dass der andere eine Entscheidung trifft. Handeln Sie selbst.
- ➢ Lassen Sie sich nicht auf langatmige Auseinandersetzungen ein, vor allem wenn Sie den Eindruck haben, dass es sich um einen Scheinkonflikt handelt und ein Konflikt inszeniert werden soll.
- ➢ Bleiben Sie im Jetzt und beim Thema und entziehen Sie sich, wenn die Situation eskaliert. Stellen Sie sich nie ausagierendem Verhalten zur Verfügung!
- ➢ Verarbeiten Sie Spielverläufe für sich bewusst im Nachhinein. Mit etwas Abstand wird Ihnen die Analyse und Selbsteinschätzung leichter fallen. Diese Erkenntnisse können Ihnen im nächsten Spiel hilfreich sein.
- ➢ Welche Spiele spielen Sie? Mit wem? Warum?

Im Kontakt mit einer Borderline-Persönlichkeit, die in einen kritischen Zustand gerät, ist es fast unmöglich, ein Spiel zu vermeiden. Betroffene brauchen und suchen in Krisen emotionale Konflikte (Externalisieren), um einen Spiegel für ihr Gefühl zu erhalten. Die einzige Möglichkeit, den Konflikt dann nicht eskalieren zu lassen, liegt in der Verweigerung der projektiven Identifikation. Entziehen Sie sich!

7.

RAUS AUS DEM DILEMMA

Der Partner als Therapeut

Typische Partner sind geradezu prädestiniert für eine therapeutische Haltung innerhalb ihrer Beziehungen. Ihr persönlicher Hintergrund, ihre Muster und Prägungen suchen geradezu nach Bedürftigen. Als Kind lernten sie, ihre Existenz mit therapeutischen Maßnahmen abzusichern und ihr bedürftiges Elternteil aufzufangen und zu stabilisieren. Ihr Eltern-Ich ist randvoll mit entsprechenden Informationen, was man tun muss, um für den anderen hilfreich zu sein (und so geliebt zu werden). Ohne eine passende Bezugsperson, bei der man diese Muster auch nutzen kann, scheint es ihnen unmöglich, je geliebt zu werden.

In einer Borderline-Beziehung gerät ein so geprägter Partner an einen Menschen, der über zwei Extreme verfügt. Einerseits, auf einer sehr kleinkindlichen und unreifen Ebene, ist die Borderline-Persönlichkeit von ihrer Bezugsperson extrem abhängig, sucht nach Unterstützung und mütterlicher (oder väterlicher) Zuwendung. Ihr inneres Kind will geheilt werden. Verantwortung kann sie dabei oft nur eingeschränkt für sich, aber auf keinen Fall für andere tragen.

Andererseits wollen Betroffene aber ihrem Erwachsenendasein entsprechen und eigenen und gesellschaftlichen Erwartungen gerecht werden. Sie wollen unabhängig und autark ihr Leben selbst bestimmen und weder bemuttert noch in ihrer Verantwortlichkeit eingeschränkt werden. Zu Recht!

In der Folge erwartet den potenziellen Partner - auf der Beziehungsebene der projektiven Identifikation (sei wie ich) - aber auch die Identifikation mit diesen beiden gegensätzlichen Anteilen (schizophrene Bindung). Die Borderline-Persönlichkeitsstörung ist eine schwerwiegende Bindungsstörung, deren innere Zerrissenheit sich permanent auf das innere Erleben, die Wahrnehmung der Realität und die Beziehungen auswirkt. Jede Bezugsperson wird in diese Borderline-Welt mit hinein gesaugt: „Sei wie ich oder geh!"

Eine therapeutische Begleitung ist auf eine Heilung oder Linderung von Symptomen ausgerichtet. Gerade aber in der Konfrontation mit der Borderline-Persönlichkeitsstörung braucht ein Therapeut bzw. Helfer neben einem stabilen Kontakt vor allem die nötige Distanz. Selbst für ausgebildete Therapeuten gestaltet sich dies oft schwierig, da persönliche Hintergründe auch sie anfällig für Verstrickungen und Spiele machen.

Auf der partnerschaftlichen Beziehungsebene aber ist es unmöglich, therapeutisch wirksam zu werden. Die nötige Distanz kann mit der gleichzeitigen Ebene der projektiven Identifikation nicht eingehalten werden.

Durch eigene persönliche Defizite eingeschränkt, ist der typische Partner in die Symbiose verstrickt. Als Teil der (Beziehungs-) Problematik wird er durch eigene narzisstische Anteile angehalten, diesen Menschen „zu retten". Je mehr er dies mit seinen Möglichkeiten versucht, umso mehr wird er die Symptomatik forcieren, die Störung aufrecht erhalten oder sogar Krisen auslösen, durch die sich der Zustand des/r Betroffenen verschlechtert.

Eine Borderline-Persönlichkeit kann von außen nicht gerettet werden!

Nur ihre eigenständige Entscheidung, für ihren Leidensdruck die Verantwortung zu übernehmen und echte therapeutische Hilfe in Anspruch zu nehmen, ermöglicht ihr die Chance auf Linderung ihrer Symptome.

Was sich aber grundsätzlich als hilfreich und wirksam im Umgang mit Betroffenen erweist, ist eine stabile, erwachsene und zugewandte Haltung. Dies braucht Unabhängigkeit, einen starken Bezug zu einem eigenen Wertekomplex sowie die Fähigkeit, sich abzugrenzen und aus den positiven Ich-Zuständen zu kommunizieren.

Es liegt im Kern des Problems begründet, dass gerade identitätsstarke Menschen nicht dazu neigen, sich auf Borderline-Persönlichkeiten einzulassen. Zudem sind O.K.-Menschen für Betroffene auf der Beziehungsebene unattraktiv, da diese nicht bereit sind, sich auf verschmelzende Bindungen einzulassen. Sie verweigern Projektionen, eignen sich schlecht als Spiegelungsfläche und entziehen sich den ausbalancierenden Spielen. Die Selbsthilfe der Spaltung (sei wie ich) könnte nicht greifen, was für Betroffene eine ständige Konfrontation mit dem Verlassen werden darstellen würde. Ihr Leidensdruck wäre zu groß.

Außerhalb therapeutischer Interventionen können aber auch Partner hilfreich und sinnvoll auf der zwischenmenschlichen Beziehungsebene aktiv werden. Nicht mit dem Ziel, den anderen zu heilen, aber mit der Motivation, sich selbst, der Beziehung und dem anderen eine höchstmögliche Chance auf Wachstum zu ermöglichen.

Nachfolgend einige Eigenschaften, die im Umgang mit Betroffenen erforderlich sind:

- eine vollständig differenzierte Wahrnehmung der eigenen Person
- die Lebensanschauung „Ich bin o.k. - du bist o.k."
- Unabhängigkeit von der O.K.-Bestätigung durch Außenstehende
- die Fähigkeit, authentisch und klar zu sein
- das Bewusstsein über eigene Schwächen, Defizite und kindliche Verletzungen
- die Fähigkeit zur Achtsamkeit, sich selbst und anderen gegenüber
- eine Kommunikation aus den verbindenden positiven Ich-Zuständen
- ein starkes und aktives Erwachsenen-Ich, das seine Fähigkeiten auch zur Verfügung stellen kann
- Mut zur ehrlichen Reflektion und zur Zurückweisung ungerechtfertigter Verantwortung
- Die Fähigkeit, Spiele zu erkennen und zu vermeiden

Gerade typische Partner verfügen jedoch nicht über diese Eigenschaften, die für erfüllende und erwachsene Beziehungen unentbehrlich sind. Es steht ihnen aber frei, sie sich in oder nach der Beziehung anzueignen. Gerade hier liegt ihr Wachstumspotenzial. Nutzen sie es, kann diese gegenseitig missbräuchliche Beziehung tatsächliche Liebe in sich tragen. Die Beziehung erfüllt ihren Sinn, sich selbst (und optimaler Weise auch dem anderen) näher zu kommen und an ihr zu wachsen.

Zumeist führen die oben genannten Verhaltensmuster jedoch leider dazu, dass Betroffene sich als bedroht erleben, und sich aus dem Kontakt zurückziehen.

Parallel dazu verlieren Menschen, die sich diese Eigenschaften erarbeiten, jegliches Interesse an intimitätsarmen, symbiotischen und instabilen Beziehungen.

Haben Borderline-Beziehungen eine Chance?

Die Frage die sich daraus direkt für mich ergibt, wäre: eine Chance auf was? Auf ein harmonisches, von Nähe geprägtes und stabiles Miteinander, in dem beide Beteiligte die Verantwortung sowohl für sich als auch für die Beziehung tragen, und beide gleichermaßen sowohl frei als auch geborgen und miteinander verbunden sind?

Nein!

Unabhängig von den individuellen Voraussetzungen beider Partner lassen sich selbst in dauerhaften, intensiven Therapien Spaltungsmechanismen und irreparable neuronale Konsequenzen der frühkindlichen destruktiven Erfahrungen, mit denen Betroffene in der Regel konfrontiert waren, nicht aufheben.

Die Beziehungsebene der projektiven Identifikation sucht ausschließlich einen Spiegel eigener Zustände. Das unreife und bedürftige Selbst bildet sich im anderen ab, ohne diesen jedoch wahrnehmen zu können. Das Gegenüber wird zur Projektionsfläche, deren Wert sich über seine bedingungslose Funktionalität bestimmt. Der Partner wird als Objekt wahrgenommen - ein Ding, ein Gegenstand, austauschbar und benutzbar.

Beziehung definiert sich aus der Fähigkeit, sich aufeinander beziehen zu können. Den anderen wahrzunehmen und in Verbindung mit ihm zu sein, setzt aber ebenso voraus, sich selbst wahrnehmen zu können und im Kontakt mit sich zu sein.

Gerade dies schließt die Borderline-Problematik jedoch aus. Das Kernproblem der Störung besteht in der fehlenden Bindung zu sich und anderen. Die Symptomatik beeinflusst jede Form der Bindung (zu sich selbst und anderen) und macht ein erfüllendes, gegenwärtiges und aufeinander bezogenes Miteinander unmöglich.

Solange zwei Menschen aus ihrem Kind-Ich versuchen, mithilfe des anderen ihre kindliche, unerfüllte Bedürftigkeit zu befriedigen und unbewältigte Erfahrungen zu verarbeiten, kann sich daraus nur ein gegenseitiger Missbrauch ergeben. Auf beiden Seiten der Borderline-Beziehung zeigt sich eher ein verzweifelter Überlebenskampf, der ein altes Dilemma ständig wiederholt, zur Gegenwart aber wenig Bezug hat.

Keine noch so psychologisch raffinierte Strategie oder Kommunikation kann eine Beziehung gedeihen lassen, in der einer der Partner bindungsunfähig ist und sich nicht bereit zeigt, sich mit seinen defizitären Mustern auseinander zu setzen.

Was aber auch in diesen Beziehungen immer eine Chance hat, ist die Fähigkeit, sich an und mit dem anderen zu entwickeln, wenn die Beteiligten es zulassen. Eine Liebesbeziehung offenbart sich gerade dadurch, dass sie die Partner reifen lässt. Wenn diese den Mut finden, sich durch die Präsenz des anderen auf den Kern ihres eigenen Wesens, ihrer Gefühle und Emotionen einzulassen, kommen sie in Kontakt mit ihrem Kind-Ich. Erst wenn dieses innere Kind gesehen wird und das Erwachsenen-Ich durch seinen Zugang zu einem fürsorglichen Eltern-Ich für dieses Kind sorgen kann (Nachbeeltern), wird es seinen verzweifelten Kampf um seine Existenz in Beziehungen aufgeben. Sowohl Betroffene als auch ihre Partner können diese Chance nutzen.

Ist dies nicht möglich, bleibt den Beteiligten nichts anderes übrig, als einander loszulassen.

Was bei Trennungen von einer Borderline-Persönlichkeit zu beachten ist

Wenn Sie sich trennen

Der Verlust der Bezugsperson kann für eine Borderline-Persönlichkeit in deren Wahrnehmung tatsächlich eine extreme existenzielle Bedrohung darstellen. Die Beziehungsebene der projektiven Identifikation, die dazu führt, dass Betroffene sich über ihre Partner wahrnehmen und definieren, geht verloren, sodass sie eine reale Trennung als Verlust der eigenen Existenz erleben können. Dabei spielt es keine Rolle, wer die Trennung ausgelöst und vollzogen hat.

Als Partner sollte Ihnen bewusst sein, dass dieser Prozess eine massive, symptomatische Krise auslösen kann, für die Sie jedoch keine (!) Verantwortung tragen. Da Borderline-Persönlichkeiten dazu neigen, das eigene unerträgliche Empfinden (Abgetrenntsein, vernichtet zu werden, Ausgeliefertsein, Hoffnungslosigkeit ...) auf ihre Bezugspersonen zu projizieren, können sich daraus für den ehemaligen Partner dramatische Konsequenzen ergeben. Die symbiotische Bindung (fühle wie ich ...) kann, wie es vielfach auch immer wieder der Fall ist, zu dramatischen Inszenierungen führen. Verstrickte, unlösbare und verwirrende Konflikte, in denen dem Partner immer wieder die Täterrolle zugewiesen wird und/oder dieser massiven Übergriffen ausgesetzt ist, führen dazu, die Beziehung über ihr Ende hinaus aufrecht zu erhalten (siehe der Partner und sein Erleben im Beziehungsverlauf/Vernichtung).

Gerade in Fällen, in denen es durch gemeinsame Kinder nicht möglich ist, eine klare und absolute Trennung umzusetzen, bleiben Partner oft über Jahre hinweg im Erleben ihrer ehemaligen Borderline-Persönlichkeit gefangen. Das, was von Mitarbeitern amtlicher Institutionen (Jugendamt, Familienberatungsstellen ...) oft als hoch konflikthafte Trennung bezeichnet wird, ist häufig eine nicht endende Serie an Borderline-Inszenierungen, die dem Erhalt der Bindung auf der projektiven Identifikationsebene dienen.

Es ist durchaus nachvollziehbar, dass viele Partner-Elternteile aus Sorge und Angst um ihre Kinder in ihrer destruktiven Beziehung verbleiben. Immer angepasster und damit auch co-abhängiger, versuchen sie verzweifelt, eine Trennung zu vermeiden, um ihre Kinder nicht zu verlieren und sie ungeschützt zurücklassen zu müssen. Gerade Väter finden sich hier oft in ausweglosen Situationen wieder, in denen sie sich irgendwann zwischen der eigenen Existenz und der ihrer Kinder entscheiden müssen.

Es ist in Deutschland leider traurige Realität, dass die Institutionen, die auf der familienrechtlichen Ebene im Sinne der Kinder Entscheidungen treffen sollten, dazu oft gar nicht befähigt sind. Im Umgang mit der Borderline-Störung, deren Mechanismen und Konsequenzen für Angehörige fehlen jegliche Grundkenntnisse. Dazu kommen zahlreiche Vorurteile, sodass gerade Partner von hochfunktionalen Borderline-Persönlichkeiten kaum eine Chance haben, wahrgenommen zu werden oder sich im Sinne ihrer Kinder durchzusetzen.

Mit der Zeit kann es selbst durch extreme Anpassung oder gerade durch sie unmöglich werden, die Beziehung zu erhalten, sodass eine Trennung aus Selbstschutz erfolgen muss. Letztendlich muss jeder Partner hier genau abwägen, ob er eine Trennung unter seinen individuellen Voraussetzungen vertreten kann.

Wenn Sie sich jedoch zu einer Trennung entschlossen haben, wird es dafür gute Gründe geben. Im Mittelpunkt Ihres Lebens stehen Sie. Stellen Sie das nicht infrage!

Grundsätzlich ist es wichtig zu wissen, dass und warum der/die Betroffene in Trennungssituationen extrem und unkontrolliert reagieren und somit bedrohlich für Sie und eventuell involvierte Kinder werden kann. Erst so ist es möglich, den Prozess zu verstehen und angemessen zu handeln.

Nicht jede/r Betroffene reagiert ausgesprochen destruktiv! Borderline lässt sich nicht verallgemeinern! Wenn Sie aber bereits in der Beziehung mit aggressiven, ausagierenden Verhaltensweisen, Drohungen oder Gewalt konfrontiert wurden, sollten Sie Folgendes beachten:

1. Sprechen Sie die Trennung klar aus!

In dieser Aussage sollten enthalten sein:

➢ **Der Fakt:** (Diese Beziehung ist für mich beendet)

➢ **Der Grund:** (Wie ich mich fühle, was mir fehlt, was ich in einer Beziehung brauche, aber in dieser nicht bekommen habe). Der/die Betroffene hat das Recht auf eine klare Aussage.

➢ **Der Eigenanteil:** Zu einer Beziehung gehören immer zwei! Auch zu einer Trennung. Sprechen Sie aus, was Ihnen nicht möglich ist (Abgrenzung, hilfreicher Umgang mit seinen/ihren symptomatischen Verhaltensweisen ...). Bleiben Sie dabei möglichst in den positiven Ich-Zuständen (du bist o.k.)

und vermeiden Sie Schuldzuweisungen, Wertungen und Vorwürfe (du bist nicht o.k.).

- **Die Konsequenzen:** Kein Kontakt mehr, weder persönlich, noch telefonisch, per Mail oder per SMS! Jeder neue Kontakt vermittelt dem/der Betroffenen die Hoffnung auf eine neue Identifikation und wird, wenn Sie inkonsequent sind, zum frustrierenden Überlebenskampf, der die Emotionalität des Verlassens immer gleichbleibend reaktiviert. Jede Zurückweisung wird immer wieder erneut als Angriff oder Vernichtung der eigenen Persönlichkeit empfunden.
- **Das Bedauern:** Zeigen Sie Wertschätzung (wenn es Ihnen möglich ist). Bedanken Sie sich für die gemeinsame Zeit und sprechen Sie ihr ehrliches (wenn es so ist) Bedauern aus.

Dies muss nicht zwingend persönlich erfolgen. Sie können auch einen Brief schreiben, von dem Sie eine Kopie behalten. Sollten Sie - aus welchen Gründen auch immer - gezwungen sein, noch einen persönlichen Kontakt zuzulassen (Gegenstände abholen o. ä.), nehmen Sie eine dritte Person mit. Vermeiden Sie alleinige Kontakte!

2. Keine Mail, keine SMS mehr beantworten:

Allenfalls nur noch einmal ganz deutlich auf die ausgesprochenen Konsequenzen hinweisen und betonen, ab sofort nicht mehr zu reagieren. Konsequent bleiben!

3. Gleiches gilt für Telefonate:

Lassen Sie sich auf kein Gespräch ein, schon gar nicht auf Diskussionen. Bei Telefonterror, einen Anrufbeantworter zwischenschalten, gegebenenfalls eine Fangschaltung mit den entsprechenden rechtlichen Konsequenzen oder eine neue Telefonnummer beantragen, die Sie auf keinen Fall im Telefonbuch eintragen lassen sollten.

4. Öffnen Sie die Wohnungstür niemals:

Identifizieren Sie zuvor den davor Stehenden. Lassen Sie den/die Betroffene auf keinen Fall in Ihre Wohnung. Sagen Sie einmal ganz klar durch die Tür oder Sprechanlage, dass Sie diese Besuche als bedrohlich empfinden und bei Fortführung Anzeige erstatten werden.

5. Legen Sie sich eine Notfallnummernliste zu (Polizei, Feuerwehr, Krankenhaus ...):

Rechnen Sie damit, dass selbstverletzende oder suizidale Verhaltensweisen direkt vor Ihrer Tür dazu genutzt werden können, um Sie zu einem Kontakt zu zwingen. Öffnen Sie dann nicht die Tür, diskutieren Sie nicht, sondern sagen Sie klar und deutlich, dass Sie jetzt die Polizei oder den Notarzt rufen.

6. Übergangsweise Freunde einschalten:

Bitten Sie für eine Übergangszeit Freunde darum, Sie regelmäßig zu kontaktieren. Wenn möglich, kann es für Sie auch sehr hilfreich sein, wenn Sie in den ersten schwierigen Tagen nach der Trennung nicht allein sind, dabei möglichst nur gleichgeschlechtliche Freunde persönlich involvieren. Bedenken Sie auch das Unmögliche. Der Interpretationsspielraum des/der Verlassenen ist weiträumig. Der Schuldige wird gern im Außen gesucht und dann bestraft ...

7. Erstatten Sie Anzeige:

Seien Sie konsequent, wenn es zu nicht tolerierbaren Übergriffen kommen sollte, und erstatten Sie Anzeige. Wenden Sie sich vertrauensvoll an die Polizei, damit diese zum einen mit der Problematik vertraut ist, und zum anderen amtlich registriert, dass es sich hier eventuell um Stalking handelt.

8. Führen Sie Tagebuch!

Notieren Sie sich möglichst sachlich mit Datum und Uhrzeit detailgetreu jeden Übergriff.

9. Seien Sie nicht leichtgläubig!

Glauben Sie nicht, er/sie würde das nicht tun. Er/sie hat schon viel getan, was Sie nie erwartet hätten, oder? Reden Sie nichts schön, entschuldigen und verstehen Sie nicht alles.

Stellen Sie Ihren Selbstschutz dahin, wo er hingehört: in den Mittelpunkt!

Diese Hinweise sind die Konsequenz einer Vielzahl von Erfahrungen, die meine Klienten in Trennungssituationen machen mussten.

Wenn der/die Betroffene sich trennt

Es gehört zur Borderline-Problematik, dass Betroffene oft überstürzt Trennungen aussprechen oder auf Distanz gehen. Vor allem in der instabilen zweiten Phase kommt es immer wieder zu unverständlichen, mitunter irrationalen Konflikten und/oder Kontaktabbrüchen. Hilflos und überfordert agieren typische Partner zumeist aus ihrem Kind-Ich, versuchen die Distanz aufzuheben und den Kontakt schnellstmöglich wieder herzustellen.

Mit Trennungen, die von Betroffenen in der instabilen Phase ausgesprochen werden, reagieren diese häufig auf das Empfinden „verschlungen" zu werden. Da die Borderline-Persönlichkeit sich ihrem Partner und dessen Erwartungen oft vollständig anpasst (ich bin so, wie du mich willst), besetzen sie eine Rolle, die ihrem Selbst aber nicht entsprechen kann. Währenddessen sie mit ihrem Partner verschmelzen, übernehmen sie dessen Persönlichkeit und erleben diese als zu sich gehörig.

Dabei zeigen sie ein Als-ob-Verhalten, das sie mit der Zeit aber überfordert. Die vom anderen übernommene Persönlichkeit fühlt sich irgendwann fremd an, sodass sie - aus der Identifikation heraus - ihr Selbst nicht mehr spüren können (Depersonalisation). Sie verlieren den Zugang zu sich, den sie durch die Verschmelzung mit dem Partner gefunden hatten und beginnen, sich in sich selbst fremd und nicht zugehörig zu fühlen. Der Partner kann nicht mehr als o.k. erlebt werden, was eine weitere Identifikation mit diesem unmöglich macht.

Dazu kommt die Erwartungshaltung ihrer Bezugspersonen, die sie spüren und die sie unbewusst auch ängstigt. Immer wieder werden sie in kleinen Nuancen mit dem Verlust der Symbiose (eigene Wünsche und Erwartungen des Partners) und so auch mit dem für sie tödlichen Verlassenwerden konfrontiert.

Zu diesen Belastungen kommt noch die emotionale Instabilität, die es ihnen unmöglich macht, in ihrem Gefühl und Erleben konstant zu bleiben. Ihre aus diesem Komplex entstehende Anspannung, für die die Verantwortung dem Partner zugeschrieben wird (weil du so bist, geht es mir schlecht), nimmt zu, und so ist es ein Akt der Notwehr (gegen die Symptomatik und nicht gegen den Partner), auf Distanz zu gehen.

Ich führe diese Umstände nochmals so gezielt aus, um darauf aufmerksam zu machen, dass auf das Trennungsbegehren eines/r Betroffenen je nach Beziehungsphase unterschiedlich reagiert werden kann.

Grundsätzlich und unabhängig von dem augenblicklichen Beziehungsmoment ist die Entscheidung des/r Betroffenen zu akzeptieren! Eine Borderline-

Persönlichkeit hat wie jeder Erwachsene das Recht, für sich Entscheidungen zu treffen und mit diesen akzeptiert zu werden. Allerdings muss er dann auch die Konsequenzen seiner Entscheidung tragen.

Wenn der Partner für sich aber beschließt, dass er im Augenblick an der Beziehung - trotz der Spaltungsmechanismen und der dazugehörigen Instabilität - noch festhalten möchte, kann er in der instabilen Phase durchaus aktiv werden, sollte sich dann allerdings nicht von seinem bedürftigen Kind-Ich leiten lassen.

Voraussetzung für einen sinnvollen Kontakterhalt sind folgende Umstände:

- Der/die Borderline-Persönlichkeit ist sich seiner/ihrer Problematik bewusst und übernimmt die Verantwortung dafür (ist einigen Betroffenen in ihren weißen Phasen möglich).
- Optimaler Weise begibt sie sich in eine therapeutische Begleitung, die es ihm/ihr ermöglicht, dort in den kritischen, schwarzen Phasen aufgefangen zu werden.
- Da gerade die schwarzen Phasen von einer ausgeprägten Symptomatik begleitet sind, ist es von Vorteil, wenn es in dieser Zeit keinen Kontakt gibt und der/die Betroffene auf therapeutische Hilfe zurückgreifen kann. Jede Borderline-Persönlichkeit hat in ihrer Instabilität einen eigenen Rhythmus. So können Beziehungspartner sich durchaus darauf einstellen und auf erste Anzeichen reagieren.
- Hier sollten vorherige Absprachen getroffen werden, wie mit diesen ersten Anzeichen, kritischen Situationen oder Distanzen umgegangen werden sollte. Schriftliche Vereinbarungen, die der Betroffene in der entsprechenden Situation zur Hand hat, können hier durchaus sinnvoll sein.
- Der Partner weiß genau, was er tolerieren kann und was nicht, und kann das innerhalb dieser Absprachen klar formulieren.
- Die Selbsthilfe des Betroffenen sollte vom Partner anerkannt werden (was voraussetzt, dass der Partner das Störungsbild versteht und von dem/der Betroffenen nicht abhängig ist).
- Da der/die Betroffene am ehesten weiß, wann er sich auf einen erneuten Kontakt einlassen kann, sollten er/sie auch die Verantwortung für eine Kontaktaufnahme übernehmen. Auch hier gilt es Absprachen zu treffen, und genaue Grenzen festzulegen.

Keine dieser Interventionen kann in eine erwachsene, erfüllende Beziehung führen. Im Zentrum der Beziehung bleiben die symptomatischen Muster der Betroffenen und deren Bedürftigkeit. Spaltungsmechanismen sind nicht aufhebbar. Für viele Partner (für deren inneres Kind) ist es dennoch wichtig, jede Chance zu nutzen.

Ein klares Ausschlusskriterium für jegliche Bemühungen um den Erhalt der Beziehung ist die Präsenz von Gewalt, Suchtmittelabhängigkeit und die Tatsache, dass es gemeinsame Kinder gibt, die in der Regel komplett in die Beziehungsproblematik hineingezogen werden.

Beendet eine Borderline-Persönlichkeit die Beziehung aus der absoluten Abwertung heraus (3. Beziehungsphase), sollte dies bedingungslos und ohne weitere Interventionen akzeptiert werden. Jede weitere Bemühung, gegen den ausdrücklichen Willen des Betroffenen, ist klar übergriffig und kann die Symptomatik und die Krise noch verstärken.

Einige Partner argumentieren an diesem Punkt häufig damit, dass der Betroffene ja unfähig sei, für sich eine sinnvolle Entscheidung zu treffen und die Trennung eigentlich gar nicht wolle. Zudem wären sie die Einzigen, die ihn/sie tatsächlich kennen und verstehen würden. Ohne sie könne er/sie nicht überleben.

Derartige Reaktionen kommen direkt aus dem negativen Eltern-Ich und sprechen dem/der Betroffenen jede Fähigkeit und auch jedes Recht auf eigenständige Entscheidungen ab. Die Konsequenz dieses massiven „Ich bin o.k. – du aber nicht“, kann nur eine Verstärkung der Abwertung nach sich ziehen.

Warum typische Partner nicht loslassen können

Als ich Ben begegnete, war ich gerade frisch geschieden. Hinter mir lagen 15 Jahre Ehe, in der ich gerade mal in den ersten zwei Jahren wirklich glücklich war. Anne wurde schon im ersten Jahr geboren und Sebastian dann zwei Jahre später. Ich hatte wohl gehofft, dass René bereit sein würde, mit einem weiteren Kind mehr Verantwortung zu übernehmen, aber obwohl er nun endlich seinen Sohn bekam, änderte sich nichts. Im Gegenteil. Er unternahm kaum noch etwas mit uns, kümmerte sich auch immer weniger um die Kinder. Als er dann arbeitslos wurde und ich alleine unseren Lebensunterhalt verdienen musste, unterstützte er mich überhaupt nicht. Alles musste ich allein machen, für alles war ich verantwortlich. Er entzog sich immer mehr und begann, auch noch zu trinken. Ich habe wirklich alles getan, um die Situation zu verbessern und ihm zu helfen, aber es brachte nichts. Als er dann auch noch anfing, zu Hause zu trinken, sich völlig gehen ließ und uns gegenüber nur noch ausfällig wurde, reichte ich die Scheidung ein.

Das war eine wirklich harte Zeit für mich und die Kinder. Wir konnten zwar in unserer Wohnung bleiben, aber der Kontakt zwischen den Kindern und ihrem Vater löste sich völlig auf, was ihnen sehr weh tat.

Dann kam Ben, und mit ihm kam das Glück für mich zurück. Wir lernten uns im Internet kennen, und als wir uns zum ersten Mal trafen, fühlte sich alles unglaublich vertraut an. Da war einfach alles stimmig, als ob wir füreinander bestimmt seien. Er war mir gegenüber so aufmerksam und fürsorglich. Zum ersten Mal verstand jemand, wie es mir in den letzten Jahren gegangen ist. Wie allein ich mich gefühlt habe, wurde mir erst jetzt klar. Ich war so dankbar, dass Ben jetzt da war, alles war gut.

Er war ein sehr fröhlicher Mensch und dennoch sehr tiefsinnig. Er dachte über Dinge nach, mit denen ich mich noch nie auseinandergesetzt hatte, das hat mich ziemlich inspiriert. Zu Anne und Sebastian hatte er von Anfang an einen guten Draht. Obwohl die beiden erst so gar nicht begeistert waren, als ich von Ben erzählte, hatten sie ihn schon nach unserem ersten gemeinsamen Ausflug angenommen. Ben nahm sich viel Zeit für uns und dachte sich auch ständig tolle Sachen für die Kinder aus. Für mich war das alles wie ein Traum. Sex war seit Jahren kein Thema für mich gewesen, und mit Ben war das so unglaublich intensiv, ich wusste gar nicht, dass man so empfinden kann. Ich war total verliebt, und als Ben mich dann fragte, ob er nicht zu uns ziehen könne, habe ich nicht einen Moment gezögert. Seit unserem ersten Treffen waren gerade neun Wochen vergangen, aber es fühlte sich alles so dermaßen richtig an, dass ich nicht im geringsten zweifelte.

Ben zog also zu uns, und schon am zweiten Tag herrschte er Sebastian beim Frühstück dermaßen grob an, dass ich mehr als erschrocken war. Ich dachte mir, dass es ja nicht einfach für Ben sein musste, auf einmal Vater zweier halbwüchsiger Kinder zu sein, und er vielleicht nur etwas überfordert sei. Aber die Situation wiederholte sich, und die Spannung zwischen meinen beiden Männern nahm immer mehr zu.

Ben veränderte sich auch mir gegenüber. Aus heiterem Himmel herrschte er mich oft an und regte sich über Belanglosigkeiten in einem Ausmaß auf, dass es mich erschreckte. Dann war er auf einmal verschwunden und auch per Handy nicht erreichbar. Nach zwei Tagen kam er wieder und bestätigte mir, was ich vermutet hatte. Er wäre von den Kindern völlig überfordert, es täte ihm sehr leid, dass er so ausfallend gewesen sei, aber Sebastian habe ihn so provoziert.

Ich redete mit Sebastian, der aber gar nicht verstand, was ich von ihm wollte. Er habe nicht provoziert, meinte er, und er wisse gar nicht, was Ben von ihm wolle.

Dann ging es wieder einige Tage gut, und Ben fing an, von einem gemeinsamen Kind zu reden. Das ging mir nun aber doch zu schnell, und so ließ ich mich von seiner Begeisterung nicht anstecken und versuchte, ihn ganz behutsam etwas zu bremsen. Ich weiß nicht mehr, was dann genau passierte. Irgendetwas war wieder mit Sebastian, er hatte eine falsche Antwort gegeben, oder sein Tonfall hatte Ben nicht gepasst, jedenfalls rastete Ben völlig aus. Wie von Sinnen ging er auf Sebastian los, nahm sein Handy vom Tisch und knallte es an die Wand. Anne begann zu weinen und versteckte sich hinter mir. Das schien seine Wut noch mehr anzustacheln. Er brüllte mich an, dass ich eine Übermutter sei und die Kinder gegen ihn aufhetzen würde. Eigentlich wollten wir ja nur, dass er endlich wieder gehen würde. Es war furchtbar.

Und wieder war er ein paar Tage weg, kein Lebenszeichen von ihm, und das fühlte sich für mich an, als ob ich ersticken würde, ich hatte unerträgliche Angst.

Dann stand er wieder vor der Tür und entschuldigte sich, und ich war so erleichtert, dass er wieder da war, dass ich gar nicht mehr über den Crash mit Sebastian reden wollte. Endlich konnte ich wieder frei atmen, jetzt würde sicher alles gut werden.

Vier Wochen später hab ich ihn vor die Tür gesetzt. Er hatte Sebastian geschlagen, und damit konnte ich nun wirklich nicht mehr leben.

Das eigentliche Problem für mich begann dann etwa drei Wochen nach der Trennung. Anfangs war ich noch total wütend auf Ben. Ich hatte seine Sachen in Kartons geschmissen und unten vor die Tür gestellt. Ich drohte sogar mit der Polizei, wenn er sich noch mal bei uns sehen lassen würde und den Brief, den er mir in den Kasten warf, zerriss ich, ohne ihn zu lesen. Seine Entschuldigungen und Ausreden interessierten mich nicht mehr.

Nach drei Wochen kam dann aber mit voller Wucht die Trauer wieder und hinterließ dieses unerträgliche Gefühl der Leere in mir. Nichts machte mir mehr Freude. Ich schleppte mich ins Büro und funktionierte ganz gut, aber in mir war alles wund. Vielleicht hatte ich doch etwas falsch verstanden, und Sebastian hatte wirklich provoziert. Er hatte auch immer wieder von seinem Vater gesprochen, vielleicht war es das ... Hätte ich mehr Geduld haben müssen? War an Bens Vorwürfen, dass ich eine Übermutter sei, etwas dran? War er zu kurz gekommen? Ich dachte an all die wunderschönen Momente, die wir anfangs hatten. Wie es sich angefühlt hatte, so verliebt zu sein und vor allem so sicher und geborgen. Noch nie hab ich das mit einem Mann so erlebt.

Gestern kam wieder ein Brief von ihm. Ich habe ihn noch nicht geöffnet, aber er liegt in meinem Schreibtisch. Alles in mir ist angespannt. Es fühlt sich in mir an, als ob alles wieder gut werden könnte, wenn ich ihm noch eine Chance gebe. Aber ich weiß auch, dass das nicht stimmen kann. Ich würde ihn gern, nein, ich muss ihn loslassen. Warum fällt mir das so schwer? Sonst kann ich doch ganz klare Entscheidungen treffen und die auch durchziehen. Ich versteh mich einfach nicht. (Rike, 43 J., Unternehmensberaterin)

So wie Rike geht es vielen Menschen, die sich auf eine Borderline-Persönlichkeit eingelassen haben und sich aus der Beziehung zu dieser lösen oder lösen möchten. Dies geschieht völlig unabhängig vom Geschlecht. Sowohl Männer als auch Frauen erleben sich nach dem Auf und Ab einer derartigen Beziehung völlig entwurzelt und demoralisiert. Und zumeist sind sie einem inneren Konflikt ausgeliefert, den sie sich nicht erklären können. Sie glauben, dass sie ohne den anderen nicht sein können, dass es niemals wieder eine so innige Verbundenheit für sie geben wird, dass alles wieder gut wird, wenn sie es nur schaffen, dass der andere sich ihnen wieder zuwendet - so wie früher, als alles noch perfekt war. Oft haben sie viele Male die Erfahrung gemacht, dass der unerträgliche Zustand von Einsamkeit und Schmerz in dem Moment endete, als der/die Borderline-Persönlichkeit wieder da war. Ein altvertrautes Erleben von augenblicklicher Erleichterung, dass nun alles wieder gut ist. Bis zum nächsten Mal ...

Sie wissen aber auch, dass ihnen diese Beziehung nicht gut tut. Viele Partner, die sich nicht komplett in ihrem Kind-Ich verlieren, haben einen Zugang dazu, dass es bereits viele Male schief gegangen ist. Dass sie sich nicht auf die Versprechen des anderen verlassen können und immer wieder den gleichen Schmerz erleiden, der mit der Zeit auch immer schlimmer wird. Sie verstehen nicht, warum es ihnen so schwer fällt, den anderen loszulassen. Wenn wir uns mit der Fähigkeit des Loslassens auseinandersetzen, sollten wir diese - wie andere Fähigkeiten auch - als Lernprozess begreifen.

In unserer vorgeburtlichen Zeit sind wir ganz und gar umschlossen von unserer Mutter, wir beginnen unsere eigene körperliche Existenz nach unserer Geburt. Die erste Erfahrung des Loslassens ist demnach die Geburt. Abhängig davon, wie sich diese gestaltet, wird sich auch diese Erfahrung in uns abspeichern. Auch wenn wir nun körperlich eigenständige Wesen sind, ist unsere emotionale, psychische Ebene noch untrennbar mit der Mutter verbunden. Durch die bis zum ca. 15. Lebensmonat anhaltende Spaltungsphase, in der wir uns ausschließlich über unsere Mutter erleben, bleiben wir eins mit ihr und sind von ihrer permanenten Präsenz abhängig. Werden wir in dieser Phase immer wieder separiert oder isoliert, erfahren wir dabei auch immer wieder den Zustand des Abgetrenntseins - der höchsten Potenz menschlicher Einsamkeit und Todesnähe, die sich detailliert in unseren Ich-Zuständen abspeichert und im späteren

Leben auch reaktiviert werden kann. Als Säuglinge sind wir nicht in der Lage, einzuschätzen, dass die Mutter wiederkommen wird. Der Augenblick ist die gesamte Existenz, und so erfahren wir in dieser hochsensiblen Entwicklungsphase jede Trennung von der Mutter als tödlichen Verlust. Kommt die Mutter dann wieder und versorgt, nährt und beruhigt, ist alles wieder gut, als wäre nichts geschehen, wir sind wieder in Sicherheit. Das Leben hat uns wieder - bis zur nächsten Isolation.

Die meisten Kinder erleben so ihre ersten Lebensmonate und verinnerlichen ihre Erfahrungen vom drastischen Wechsel aus Nähe und Distanz unauslöschlich in sich. In Kontakt sein, heißt leben zu dürfen, Kontaktlosigkeit bedeutet zu sterben. Beides, verbunden mit der entsprechenden intensiven Emotionalität, wird zur erlebten Erfahrung, dass Loslassen Vernichtung bedeutet.

Hat ein Kind das Glück, die Spaltungsphase auf natürliche Art im ständigen Kontakt mit seiner Mutter erleben zu dürfen, wird diese mit ihm das Loslassen ohne das dramatische Abtrennungserleben spielerisch üben. Zunächst bleibt das Kind dabei im Kontakt mit der Mutter, indem diese ihr Kind zum Beispiel spielerisch in die Luft hebt und „fliegen" lässt. Der ständige Blickkontakt gibt dem Kind bei dieser ersten winzigen Distanz ein sicheres Zugehörigkeitsgefühl. Später kommen dann „Hoppe-Reiter-Spiele" dazu, bei denen das Kind einen kurzen Augenblick den Blickkontakt verliert, aber körperlich im Kontakt mit der Mutter bleibt. Dann beginnt es zu krabbeln, immer in sicherer Nähe der Mutter, macht die ersten Schritte fort von ihr, um schnell wieder ihre Nähe zu suchen - und so immer ein paar Schritte mehr ...

Optimaler Weise sollte das Kind entscheiden, wann es loslässt und Distanz ertragen kann, und die zuwendungsfähige Mutter wird dem entsprechen und ihr Kind nicht überfordern.

Wird dem Kind aber das Loslassen aufgezwungen, erlebt es sich dabei in existenzieller Gefahr, hilflos und ausgeliefert. Es hat keine Chance, diesen Prozess als positiv zu erleben und wird sich umso mehr über die Zugehörigkeit zu seiner Mutter definieren. Letztendlich führt dies in Abhängigkeitsbeziehungen, wie es in Borderline-Beziehungen auf beiden Seiten der Fall ist.

Das Loslassen entspricht dem Grundbedürfnis des kleinen Kindes nach Freiheit - dem Äquivalent der Zugehörigkeit. Beides braucht seine ausgewogene Balance, damit der spätere Erwachsene in der Lage ist, sich auf Beziehungen (und deren Anforderungen) einzulassen, aber sich auch aus ihnen zu lösen. Entsteht bei diesem Prozess eine Dysbalance, kann es zu erheblichen Einschränkungen in der Beziehungs- und Entscheidungsfähigkeit kommen.

Verstärkt wird dies noch durch „Erziehungsmaßnahmen", denen die meisten Kinder unserer Gesellschaft ausgesetzt sind. Autoritäre Dominanz fordert bedingungslose Anpassung. Das Kind hat keine Wahl. Wenn es sich die lebensnotwendige Zugehörigkeit erhalten will, muss es seine Individualität, Kreativität und Authentizität opfern.

Wir lernen also hauptsächlich, wie wir unsere Bezugspersonen festhalten, selbst dann, wenn die Beziehung zu ihnen unglücklich ist, wird sie zum O.K.-Zustand.

Wie wir aber loslassen, lernen wir nicht. Das innere Kind erlebte den Verlust der Bezugsperson als vernichtend, was als elementare Erfahrung auch abgespeichert wird. Zu oft hat es erfahren müssen, wie schmerzhaft das Loslassen ist. Mangels Übung existiert auch kein Gespür dafür, wann etwas losgelassen werden kann oder muss. Auch in dieser Beziehung ist das Erwachsenen-Ich in seiner Fähigkeit eingeschränkt und leidet unter der Trübung durch das Kind-Ich. Sobald dieses in Beziehungen aber die Kontrolle übernimmt, wird auch die Fähigkeit loszulassen eingeschränkt oder gänzlich aufgehoben.

Durch entsprechende Trigger, mit denen Partner in Borderline-Beziehungen immer wieder konfrontiert werden (instabile Zuwendung, unvorhersehbare Nähe-Distanz-Wechsel ...) wird dies geradezu forciert. Angesichts der überwältigenden Kind-Ich-Aktivität, zieht sich das Erwachsenen-Ich samt seiner Fähigkeiten resigniert zurück, was zu der von vielen Partnern in Trennungssituationen beobachteten Diskrepanz zwischen Fühlen (Kind-Ich) und Denken (Erwachsenen-Ich) führt.

Was geschieht mit uns, wenn wir nicht loslassen

Wenn wir als Kind lernten, destruktive Beziehungen als o.k. zu erleben (Introjekte, Internalisierung, Identifikation), halten wir oft an ihnen fest. Unsere Fähigkeit, zerstörerische Interaktionen bewusst wahrzunehmen und selbstfürsorglich auf diese zu reagieren, ist eingeschränkt oder fehlt gänzlich. Was wir erleben, ist furchtbar, aber doch auch vertraut.

Wenn ein Mensch sich aus einer destruktiven Beziehung nicht lösen kann, verhält er sich auf der erwachsenen Beziehungsebene selbstschädigend. Seine Unfähigkeit loszulassen, kann zu einem quälenden Hindernis werden. Auch wenn dies für den Erwachsenen mit einem starken Leidensdruck verbunden ist, versucht sein inneres Kind, sich zu schützen, indem es festhält. Da es das Loslassen aus seiner Abhängigkeit heraus einst als Gefahr erlebte, hat sein damaliges Erwachsenen-Ich klugerweise beschlossen, alles zu tun, um an der Bezugsperson festzuhalten. Für den Partner ist es Teil seines Problems, dass sein getrübtes Erwachsenen-Ich diese alte Entscheidung nicht aktualisieren und dem Heute anpassen kann.

Je mehr die missbräuchlichen Muster der aktuellen Bezugsperson nun denen der einstigen Eltern ähneln, desto ausgeprägter wird das innere Kind an der Beziehung festhalten. Typische Partner von Borderline-Persönlichkeiten verharren also in derartigen Beziehungen nicht trotz, sondern eben gerade wegen der vertrauten missbräuchlichen Muster. Auf der Ebene der Selbstheilung versucht ihr inneres Kind, den einstigen Missbrauch im Jetzt zu erkennen und zu bewältigen.

Ein weiterer Grund, an einer unglücklichen Beziehung festzuhalten, ist die Angst vor dem „Versagen". Parentifizierte Kinder, die lernen mussten, sich über den Erfolg ihrer Zuwendung zu ihrem Elternteil zu definieren, können später als Erwachsene dann oft nicht zulassen, den anderen „aufzugeben". Viele missbrauchte Kinder, die sich später bedürftige und/oder psychisch instabile und bindungsunfähige Bezugspersonen suchen, erleben sich unbewusst noch immer abhängig von dem Erfolg ihres Einsatzes. Bleibt dieser aus, wird das Loslassen unbewusst zum vernichtenden Versagen.

Ebenso stark ausgeprägt ist das Gefühl der „Schuld", welches mit dem „Versagen" einhergeht. Parentifizierte Kinder erleben ihre bedürftigen Elternteile als leidend und sind schnell bereit, die Verantwortung für deren Leid zu übernehmen. Dies bietet ihnen zumindest eine Chance, aktiv zu werden und so auch das eigene Überleben abzusichern. Zudem erzeugen missbräuchliche Eltern in ihren Kindern oft bewusst Schuldgefühle, um diese so leichter manipulieren zu können.

Das innere Kind verfügt also über eine nachvollziehbare existenzielle Motivation, nicht loszulassen. Nachfolgend nun einige dazugehörige Merkmale:

- Wir verharren in Beziehungen, selbst dann, wenn diese unserer physischen oder psychischen Gesundheit schaden und wir daran gehindert werden, unsere Fähigkeiten zu nutzen und zu entwickeln.
- Wir akzeptieren Beziehungen, die unserer Elternbeziehung ähneln und unseren Bedürfnissen nicht gerecht werden. Im Eltern-Ich finden sich die dazu passenden Botschaften (*wage es nicht, glücklich zu sein; Liebe muss man sich verdienen; andere sind wichtiger ...*). Zumeist haben wir auch nicht gelernt, Bedürfnisse zu spüren und zu vertreten.
- Nicht loslassen zu können, zeugt immer auch von einem Konflikt der Ich-Zustände untereinander. Während im Eltern-Ich widersprüchliche Informationen handlungsunfähig machen (*man verlässt seinen Partner nicht – eine*

Beziehung muss man beenden, wenn man in ihr unglücklich ist), will das Kind-Ich alles tun, damit alles wieder gut wird (*ich muss mir nur mehr Mühe geben*). Das Erwachsenen-Ich sieht den beiden aufeinander einschlagenden Ich-Zuständen hilflos zu. Die Trübungen behindern es dermaßen massiv, dass es nicht eingreifen kann. Was bleibt, ist eine lähmende Verwirrung. Die damit verbundene Ohnmacht triggert das Kind-Ich immer mehr, sodass das Festhalten an der Beziehung fast leichter fällt, als sich den inneren Konflikten zu stellen.

➢ Das innere Kind sucht geradezu verzweifelt nach Argumenten für den Erhalt der Beziehung (*es war doch schon mal besser, erst neulich hat er sich entschuldigt …*) oder es versucht, Erklärungen für den Missbrauch zu finden (*er war eben so angespannt …*), um so das Fehlverhalten des anderen zu bagatellisieren. Es leugnet Stagnation oder die Verschlechterung der Situation und hält sich an schönen Erinnerungen fest, um das Ausmaß der Destruktivität nicht erkennen zu müssen. Es sucht nach Argumenten, die die eigene Schuld bestätigen. Mit der Erkenntnis „selbst schuld" muss es nicht loslassen und sich auf das ängstigende „Was dann?" auch nicht einlassen.

Je mehr nun aber das so verängstigte, überforderte und hilflose Kind-Ich die Kontrolle übernimmt, desto weniger Chancen hat das Erwachsenen-Ich, die realen Umstände zu hinterfragen. *Bin ich noch genauso abhängig wie als Kind. Wäre ich ohne ihn/sie tatsächlich nicht lebensfähig? Muss ich tatsächlich alles aushalten?*

Und für das innere Kind macht es durchaus Sinn, das getrübte Erwachsenen-Ich nicht zu nutzen. Es wurde nicht ohne Grund in seiner Funktion eingeschränkt. Das kleine kluge Kind hat früh gelernt, dass es gefährlich ist, Dinge zu hinterfragen. Und so löst auch die Auseinandersetzung mit Fakten über die Beziehung unterschwellig Angst aus, sodass das Kind-Ich den Einsatz des Erwachsenen-Ichs auch heute noch verweigern kann.

Ein Festhalten an der heutigen destruktiven Beziehung erspart zudem auch die Auseinandersetzung mit den Ursachen unserer kindlichen Erfahrungen. Viel schlimmer noch als jede Erfahrung in destruktiven Beziehungen, ist für die meisten Menschen die Erkenntnis, als Kind nicht die Liebe erhalten zu haben, die sie gebraucht hätten. Dies zieht zudem meist Konsequenzen im Umgang mit den Eltern nach sich, was noch mehr ängstigt. Es ist für das innere Kind also oft „sicherer" festzuhalten, wenn es die Konfrontation mit den realen Eltern oder dessen Stellvertretern scheut.

Was geschieht mit uns, wenn wir loslassen

Zunächst einmal registrieren wir unseren Leidensdruck und erleben uns für diesen verantwortlich. Es ist uns bewusst, dass es unsere Aufgabe ist, für uns zu sorgen.

Wir setzen uns mit unserem Leid achtsam auseinander. Oft braucht unser inneres Kind zunächst einmal die Erlaubnis dazu. Ich darf enttäuscht, traurig und wütend sein.

Erst wenn das Kind-Ich wahrgenommen und akzeptiert wurde, beginnen wir die Situation zu hinterfragen:

- Was passiert gerade, und wie ist meine Position?
- Welche Erfahrungen habe ich in letzter Zeit gemacht? Was ist alles schon passiert? Womit muss ich rechnen? Kann sich tatsächlich etwas ändern?
- Was wäre dazu nötig? Ist das zu realisieren?
- Was habe ich zu erwarten, wenn ich bleibe? Was habe ich zu erwarten, wenn ich gehe? ...

Das Erwachsenen-Ich beginnt, Informationen zu sammeln und auszuwerten. Parallel dazu werden auch immer wieder Kind- und Eltern-Ich Informationen aktiviert, was Angst auslösen kann *(Das kannst du doch nicht machen, schäm dich, was man angefangen hat, bringt man zu Ende, Versager ...).*

Ist das tatsächlich so? Hinterfragen Sie diese Eltern-Ich Informationen? Dabei brauchen Sie ein aktives, starkes Erwachsenen-Ich, das mithilfe von Fakten und dem Abwägen von Wahrscheinlichkeiten eine Entscheidung treffen kann. Wenn dies bedeutet, die Beziehung und den Partner loszulassen, wird sich auch Trauer einstellen. Es ist nicht nur der Partner, von dem wir uns lösen, wir nehmen auch Abschied von den Hoffnungen und Erwartungen, die mit der Beziehung verbunden waren. Loslassen gehört zur Trauer, und trauern ist auch immer ein Teil des Lösens.

Auch Trauern muss gelernt sein. Wenn das innere Kind einst in seiner Trauer nicht begleitet wurde, hat es auch nicht gelernt, sich selbst darin zu begleiten. Typische Partner haben als Kind oft die Erfahrung machen müssen, im Ausdruck ihrer Gefühle lästig und belastend zu sein.

Gerade die Generation der Kriegsenkel wurde in ihrer Trauerfähigkeit massiv eingeschränkt, was den Prozess des Loslassens erheblich erschweren kann. Hier kann unter anderem das liebevolle „Nachbeeltern“ helfen. Ein Begriff, der durch Alice Miller (Autorin und Kindheitsforscherin) geprägt wurde. Dabei begleitet der Erwachsene sein inneres Kind in jener zugewandten und verstehenden Art, wie es dieses real nicht erleben durfte. Stellvertretend sorgt er nun für sich selbst, wobei sein inneres Kind die Chance bekommt, nachzureifen.

Üben Sie sich in Achtsamkeit. Insbesondere im Prozess des Loslassens und Trauerns sollten Sie ihre individuellen Mechanismen des Festhaltens kennen und bewusst vermeiden. Um loslassen zu können, ist unter anderem folgendes wichtig:

- ➢ Eine nach sorgfältiger Überlegung getroffene Entscheidung sollte später nicht mehr infrage gestellt werden.
- ➢ Banalisieren Sie die Übergriffe, die in der Beziehung stattfanden, im Nachhinein nicht. Notieren Sie sich schmerzhafte Erfahrungen, um so - wenn nötig - die dazugehörigen Gefühle reaktivieren zu können.
- ➢ Hören Sie auf, nach Beweisen für Ihre Unfähigkeit zu suchen und Ihre Schuldgefühle zu forcieren. Loslassen bedeutet nicht, versagt zu haben!
- ➢ Beobachten Sie Ihr Denken und Ihre emotionale Reaktion. Versinken Sie nicht in endlosen Denkschleifen, in denen sie sich ständig damit auseinandersetzen, ob sie in einzelnen Situationen anders hätten reagieren sollen.
- ➢ Reaktivieren Sie nicht permanent die anfänglichen idealen Beziehungsmomente, und versuchen Sie, schöne Erinnerungen zu vermeiden. Triggern Sie sich nicht selbst, indem Sie zum Beispiel erinnerungsträchtige Orte besuchen.
- ➢ Lassen Sie die Verantwortung für fünfzig Prozent der Beziehung beim Anderen. Jeder ist für sein Verhalten allein verantwortlich.
- ➢ Bleiben Sie in Ihren getroffenen Entscheidungen konsequent!

Loslassen ist ein schwieriger Prozess, der weit mehr erfordert, als nur etwas zu lassen. Die oft gut gemeinten Ratschläge Außenstehender, dass Ihre Bezugsperson Ihnen nicht gut tue und Sie die Beziehung einfach beenden sollten, sind wenig hilfreich und hinterlassen eher das Empfinden, unverstanden und allein zu sein. Ohne den Prozess des Verstehens, der Akzeptanz und der Auseinandersetzung mit den Impulsen, die Ihnen diese Beziehung geben sollte, wird es Ihnen schwerfallen loszulassen.

Zudem hat das Lösen aus einer Borderline-Beziehung eine erheblich andere Qualität als das Loslassen in „normalen“ Trennungsprozessen. Die Kind-Ich-Verschmelzung beider Partner führte in eine (existenzielle) Abhängigkeit, wodurch unverarbeitete, kindliche Verletzungen in der Realität reaktiviert wurden. Das Lösen kann so wie der Verlust der eigenen Existenz erlebt werden, wie eine Amputation, von einem zu sich gehörenden Teil.

Insofern ist es hilfreich, noch während der Beziehung die Interaktionen ganz bewusst wahrzunehmen. Informieren Sie sich über die Hintergründe der Borderline-Störung und setzen Sie sich mit den Mechanismen der Spaltung auseinander. Differenzieren Sie sich, indem Sie sich bewusst darauf einlassen, dass dieses symptomatische Verhalten der Selbsthilfe des/r Betroffenen dient und sich nicht gegen Sie richtet. Dem inneren Kind eines nach Aufmerksamkeit hungrigen typischen Partners kann es sehr schwer fallen, sich darauf einzulassen, dass es im Miteinander weder gesehen noch wahrgenommen wurde.

Lernen Sie bei diesem Prozess ganz bewusst, in sich präsent zu sein, die eigenen Reaktionen intensiver wahrzunehmen, zu hinterfragen und so zu beginnen, die Verschmelzung bereits im Kontakt mit dem Betroffenen aufzulösen.

Am ehesten sind wir in der Lage, uns zu lösen, wenn unsere Ich-Zustände gemeinsam aktiv sind. Das Kind-Ich fühlt angemessen zum Beispiel seinen Widerwillen gegen Übergriffigkeit, seine Wut oder seinen Ekel als Reaktion auf Herabsetzungen. Das Loslassen wird so zu seinem Bedürfnis. Das positive Eltern-Ich bestärkt, es motiviert und erlaubt aufkommende Gefühle. Das Erwachsenen-Ich bringt beide Ebenen in Kontakt und kann in jeder Situation eine sinnvolle Entscheidung treffen.

Optimaler Weise können dann im Nachhinein unverarbeitete Beziehungskonflikte aus einer anderen Sicht hinterfragt und noch einmal gefühlt werden. Dabei kommt es zu einer weiteren Differenzierung der eigenen Person: Was war der Anteil meines Partners, was war mein Anteil? Aus dem symbiotisch verschmolzenen und voneinander abhängigen Wir werden ein Du und ein Ich. Erst dann ist das Kind-Ich nicht mehr in Gefahr und kann es ertragen, loszulassen.

Dies kann ein langwieriger Prozess sein, der viel Zeit und Geduld und mitunter auch therapeutische Begleitung benötigt. Scheuen Sie sich nicht, diese in Anspruch zu nehmen und bedenken Sie, dass es auch eine Beziehung danach geben wird.

Viele meiner Klienten gingen zum Ende ihrer Borderline-Beziehung davon aus, nun niemals wieder glücklich werden zu können oder gar einen anderen Partner zu finden. Nachdem sie sowohl die Beziehung als auch ihre eigene Problematik verarbeitet, sich der Trauer gestellt und sich endgültig gelöst hatten, fanden sie auch einen neuen Partner. Oft sahen sie dann zurück und fragten sich selbst erstaunt, wie sie sich je als so abhängig erleben konnten ...

Die Beziehung danach – Erwartungshaltung und Realität

Wird eine Borderline-Beziehung beendet, erleben sich fast alle Partner massiv destabilisiert. Die verschmelzende Bindung forderte als Preis für das trügerische und scheinbare Erleben von Nähe und Verbundenheit die Aufgabe der Individualität. Wie sich das Erleben der Partner nach einer Borderline-Erfahrung gestaltet, ist von mehreren Faktoren abhängig:

- der Dauer der Beziehung
- der Ausprägung der Borderline-Problematik bei der Bezugsperson
- dem Ausmaß der eigenen Instabilität sowie des eigenen defizitären Hintergrundes
- wie die Beziehung beendet wurde (eigene oder beidseitige Entscheidung - oder trennte sich die Bezugsperson?)
- dem Verlauf der Trennung (dramatisch oder gemäßigt)
- dem Zeitpunkt der Trennung (in welcher Beziehungsphase)
- Existieren Übergriffe, die noch anhalten?
- Gibt es Gründe, die keine klare Trennung ermöglichen (Kinder, gemeinsame Selbstständigkeit, Verpflichtungen ...)

Je länger Partner in einer Borderline-Beziehung verharrten, je instabiler sich diese gestaltete und je ausgeprägter sie sich co-abhängig verhielten, desto dramatischer gestalten sich auch die Konsequenzen (siehe Kapitel 4: Der Partner und sein Erleben im Beziehungsverlauf).

Verließ der Partner die Beziehung aus eigenem Entschluss zu Beginn der zweiten Beziehungsphase, also zu dem Zeitpunkt, an dem die „Achterbahnfahrt" begann, hat er gute Chancen, sich allein wieder zu stabilisieren. Zu diesem Zeitpunkt kann die Integrität des Partners noch keine erhebliche Beeinträchtigung erfahren haben - zumindest nicht durch die Borderline-Beziehung. Die Partner zeigten sich bereits durch die Aufgabe der immer instabiler verlaufenden Beziehung selbstfürsorglich und entscheidungsfähig. Insofern sind sie durchaus in der Lage, sich auch wieder auf eine neue Beziehung einzulassen. Dabei sollte es allerdings dann zu einem Innehalten und Hinterfragen kommen, wenn auch diese Beziehung ähnlich instabile Tendenzen zeigt.

Partner, die langfristig in die Beziehung eingebunden waren und typisch co-abhängig handelten, müssen davon ausgehen, solange nicht beziehungsfähig zu sein, bis sie sowohl die Beziehung als auch den eigenen Hintergrund verarbeitet haben.

Eine reife Beziehung zwischen zwei Menschen kann nur dann entstehen, wenn beide Partner über ein starkes Erwachsenen-Ich verfügen, das in seiner Funktion nicht oder kaum eingeschränkt ist. Beide Partner erleben sich unabhängig vom anderen als o.k. und können die Individualität des anderen als Bereicherung und nicht als Bedrohung der eigenen Person erleben.

Eine unreife Beziehung hingegen kennzeichnet sich durch das Einlassen der Beziehungspartner aus deren bedürftigen und angepassten Kind-Ich-Ebenen. Existieren zudem auf beiden Seiten kindliche und unverarbeitete Verletzungen, muss davon ausgegangen werden, dass die Reaktionen beider Partner aufeinander - vor allem in kritischen Situationen - nicht tatsächlich der realen Bezugsperson gelten, sondern einer einst verletzenden Elternfigur. Die durch die Trübungen des Erwachsenen-Ichs bedingten Fehleinschätzungen führen zu Verzerrungen der Wahrnehmung, sodass es beiden Seiten unmöglich ist, tatsächlich in Beziehung zu dem realen Gegenüber zu sein. Stattdessen nutzen beide Beziehungspartner zahlreiche Inszenierungen, mit deren Hilfe sie ihr Erleben der Realität anpassen und so versuchen, die Verletzungen des inneren Kindes im Jetzt mithilfe des anderen zu verarbeiten. Dabei kommt es immer und auf beiden Seiten zu missbräuchlichem Verhalten.

Aus diesem Hintergrund heraus kann es keine wirkliche einander bereichernde, erwachsene Beziehung geben. Die meisten typischen Partner, die eine Borderline-Beziehung hinter sich gelassen haben, sind somit nicht beziehungsfähig. In ihren Beziehungserwartungen nach einer Borderline-Beziehung schwanken sie zwischen den Extremen, entweder nie wieder einen Partner zu finden oder nun endlich den idealen, bei dem nichts mehr schief gehen kann. Nach dieser für sie oft furchtbaren Beziehungserfahrung glauben sie, dass ihnen dies nie wieder passieren werde. Viele, die auf das Thema Borderline stoßen, entwickeln geradezu eine Sucht nach Informationen und glauben, damit gegen jede weitere Beziehungserfahrung dieser Art gewappnet zu sein.

Tatsächlich ist dies aber für typische Partner nicht möglich. Es kann nicht die Lösung sein, Betroffene rechtzeitig zu erkennen (gerade hochfunktional Betroffene sind kaum zu identifizieren). Es geht nicht um den Betroffenen und dessen Symptomatik, sondern ausschließlich um das eigene Beziehungsverhalten!

Die Lösung vieler typischer Partner ist oft die schnelle Suche nach einer neuen Beziehung, die dann helfen soll, das alte Drama zu „vergessen". Sie wollen mit dem Thema „Borderline" nichts mehr zu tun haben und übertragen die Verantwortung für die gescheiterte Beziehung vollständig auf den oder die

Betroffene (es lag nur an ihm/ihr, dass ich so leiden musste). Eine Borderline-Beziehung hat aber immer etwas mit beiden Partnern zu tun. Eine symbiotische kindliche Bindung kann nur zwischen zwei kindlich bedürftigen Beziehungspartnern entstehen.

Neigen Partner zur Verdrängung und verweigern die Auseinandersetzung mit eigenen Anteilen, ist die Folge zumeist eine Wiederholung des Geschehens, in der Regel mit einem Partner, der eine noch ausgeprägtere Symptomatik zeigt, sodass Lieben immer wieder weh tun wird ...

Die Borderline-Beziehung hat einen klaren Sinn, der erkannt werden will. Sie kann eine Chance sein. Wird diese nicht genutzt, bleibt die eigene Beziehungsunfähigkeit erhalten und führt in der Regel in immer drastischere, destruktivere Beziehungen. Dies geschieht solange, bis endlich verstanden wird, dass nicht die Symptome der Borderline-Persönlichkeit im Mittelpunkt der Beziehung stehen sollten, sondern die eigenen Defizite und kindlichen Verletzungen gesehen und aufgearbeitet werden müssen.

Lassen sich typische Partner auf eine tatsächliche Auseinandersetzung mit ihrem Beziehungserleben ein, sollten sie sich darüber bewusst sein, dass es ein langer Weg ist, die hemmenden kindlich unreifen Beziehungsmuster zu überwinden. Dazu gehören vor allem:

- Die Stärkung des Erwachsenen-Ichs, Aufhebung der Trübungen, die aus der Verschiebung der Ich-Zustände resultieren
- Erkennen eigener Grenzen (ergibt sich automatisch aus der Aufhebung der Trübung)
- Aufgabe des überangepassten Verhaltens (negativ angepasstes Kind-Ich)
- Auseinandersetzung mit co-abhängigem Verhalten (negative Eltern-Ich-Anteile)
- Erkennen und Bearbeiten von Introjekten und Glaubenssätzen
- Auseinandersetzung mit Internalisierungen (Wie wiederhole ich das, was meine Eltern mir einst angetan haben?)
- Erkennen eigener Inszenierungen bzw. wunder Punkte
- Auseinandersetzung mit den Verursachern der eigenen Beziehungsmuster (Eltern)
- Verändern der inneren Kommunikation, Steuerungsfähigkeit der Ich-Zustände
- Verändertes Streichelverhalten in der inneren (Nachbeeltern) und äußeren Kommunikation.

Dies ist ein Prozess, der viel Zeit braucht, und idealerweise eine kompetente therapeutische Begleitung. Neue Beziehungen, die sich in dieser Phase ergeben, dienen in der Regel der weiteren Stabilisierung. Es bleibt dabei: Die menschlichen Beziehungen haben auf der evolutionären Ebene die Aufgabe, das Individuum zu stärken. Die Fähigkeit, sich abzugrenzen, überangepasstes Verhalten aufzugeben, der Mut, Bedürfnisse auszusprechen und ungerechtfertigt zugewiesene Verantwortung abzuwehren, braucht einen neuen Partner, bei dem dies gelernt werden will. Das unreife Kind-Ich, das nun reifen will, braucht auf der Beziehungsebene neue Lernerfahrungen. Die Informationen, die im Kind- und Eltern-Ich abgespeichert wurden, können nicht gelöscht, aber so überschrieben werden. Dazu braucht es den passenden hilfreichen Partner, der demnach also ebenfalls bedürftig und übergriffig sein kann.

Sehr viele typische Partner suchen in neuen Beziehungen die Intensität der anfänglichen Verschmelzung und die mitreißende extreme Emotionalität ihrer ehemaligen Borderline-Persönlichkeit. Dies kann nur dazu führen, alle anderen potenziellen Partner als farb- und reizlos zu erleben und postwendend wieder in eine Borderline-Beziehung zu geraten.

Es erfordert viel Mut, Geduld und Achtsamkeit, sich auf neue, reizärmere Beziehungen einzulassen. Die Arbeit an eigenen defizitären Beziehungsmustern ist tatsächlich harte, sehr harte Arbeit, die häufig unterschätzt wird. Unser Denken, Fühlen und Verhalten ist neuronal manifestiert und lässt sich durch jahrzehntelange Reizwiederholung nur sehr schwer beeinflussen. Eingeschliffene Automatismen sind schwer aufzubrechen und zu verändern. Neues Verhalten braucht neues Erleben und somit viel, sehr viel Übung und vor allem emotionales Erfahren, damit sich Veränderungen auch neuronal verankern können. Alte Muster zu nutzen, ist, als ob man sich auf einer glatten, hindernisfreien, breiten Straße bewegt. Das neue Verhalten muss sich nun auf seinem Weg direkt daneben mühsam einen schmalen, holprigen Pfad durch ein undurchdringliches Dickicht schlagen. Die Versuchung wird immens sein, das alte Muster wieder zu bedienen und die hindernisfreie Straße zu benutzen.

8.

HILFE ZUR SELBSTHILFE

Trübungen aufheben und das Erwachsenen-Ich stärken

Das eingeschränkte und so oft funktionsunfähige Erwachsenen-Ich braucht, um seine Fähigkeiten voll entfalten zu können, den getrübten Raum, der durch das verschobene Kind-Ich auf der einen und durch das Eltern-Ich auf der anderen Seite verloren geht (siehe „Die Anordnung der Ich-Zustände"). Erst dann ist Platz für all die Fragen, Analysen, Entscheidungen und Wahrscheinlichkeitsberechnungen. Die durchlässigen Grenzen auf beiden Seiten lassen immer wieder Informationen der trübenden Ich-Zustände in das Erwachsenen-Ich einfließen, was die Wahrnehmungsfähigkeit verzerren kann.

Im Grunde gehört auch diese Arbeit zum Nachbeeltern. Das, was dem damaligen Kind versagt wurde, nämlich die Freiheit zu haben, die Informationen der Erwachsenen zu überprüfen, infrage zu stellen und dann selbst eine eigenständige Entscheidung zu treffen, muss nun mühsam erst erlernt werden. Problematisch dabei ist, dass ein Kind, das mit zuwendungsfähigen Eltern aufwächst, diese Freiheit leben kann und darf. Es wird liebevoll motiviert und erlebt sich zu keinem Zeitpunkt als bedroht, denn es ist sich der Zugehörigkeit (Liebe) sicher.

Gerade dies fehlte aber dem typischen Partner als Kind. Randvoll mit einschränkenden Introjekten und Internalisierungen, wird er als Erwachsener, sobald er beginnt, die Verschiebungen zu korrigieren, durch seine eigenen Eltern- und Kind-Ich-Botschaften *(Lass das! Wehe! Wag es ja nicht!)* immer wieder behindert. Seine Unfähigkeit, eigene Leistungen anzuerkennen und seine Abhängigkeit von der Bewertung anderer, können seine Entwicklungsarbeit sehr erschweren. Spürbar kann dies durch eine deutliche Abwehr gegenüber dieser Arbeit werden. Das Kind-Ich kann „keine Lust" haben, weil das immer noch besser ist, als alte, unbestimmbare Angst zuzulassen. Im Eltern-Ich finden sich dann auch keine passenden greifbaren Glaubenssätze *(ich will eigentlich nicht, dass so etwas mein Handeln bestimmt).*

Sollten Sie also derartige Impulse in sich spüren, beruhigen Sie ihr inneres Kind (dazu und zum Nachbeeltern später mehr). Verstehen Sie sich selbst in Ihrer Abwehr und werten Sie sich auf keinen Fall dafür ab, denn damit hätten Sie dem negativ kritischen Eltern-Ich wieder das Feld überlassen. Erlauben Sie sich diese Arbeit ausdrücklich. Sie dürfen hinterfragen, und Sie schaden dabei niemandem! Missbräuchlichen Menschen entziehen Sie so allenfalls Machtanmaßungen, die Sie bisher zugelassen haben. Ab jetzt ist das anders!

Nachfolgend nun eine Übung, mit der die Ich-Zustände differenziert werden können und das Erwachsenen-Ich gestärkt wird. Ich empfehle Ihnen, diese zunächst schriftlich und konzentriert durchzuführen. Mit der Zeit werden die einzelnen Arbeitsschritte dann in das alltägliche Denken einfließen (Arbeitsblatt im Anhang).

Das Problem:

(Silke W., 38, Kauffrau)

Vor einigen Monaten lernte ich einen netten Mann kennen. Er fiel mir buchstäblich vor die Füße, als er mit seinem Fahrrad an mir vorbeifuhr und neben mir stürzte. Als ich ihm aufhalf, meinte er, dass er ja ein Argument brauche, um mich anzusprechen. Er würde sonst niemals vom Rad fallen. Wir lachten beide, und dann ergab sich ein sehr nettes, unkompliziertes Kennenlernen. Er heißt Thorsten, ist geschieden, Architekt und hat zwei Kinder. Sein Sohn und seine Tochter leben bei der Mutter und besuchen ihn manchmal in der Woche und auch am Wochenende. Wir sind uns dann recht schnell näher gekommen, nach zweijährigem Singledasein, tat mir unsere aufkeimende Beziehung sehr gut. Nach etwa zwei Monaten stellte er mich seinen Kindern vor, mit denen wir an diesem Tag einen Ausflug in einen Erlebniszoo machten. Erstaunlicherweise akzeptierten mich die beiden schnell. Paul ist mit seinen vier Jahren sehr anhänglich, Laura ist sieben und wirkt wie eine kleine Mama im Umgang mit Paul. Wir hatten an diesem Tag recht viel Spaß, und in den nächsten Wochen ergaben sich immer wieder ähnliche Ausflüge, die ich auch wirklich gern mochte. Seit etwa fünf Wochen bringt Thorsten nun die Kinder, wenn er sie unter der Woche hat, zu mir - meist mit dem Argument, dass er arbeiten müsse. Die Auftragslage sei angespannt, sein finanzieller Rahmen überreizt, es gibt immer eine Begründung, warum er sich um die beiden gerade an diesem Tag nicht kümmern kann. Auf meinen Hinweis, dass ich auch arbeiten müsse und das ein oder andere zu erledigen habe, reagierte er mit „Hab dich nicht so". Am letzten Wochenende wollte Thorsten dann Paul und Laura auch am Samstag zu mir bringen. Er müsse noch zu einem Kundengespräch und würde die Kinder am Sonntagnachmittag wieder abholen. Wir könnten ja ins Kino gehen. Zunächst fragte ich ihn, wie die Mutter das denn sehe, und ob die beiden das überhaupt wollten. Thorsten beschwichtigte mich, dass alles o.k. sei und die beiden gern bei mir seien. Ich solle mir mal keine Gedanken machen. Als ich dann aber anmerkte, dass ich das Wochenende eigentlich nicht ausschließlich für die Betreuung seiner Kinder nutzen wolle, reagierte er doch anders, als ich es eigentlich erwartet hatte. Was denn dabei sei, wenn ich ihm „mal" helfen würde, wo ich doch sowieso viel zu Hause sei. Er habe sich mehr Verständnis von mir erwartet, und wenn seine Kinder mir nicht passen würden, dann brauchten sie ja auch nicht mehr kommen. Dann würde er aber gleich mit wegbleiben ...

Ich habe mich erst einmal nur geschämt. Natürlich habe ich dann nachgegeben, nicht ohne mich vorher entschuldigt zu haben. Erst später merkte ich, dass mich die Situation völlig überfordert hatte, und dann kam auch etwas Ärger in mir auf. Als er die Kinder dann erst Sonntagabend abholte, habe ich aber nichts mehr dazu gesagt. Ich bin im Umgang mit ihm seitdem nicht mehr so unbeschwert und habe ehrlich gesagt auch Angst, dass sich das wiederholt. Nochmal möchte ich nicht so wehrlos sein, denn genauso hat es sich für mich angefühlt.

Silkes Grenzen wurden überschritten, was allerdings schon vor der Wochenendsituation mit ihrer Zustimmung geschah. Sie stimmte immer wieder zu, die Kinder unter der Woche zu beaufsichtigen, obwohl Thorsten sie weder fragte, noch darum bat. Er forderte, und sie fügte sich. Auf einer partnerschaftlichen Ebene fragt das eine Erwachsenen-Ich das andere, es gibt und sucht Informationen. So ist meine Situation, wie ist deine, wäre es dir möglich ...? Aber Thorsten legte aus seinem negativen Eltern-Ich heraus fest (*das hast du zu machen*) und sprach damit das angepasste Kind-Ich von Silke an. Die durchaus spürbare Botschaft dabei lautet „ich bin o.k. – du bist es nicht". Silke akzeptierte dies, da es ihren Beziehungserfahrungen entsprach. Bereits an dieser Stelle hätte sie Ihre Grenzen definieren müssen. Indem sie es nicht tat, erlaubte sie Thorsten geradezu, diese zu überschreiten.

Die emotionale Erpressung, in der Thorsten drohte, die Beziehung abzubrechen, wenn Silke nicht funktionieren würde, setzte Silke massiv unter Druck. Ihre Verlustangst überwältigte sie, sodass sie ihre Kind-Ich-Position bestätigte, indem sie weder die Erpressung, noch die ausbleibende wertschätzende Kommunikation oder ihre eigenen Bedürfnisse thematisierte (*schön brav funktionieren*). Wortlos lächelnd entsprach sie Thorstens Erwartungen und sammelte zunächst einmal einige Rabattmarken. Mit jeder Wiederholung blieb ein kleiner Ärger zurück.

Um die Situation nun differenziert aufzuarbeiten, ist es im ersten Schritt nötig, die dazugehörigen Gefühle zu spüren und zu notieren. Vielen typischen Partnern fällt bereits das sehr schwer. Sie neigen dazu, missbräuchliches und achtloses Verhalten im Moment der Verletzung nicht zu spüren. Mitunter brauchen Sie Stunden oder auch Tage, bis das passende Gefühl spürbar wird und Sie den Schmerz oder den Ärger zulassen können (ihn aber auch dann selten verbalisieren).

Kommt es zu einer derartigen Einschränkung, muss von einer emotionalen Dissoziation ausgegangen werden. Schiebt sich das Kind-Ich über das Erwachsenen-Ich, ist dies die Konsequenz einer unerträglichen emotionalen Erfahrung. War das Kind zum Zeitpunkt eines Übergriffs nicht in der Lage, diesen zu verarbeiten, dissoziiert es, das heißt, es spaltet sein Gefühl ab und spürt es nicht mehr. Diese Abwehr- und Schutzreaktion ermöglicht dem Kind, den Augenblick zu überstehen. Das kindliche noch reifende Gehirn schützt sich so vor der Überflutung mit Stresshormonen, die neuronale Verknüpfungen zerstören. Das abgespaltene Gefühl steht aber, solange das Erfahrene nicht verarbeitet und das Gefühl somit wieder integriert werden konnte, nur eingeschränkt oder gar nicht zur Verfügung. Jeder Trigger (z. B. eine Botschaft aus dem kritischen Eltern-Ich) kann dann zu einer erneuten Dissoziation führen, womit der Betroffene im Moment des Übergriffes handlungsunfähig wird, da er sich nicht spüren kann. Aus diesem Grund fällt es typischen Partnern oft so schwer, rechtzeitig Grenzen zu setzen. Sie spüren sie nicht oder erst dann, wenn es zu spät ist.

Zurück zum ersten Schritt, der für viele demnach erst mit etwas Abstand umzusetzen ist. Welche Gefühle waren in der Situation spürbar? Silke gab an, *„beschämt, verwirrt, überfordert und unter Druck“* gewesen zu sein. Später kamen dann noch *„ärgerlich, angespannt und ängstlich“* dazu .

Im zweiten Schritt geht es um die dazugehörigen Eltern-Ich Informationen. Das kleine Kind erhielt, zusammen mit seinen Gefühlen, auch immer Informationen, die es in seinem Eltern-Ich abgespeichert hat. Dazu gehören unter anderem Glaubenssätze, Dogmen und Schemata („Wie hab ich mich wann zu verhalten?“). Es sammelt Richtlinien, um sich an diesen zu orientieren. Das durch Trübungen geschwächte Erwachsenen-Ich kann nun diese Informationen aber nicht oder nur noch eingeschränkt aktualisieren. Hat das kleine Kind gelernt, dass Widersprechen gefährlich ist, wird der Erwachsene, der diese Information nicht aktualisieren konnte, sich ebenfalls in Gefahr erleben, sobald es nötig wird zu widersprechen.

Silke braucht nun also im zweiten Schritt einen Zugang zu den Grundannahmen, die sie im Zusammenhang mit ihren Gefühlen abgespeichert hat: *„Ich muss funktionieren! Wenn ich widerspreche, bin ich in Gefahr! Wenn ich sage, was ich brauche, werde ich nicht geliebt! Wenn ich nicht geliebt werde, muss ich sterben!“*

Für ein abhängiges Kind stellen sich die Situationen, auf die wir als Erwachsene relativ entspannt zurückblicken, oft extrem dramatisch dar. Verliert ein kleines Kind seine Zugehörigkeit (die es sich oft immer wieder verdienen musste), bedeutet dies unterschwellig den sicheren Tod. Dabei konnte das gehandicapte Erwachsenen-Ich die Kind-Ich-Informationen nicht aktualisieren. Die Bedrohung bleibt parallel zu den Glaubenssätzen erhalten. Das Damals vermischt sich mit dem Jetzt.

Im dritten Schritt wird nun das Erwachsenen-Ich angeregt, diese Informationen zu hinterfragen und zu aktualisieren. Dabei können zunächst einmal Fragen und Arbeitsschritte genutzt werden, von denen ich Ihnen einige nachfolgend zur Verfügung stelle. Suchen Sie selbst nach weiteren Fragen, die zu Ihrer Situation passen:

- Wer sagt das?
  Identifizieren Sie die Person oder die Personen, die Ihnen diese Information vermittelt haben. Denken Sie daran, dass die meisten Botschaften nicht ausgesprochen werden, sondern durch Handlungen der Bezugsperson und Beobachtungen des Kindes aufgenommen werden.
- Warum sagte/n er/sie das?
  Ergründen Sie den Vorteil der Bezugsperson/en. So kann es Ihnen möglich sein, das eigene Ich von der Handlung der damaligen Bezugsperson zu differenzieren. Zum Beispiel: Das geschah nicht, weil ich nicht liebenswert genug war, sondern weil es für sie/ihn bequemer war.
- War das richtig? Was meint Ihr Eltern-Ich dazu?
  Inzwischen haben Sie dort ja auch andere Erfahrungen und so auch Bewertungen sammeln können. Würden Sie Ihrem Kind, wenn Sie eines haben oder hätten, ebenfalls diese Glaubenssätze vermitteln?
- Ist der Glaubenssatz tatsächlich wahr?
  Hilft er Ihnen im Leben, oder behindert er Sie? Grundsätzlich dienen Glaubenssätze der Orientierung im Leben. Sie ermöglichen schnelles Handeln, ohne dass Situationen lange hinterfragt werden müssen. Die meisten Glaubenssätze sind hilfreich, viele aber schädigend und einige können - je nach Situation - sowohl gut als auch schlecht sein.
- Sollte sich für Sie ergeben, dass ein Glaubenssatz Sie eher einschränkt und Ihnen schadet, formulieren Sie ihn um. Man nennt dies Reframing - etwas in einen anderen Kontext setzen. Aus einem *„Ich muss funktionieren"* wird ein *„Ich entscheide selbst, wann ich wie handle!"*

➢ Der neue Glaubenssatz hat aber nur dann eine Chance, den alten zu überschreiben, wenn er gelebt wird! Unbenutzt und ohne das Erleben einer befriedigenden Emotionalität, wird er nicht verankert werden können und kann somit auch auf der spontanen, unbewussten Ebene das Handeln in Zukunft nicht beeinflussen.

Gerade im Zusammenhang mit der Änderung von eingefahrenen Verhaltensmustern kann sich nur dann etwas ändern, wenn die neue Eltern-Ich-Information an ein entsprechendes Gefühl gekoppelt wird. Grenzen setzen zu können (auf verbindende, respektvolle Art), kann eine bereichernde Erfahrung sein. Nicht nur, weil sich so auch der Kontakt zur eigenen Emotionalität festigt, sondern, weil sich damit auch das Ich stärkt. Je sicherer sich das innere Kind durch ein aktives Erwachsenen- und ein liebevolles Eltern-Ich fühlen kann, desto mehr wird es die Kontrolle abgeben. Es hört auf, zu kämpfen und kann beruhigt seiner erwachsenen Ebene die Führung überlassen - ein Prozess, der sich auch deutlich auf die Körpersprache eines Menschen auswirkt.

Die einzige negative Komponente bei dieser Arbeit ist der Umstand, dass „Freunde", die es nun durch Ihre Abgrenzungsfähigkeit schwer haben, Sie auszunutzen, sich mit der Zeit eventuell abwenden werden. Viele Menschen aus der „Ich bin nicht o.k."-Lebensanschauung interpretieren die ihnen gesetzte Grenze als Zurückweisung und reagieren entsprechend. Ihre sozialen Kontakte können sich also vorerst durch den „Verlust" dieser „Freunde" reduzieren. Genauso aber werden dann auch echte Freunde in Ihr Leben treten, die Sie und Ihre Grenzen respektieren. Mit diesen können Sie dann, weit weg von einer Als-ob-Ebene lernen, echte Nähe zu leben.

Stärkung des Erwachsenen-Ichs – Arbeitsschritte		
Information aus dem Kind-Ich	**Information aus dem Eltern-Ich**	**Arbeitsschritte im Erwachsenen-Ich**
beschämt verwirrt überfordert unter Druck ärgerlich angespannt ängstlich	Ich muss funktionieren! Wenn ich widerspreche, bin ich in Gefahr! Wenn ich sage, was ich brauche, werde ich nicht geliebt! Wenn ich nicht geliebt werde, muss ich sterben!	Wer sagt das? Warum sagte/n er/sie das? War das richtig? Ist der Glaubenssatz gut oder schlecht? Verändern Sie den Glaubenssatz. Formulieren Sie ihn um. Machen Sie den neuen Glaubenssatz für sich erlebbar! Immer und immer wieder!

Nutzen Sie diese Übung, wenn Sie etwas Abstand zu der auslösenden kritischen Situation haben. Wenn Sie unter Druck stehen, kann Ihr Erwachsenen-Ich nicht optimal mitarbeiten.

Eine weitere Übung zur Stärkung des Erwachsenen-Ichs ist das bewusste Hinterfragen von alltäglichen Situationen. Tut mir das, was ich mache, gut? Was gefällt mir noch? Möchte ich etwas in meinem Leben ändern? Was? Wenn ja, wie? ...

Üben Sie sich in Entscheidungen. Beziehen Sie alle Ich-Zustände mit ein. Wie fühlt sich das an, und was denken Sie dabei? Ist das, was Sie denken, tatsächlich noch relevant, oder nutzen Sie gerade eine alte Eltern-Ich Information, die noch nicht hinterfragt und aktualisiert wurde?

Lena ist seit zehn Jahren verheiratet. Mit ihrem Mann Lars hat sie zwei Kinder. Jedes Jahr fahren Sie gemeinsam in Urlaub, immer auf den gleichen Campingplatz. Sie liebt diese Urlaube, aber sie würde dennoch gern auch einmal richtigen Urlaub haben - ohne Einkaufen, Kochen, Waschen, Kinder versorgen. Eine Freundin in einer ähnlichen Situation erzählte ihr von einem Kurzurlaub, in dem sie allein ein paar Tage nur für sich hatte, in einem Hotel, mit Vollpension, ohne jede Verpflichtung. Lena war begeistert. Sie nahm sich vor, mit ihrem Mann darüber zu sprechen, spürte aber, wie sie immer unsicherer wurde. Fast fühlte sie sich schuldig. Ihr Eltern-Ich bombardierte Sie mit Botschaften wie „eine anständige Frau fährt nicht allein weg"; „du lässt deine Kinder im Stich"; „Kinder zu haben und verheiratet zu sein, heißt nicht, Spaß zu haben".

Ist das so? Wer sagt das? Passt das noch in die heutige Zeit? Ist es nicht wichtig, Spaß zu haben, um die Kraft für den Alltag aufzutanken? Tut es nicht auch den Kindern gut, eine entspannte Mama zu haben?

Lena setzte sich mit all ihren Rollen auseinander. Was sagt die Mutter in ihr (die Kinder sind doch gern bei der Oma), die Hausfrau (bekommt er den Haushalt allein hin?), die Geliebte (eine Woche ohne ihn ...), die Finanzexpertin (das kostet ...), die Ängstliche, Perfekte (ohne mich klappt nichts) ...

Haben Sie den Mut, alles, was Ihnen in den Sinn kommt, zu hinterfragen. Fragen war für Sie als Kind tabu? Der Erwachsene heute darf das nicht nur, er muss es sogar, da er sonst weder die Situationen, noch Ursache und Wirkung richtig einschätzen kann.

Dem inneren Kind gute Eltern sein

An dieser Stelle möchte ich an das bereits erwähnte „Nachbeeltern" anknüpfen, bei dem man sein inneres Kind liebevoll und fürsorglich durch das Leben begleitet. Dies ist ein sehr bewusster und achtsamer Arbeitsprozess, der eine deutliche Distanz zu den bisherigen inneren Kommunikationsmustern braucht. Botschaften negativer Eltern-Ich-Zustände (bewertend, verurteilend, fordernd ...), denen Sie als Kind ausgesetzt waren, wurden von Ihnen verinnerlicht und so in Ihre innere Kommunikation integriert. Sie fordern von sich selbst übermäßige, zum Teil unrealistische Leistungen, verurteilen und bewerten sich für scheinbares Versagen, erpressen und nötigen sich, werten sich ab und forcieren unnötige Schuldgefühle. Dennoch macht dies alles einen Sinn. Indem das innere Kind an alten elterlichen Botschaften festhält und zulässt, dass diese immer wieder Einfluss auf sein Leben nehmen, reaktiviert es auch sein altes emotionales Erleben immer wieder. Überforderung und Hilflosigkeit, Unsicherheit, Angst, Schmerz, Trauer ..., so hat das innere Kind leben gelernt, diese Gefühle sind vertraut und bieten die Chance, erlernte Verhaltensmuster auch zu nutzen.

Wenn das Erwachsenen-Ich eingeschränkt ist, machen Veränderungen Angst. Situationen müssen ja immer wieder neu bewertet und eingeschätzt werden, Botschaften der Ich-Zustände mit neuen Realitäten abgeglichen, Entscheidungen getroffen und Wahrscheinlichkeiten erwogen werden. Das innere Kind hat einst gelernt, dass dies gefährlich und nicht o.k. ist. Also schützt es sich, indem es Veränderungen nicht zulässt.

Ein erster Schritt in die richtige Richtung ist, das innere Kind und seine Ängste zu verstehen. Wann immer Sie Ihre inneren Motive und Reaktionen hinterfragen, nutzen Sie Ihr positiv fürsorgliches Eltern-Ich. Lernen Sie, empathisch und verstehend mit sich umzugehen. Ermutigen Sie sich, und lernen Sie den Blick auf das zu richten, was Sie geschafft und erreicht haben. Vermeiden Sie in Ihrer inneren Kommunikation sämtliche Aktivitäten des negativen Eltern-Ichs und üben Sie sich im Gebrauch des positiven Eltern-Ichs. Kein: *„Was hast du denn da schon wieder gemacht"*, dafür ein: *„Ich verstehe, warum du das so gemacht hast"*. Und vor allem lernen Sie, sich zu streicheln.

Warum ist alles, was Sie tun o.k.? Wie kann alles, was Menschen tun, o.k. sein? Vor einigen Jahren hätte ich diese Aussage selbst als völlig irrational und „überpsychologisiert" bewertet. Dennoch liegt tatsächlich jedem noch so destruktiven Verhalten eine Motivation zugrunde, die - wenn auch hilflos und unreif - versucht, sich ein Bedürfnis zu erfüllen (*Gewaltfreie Kommunikation* – M. B. Rosenberg).

Oft schlagen Eltern ihre Kinder, wenn sie selbst geschlagen wurden. Sie haben nicht den Mut gefunden, sich ihre Ohnmacht einzugestehen und das elterliche Verhalten als lieblos zu erkennen. Es ist Ihre abgewehrte kleinkindliche dominierende Angst, die sie dazu treibt, ihre Eltern nicht infrage zu stellen und deren Verhalten, als o.k. an Sündenböcken fortzusetzen. Erst wenn sie sich Ihrem inneren Kind stellen, seine Gefühle zulassen und sich mit Tätern und Mittätern kritisch auseinandersetzen, kann der Kreislauf durchbrochen werden.

Ein ähnlicher Kreislauf ist die verinnerlichte Bereitschaft abgewerteter Kinder, sich selbst abzuwerten und infolgedessen, sämtliche Verhaltensweisen, die an das so forcierte „Ich bin nicht o.k." gekoppelt sind, weiter zu nutzen. Nicht perfekt genug? Also darf es keinen Erfolg geben! Den anderen nicht gerettet? Also darf ich nicht glücklich sein!

Die erschöpfende sinnlose Jagd nach dem kurzen Moment des O.K.-Seins wird nicht enden, solange das Selbst als nicht o.k. bewertet und erlebt wird!

Solange ich denken kann, habe ich Angst vor geschlossenen Türen. Ich achte penibel darauf, dass in meinem Haus jede Tür weit geöffnet ist und bleibt. Für ein kleines Mädchen mag das ja in Ordnung sein, aber ich bin mittlerweile 54 und kann es nicht ertragen, wenn in meiner Wohnung Türen zu sind. Ich finde das ziemlich albern und vor allem, wenn ich Besuch habe, auch peinlich (Christa F. 54, Journalistin).

Es gibt nur wenige Momente, in denen ich zur Ruhe kommen kann. Ich bin ständig angespannt und unruhig, suche mir dann etwas, was ich tun kann, und gehe mit meiner Hyperaktivität nicht nur mir auf die Nerven. Zusammen mit meiner Familie mal entspannen, geht nicht (Kerstin B. 37, Sozialpädagogin).

Ein kleiner Pedant war ich ja schon immer. Als Kind hatte ich all meine Bücher katalogisiert und selbst die Buntstifte nach Farben und Größen geordnet. Unordnung kann ich nicht ertragen. Alles muss seinen Platz haben. Meine Frau meint, dass es manchmal nicht zum Aushalten ist, mit mir zusammenzuleben. Sie habe neben mir ständig das Gefühl, ungenügend zu sein (Hannes D. 45, Anwalt).

Christa, Kerstin und Hannes drehen sich im Kreis. Sie beobachten Verhaltensweisen an sich, die sie nicht verstehen und abwerten. Ihr „Ich bin nicht o.k.", weil sie sich als ängstlich, unruhig oder pedantisch erleben, führt eher zu einem Aufrechterhalten der ungeliebten Auffälligkeiten. Solange sie an sich etwas als „nicht o.k." bewerten, werden sie genau die gleichen Mechanismen nutzen, mit denen sie einst versuchten, o.k. zu sein. Und wie das funktioniert, haben sie in ihrem Eltern-Ich abgespeichert: *„Reiß dich zusammen, gib dir mehr Mühe, bekomme dein Chaos mal in den Griff ...“.*

Die gleichen Muster, mit denen wir uns in eine missliche Lage bringen, können uns nicht dabei helfen, uns aus dieser auch wieder zu befreien. Der Mann, der eine tiefe Grube gräbt und irgendwann wieder heraus will, wird nicht dadurch nach oben kommen, indem er noch schneller gräbt.

Der Kreislauf kann nur unterbrochen werden, wenn die negativen Eltern-Ich-Ebenen verlassen und die positiven Eltern-Ich-Ebenen trainiert und angewandt werden. Eine Art Reframing, wie es bereits bei der Stärkung des Erwachsenen-Ichs genutzt wurde.

Christa wurde als sehr kleines Mädchen von ihrer Mutter oft vor die Wohnungstür gestellt, mit der Begründung, dass ihre Mutter so ein unartiges Kind nicht haben wolle. Eine schwere, traumatisierende Erfahrung, die durch geschlossene Türen immer wieder reaktiviert wurde und mit ihr alle damit verbundenen kindlichen Ängste und Annahmen (*jetzt muss ich sterben*). Sie hatte diese Szene längst vergessen, erinnerte sich dann aber eher „zufällig“. Es ist völlig o.k. von ihrem inneren Kind, auf dieses unverarbeitete Trauma hinzuweisen. Das kleine Mädchen von damals fordert sie damit auf, das Erlebte nicht mehr zu verdrängen, das Gefühlte zuzulassen und die Situation für das innere Kind aufzulösen (in Sicherheit bringen - siehe Imagination). So ist es auch möglich, die antiquierte und hinderliche Information, „geschlossene Türen bedeuten Lebensgefahr“, zu aktualisieren.

Kerstin war das älteste Kind von sechs Geschwistern. Ihr Vater war ein jähzorniger, gewalttätiger Mensch, ihre Mutter eher abhängig und angepasst, völlig unfähig ihre Kinder zu schützen. Kerstin lernte zu überleben, indem sie versuchte, jede kleine Nuance in der Stimmung ihres Vaters wahrzunehmen. Ihre Welt war gefährlich, ein Minenfeld, auf dem eine falsche Bewegung zur Katastrophe führen konnte. Die einzige Chance des damaligen Kindes war seine Fähigkeit, besonders aufmerksam jeden noch so kleinen Hinweis auf einen Konflikt zu erspüren, um möglichst schnell reagieren zu können. Ähnlich wie bei Christa zeigt sich ihr inneres Kind in seiner Hypervigilanz (erhöhte Wachsamkeit) als völlig o.k. Es streckt noch immer seine feinen Antennen aus, um rechtzeitig reagieren zu können.

Hannes war der einzige Sohn einer sehr instabilen Mutter mit einer Borderline-Problematik. Sich anbahnende Krisen zeigten sich oft, indem die Mutter das Zimmer ihres kleinen Sohnes inspizierte und sich bei dem geringsten Anlass zur Kritik an ihrem Kind ausagierte. Um sich davor zu schützen, versuchte

Hannes perfekt zu sein. Sein inneres Kind glaubte, dass nur absolute Ordnung vor schrecklicher Gefahr retten kann. Auch in diesem Fall schützt sich das innere Kind noch im Hier und Jetzt als Erwachsener mit dem, was es damals gelernt hat, um zu überleben. Es ist o.k.!

Verhaltensweisen können erst dann tatsächlich verändert werden, wenn Sie verstanden und als o.k. angenommen und akzeptiert wurden!

Übung: Notieren Sie sich Verhaltensweisen oder Eigenschaften, die Sie an sich nicht mögen, und ergründen Sie, warum diese und auch Sie damit o.k. sind. Was an diesem Verhalten war für Ihr inneres Kind hilfreich oder sogar lebensnotwendig? Erkennen Sie dabei die Genialität (ich bin o.k.!) des in Ihnen steckenden Kindes, das in der Lage war, sich aus eigener Kraft Möglichkeiten zu schaffen, um schwierige Situationen zu bewältigen. Es hat Ihre Wertschätzung verdient!

Nachdem Sie Ihr vermeintliches Nicht-O.K. in ein O.K-Verhalten umgewandelt haben, können Sie behutsam beginnen, es zu verändern. Sie können sich dabei bewusst selbst mit Ihrem problematischen Verhalten konfrontieren. Christa schließt absichtlich Türen, Kerstin lernt Entspannung auszuhalten, und Hannes lässt vorsätzlich Dinge liegen.

Mithilfe einer Verhaltenstherapie können Sie wesentlich zentrierter und mit äußerer Reflektion an Ihren Themen und dem jetzigen Verhalten arbeiten. Es existieren mittlerweile auch sanfte und wirkungsvolle Therapieformen, die direkt mit dem inneren verletzten Kind arbeiten, wie zum Beispiel die psychodynamisch imaginative Trauma-Therapie (PITT) nach Luise Reddemann.

Als Erweiterung dieser außergewöhnlichen therapeutischen Begleitung konzentriert sich „Das-Innere-Kinder-Retten“ (Gabriele Kahn) auf eine behutsame Methode, komplexe posttraumatische Belastungsstörungen zu beheben. Beide Verfahren nutzen die natürlichen Begabungen von Kindern, die mit ihrer Kreativität und Fantasie auch schwierige Lebensumstände bewältigen (Resilienz).

Imagination als Ressource

In imaginativen Verfahren wird die Fähigkeit der bildhaften (Bild lat.: Imago) Vorstellungskraft genutzt. Dabei ist es möglich, nicht gegenwärtige Situationen oder Personen mithilfe der visuellen Vorstellungskraft im Geist zu entwickeln. Darüber hinaus können auch materielle (Gegenstände) und immaterielle (Sinneswahrnehmungen) Informationen kreativ und fantasievoll genutzt werden, um neue Dinge, Orte oder Erfahrungen zu schaffen. Es ist eine der Begabungen des freien Kind-Ichs und daher besonders gut von Menschen zu nutzen, die einen ausgeprägten Zugang zu ihrer kindlichen Ebene haben, wie es zum Beispiel bei hochsensiblen Menschen der Fall ist.

Das menschliche Gehirn nimmt visuelle Reize schneller und intensiver auf und prägt sich Bilder auch nachhaltiger ein als andere Sinneseindrücke. Dabei ist es unerheblich, ob diese Bilder real wahrgenommen oder durch Vorstellungskraft in unserer rechten Hirnhälfte (dem kreativen Bereich) selbst geschaffen werden. Logische oder abstrakte Informationen (linke Gehirnhälfte) können besser erinnert werden, wenn sie mit Inhalten der rechten Gehirnhälfte verknüpft werden. Zahlenkombinationen bleiben merkbar, wenn den einzelnen Zahlen Bilder zugewiesen werden, die dann auch noch eine Geschichte ergeben. Diese Erkenntnis ließ sich auch die Werbung nicht entgehen, wie es ein telefonisches Auskunftsunternehmen mit seiner „Fußballmannschaft, der Oma und dem Null-Problem" kreativ und bildsuggerierend umgesetzt hat.

Was in der Traumatherapie so erfolgreich genutzt wird, kann auch für die Ressource orientierte Arbeit wertvoll sein. Insofern biete ich Ihnen nachfolgend einige wenige Übungen an, die Sie für das Nachbeeltern Ihres inneren Kindes nutzen können. Sie können einzelne Elemente der Übungen später dann miteinander kombinieren. Ganz so, wie es für Sie am wirkungsvollsten ist.

Bevor Sie die einzelnen Übungen durchführen, sollten Sie den Alltag loslassen und sich gut entspannen können. Empfehlenswert ist ein Raum, in dem Sie sich geborgen und sicher fühlen. Imagination braucht Kreativität und Neugier. Das innere freie Kind kann sich aber nur dann auf dieses „Spiel" einlassen, wenn es unbeschwert sein kann.

Achten Sie darauf, dass Ihnen warm ist. Trinken Sie etwas Heißes, denn Wärme assoziiert Bindung, und Bilder, die sich mit angenehmen Gefühlen verbinden sollen, entstehen eher, wenn Sie in Kontakt mit sich sind.

Nutzen Sie alle Möglichkeiten Ihrer sinnlichen Wahrnehmung, sowohl in der Vorbereitung als auch bei der Durchführung. Weiche, flauschige Decken oder Kissen und angenehme leichte, natürliche Düfte können Ihnen das Imaginieren erleichtern.

1. Entspannung:

Beginnen Sie mit einer einfachen Entspannungsübung, in der Sie sich ganz auf Ihren Körper konzentrieren und genau wahrnehmen, was Sie dabei spüren. Wie fühlt sich die Unterlage an, auf der Sie sitzen oder liegen? Wo liegen Ihre Hände, wie fühlen sie sich an? Sind sie warm? Und Ihre Füße, stehen sie auf dem Boden und sind im Kontakt mit ihm oder sind sie übereinandergeschlagen? Wie fühlen sie sich an? ...

2. Der sichere Ort:

In dieser Übung schaffen Sie sich in Ihrer Fantasie einen einzigartigen Ort, zu dem nur Sie Zutritt haben. Dieser Ort kann überall sein, wo immer Sie ihn sich wünschen - auf einer Insel, einem Baum, einem hohen Berg oder auch auf einem anderen Stern. Nichts ist unmöglich. Wenn Sie dort sind, fällt jede Anspannung von Ihnen ab, sie fühlen sich sicher und geborgen und können zur Ruhe kommen. Gestalten Sie diesen Ort so, dass sich auch Ihr inneres Kind dort wohlfühlen kann. Malen Sie sich intensiv aus, wie dieser Ort eingerichtet ist. Wie sieht der Boden aus? Wie fühlt er sich unter Ihren Füßen an? Nutzen Sie all Ihre Sinne in der Wahrnehmung Ihres sicheren Ortes. Wie viele Räume gibt es? Welche Farben dominieren. Ist alles da, was Sie oder Ihr inneres Kind brauchen, um sich wohlzufühlen? Gibt es Fenster? Wenn ja, sind sie geöffnet? Spüren Sie den Wind auf Ihrer Haut? Was hören Sie? Wonach riecht es? Nach den Eierkuchen, die auf dem Herd vor sich hin brutzeln (hören Sie es?), oder nach dem Harz der Bäume, die Ihren sicheren Ort umsäumen?

Welche Grenzen hat Ihr sicherer Ort? Gibt es Mauern, Schutzwälle, magische Lichtfelder oder undurchdringliche Magnetfelder? Nur Sie können diese Grenzen überwinden und, wenn Sie es wünschen, auch Ihre inneren Helfer. Andere, reale Menschen haben hier keinen Zutritt. Sie sollen sich unbelastet an diesem Ort aufhalten können.

Machen Sie sich auch Gedanken, wie Sie an diesen Ort gelangen. Harry Potter nutzte Zauberpulver in einem Kamin, um sofort an einen anderen Ort zu gelangen. Lucy und ihre Geschwister fanden Narnia, indem sie durch einen alten Kleiderschrank gingen. Ihnen stehen viele Wege offen, Ihr inneres Kind wird einen davon für sich finden.

Versuchen Sie, bei dieser Arbeit nicht durch konzentriertes logisches Denken zum Ergebnis zu kommen. Lasen Sie die Bilder einfach entstehen, ohne sie bewusst herbeiführen zu wollen.

Schaffen und besuchen Sie Ihren sicheren Ort zunächst nur in ganz entspanten Momenten. Das Gefühl der absoluten Sicherheit und Geborgenheit muss sich mit den inneren Bildern verbinden. Erst dann ist es möglich, diese Gefühle assoziativ abzurufen, wenn Sie den sicheren Ort imaginieren. In angespannten oder kritischen Situationen sollten Sie die Übung nicht durchführen. Das Gehirn lässt sich nicht überrumpeln und vertraut seinem real bedrohlichen Erleben mehr als dem in der Fantasie geschaffenen.

Die Aufgabe des sicheren Ortes besteht unter anderem darin, dort Ruhe und Entspannung zu finden. Hier können Sie sich aus Gedankenschleifen lösen und Geborgenheit erfahren.

Eine weitere, sehr wesentliche Aufgabe besteht in der Möglichkeit, innere verletzte Kinder dort in Sicherheit zu bringen. Wann immer Christa vor geschlossenen Türen stand, vor allem, wenn sie diese nicht öffnen konnte, spürte sie Panik und Todesangst. Dabei zeigt sich deutlich ein schwer verletztes Kind, das in Sicherheit gebracht werden muss. Es existiert eine klare ursächliche Situation, an die Christa sich auch erinnern kann. Diese kann von Christa genutzt werden, um imaginativ einzugreifen und das kleine Mädchen von damals, vielleicht mithilfe der inneren Helfer, an den sichern Ort zu bringen.

Die Arbeit am Trauma gehört jedoch in den Bereich der Traumatherapie. Deshalb sollten Sie dafür eine spezialisierte therapeutische Begleitung in Anspruch nehmen!

Nicht alle Menschen haben wie Christa Zugang zu den auslösenden Momenten ihrer Traumatisierung. Viele gehen sogar fest davon aus, dass sie eine ganz und gar glückliche Kindheit hatten, oder können sich überhaupt nicht an ihre Kinderjahre erinnern. Sind die heutigen Beziehungen jedoch immer wieder leidvoll, zeigt dies zweifelsfrei, dass es innere verletzte Kinder gibt, die in Sicherheit gebracht werden wollen.

Sollten sich während der Imagination störende Bilder, zum Beispiel Flashbacks oder Bilder von Personen, die Ihnen Angst machen, einschleichen, dürfen und können Sie diese mithilfe Ihrer inneren Helfer verbannen. Es steht Ihnen frei, dafür eine Art Gefängnis oder Bannraum zu schaffen, tief verborgen in einem Berg oder unter dem Meer.

Begeben Sie sich auf eine spannende Reise!

3. Innere Helfer:

Innere Helfer sind imaginierte Wesen, die Ihnen und/oder Ihrem inneren Kind beistehen. Sie verkörpern verschiedene Kräfte und können so auch unterschiedlichen Bedürfnissen entsprechen. Es können Tiere, Elfen, gute Hexen oder Zauberer, Drachen, Film- oder Märchenfiguren sein. Innere Helfer schützen, trösten, halten, retten, verteidigen, greifen kraftvoll ein, können fliegen, zaubern und/oder allmächtig sein. In ihrer Nähe kann niemand Ihrem inneren Kind etwas anhaben. Sie helfen, es in Sicherheit (an einen sicheren Ort) zu bringen, wehren böse Bilder oder Erinnerungen ab und greifen in imaginierte kritische Situationen so ein, dass diese hilfreich beeinflusst werden können. Erfahrungen, die unauslöschlich mit Ohnmacht und Angst verbunden waren, können durch Gefühle wie Erleichterung oder Geborgenheit positiv beeinflusst werden.

An diesem Punkt wird bereits das Ziel der imaginativen Ressourcen- und Traumaarbeit sichtbar. Da sich innere Kinder immer dann zeigen, wenn sie in Not sind (Retrauma), bleiben sie, wenn sie sicher und geborgen sind, still. Sie brauchen keine Hilfe mehr und müssen auch nicht mehr auf sich aufmerksam machen. Trigger (Reize, die eine kindliche Verletzung reaktivieren) führen nicht mehr dazu, dass das panische, hilflose Kind-Ich in kritischen Situationen die Kontrolle übernimmt. Eltern- und Erwachsenen-Ich-Anteile können optimal reagieren.

Sie bleiben handlungsfähig!

4. Die idealen Eltern

Mit dieser Übung ist es möglich, kindlich unglückliche Erfahrungen durch glückliche Momente zu ergänzen oder kindlich schmerzhaftes Erleben sogar zu überschreiben. Ideale Eltern-Übungen können Sie immer und überall durchführen, aber auch hier ist nötig, dies ausschließlich mit Wohlgefühl zu verbinden.

Wenn Sie eine ideale Mutter hätten, wer wäre das? Eine Schauspielerin, eine Märchengestalt, eine Lehrerin aus der Kindheit oder die nette Nachbarsfrau von damals? Wie sieht sie aus? Welche Kleidung, welche Frisur trägt sie? Wie bewegt sie sich, und wie hört sich ihre Stimme an? Wie lacht sie, und wie fühlt sie sich an? Wie riecht sie? Nach Kuchen oder nach reifen Früchten oder Kräutern? Wer wäre Ihr idealer Vater? Schaffen Sie auch hier die passenden Attribute, die ihn auszeichnen.

Stellen Sie sich beide mit all Ihren Sinnen vor. Zunächst, in der Imaginationsarbeit einzeln, später dann im Miteinander. Wie beide liebevoll miteinander reden, Zärtlichkeiten austauschen, lachen.

Ideale Eltern sollen in ihren Attributen entgegengesetzt der Eltern agieren, durch die Ihr inneres Kind verletzt wurde. Haben sich Ihre Eltern zum Beispiel gestritten, angeschrien und geschlagen, waren Sie als Kind tausendfach in Todesangst und dabei unendlich allein und hilflos? Ihre idealen Eltern aber sprechen sanft und ruhig. Sie gehen liebevoll miteinander um, und Sie können beobachten und genießen, wie sicher Sie sich in ihrer Gegenwart fühlen.

Das ideale Elternhaus

Diese Übung ist eine Ergänzung der „Idealen-Eltern-Übung". Hier schaffen Sie sich ein Zuhause für Ihre Eltern und sich. Eine Wohnung oder ein Haus mit Garten. Wo steht es, wie sieht es dort aus? Wie viele Räume sind vorhanden und wie sind diese eingerichtet? Wo ist das Kinderzimmer, wie alt sind Sie, wenn Sie dort wohnen? In diesem Elternhaus leben Sie mit Ihren idealen Eltern nun Alternativsituationen zu realen missbräuchlichen Erfahrungen.

Ihre Geburtstage wurden nie tatsächlich gefeiert? Feiern Sie rauschende Feste mit Ihren Ideal-Eltern.

Sie wurden als Kind ständig beschimpft und gedemütigt? Lassen Sie sich belohnen, wertschätzen und bewundern.

Niemand hat mit Ihnen gespielt? Lassen Sie Ihre idealen Eltern begeisterte Spielpartner sein.

Auch wenn diese Arbeit nicht ausreicht, um Traumata aufzuheben oder schlimme, lebenslang schmerzende Erfahrungen zu löschen, kann sie ein befriedigendes Erleben direkt in Ihrem Kind- und Eltern-Ich abspeichern - direkt dorthin, wo all die Erfahrungen lauern, die Ihnen noch heute das Leben schwer machen können, ohne dass Ihnen dies bewusst ist.

Eine Imaginationsgeschichte (Ronny T., 48, Schreiner)

Ronny wuchs mit seiner eineinhalb Jahre jüngeren Schwester bei seiner Mutter auf. Sein Vater verließ die Familie bereits kurz nach Ronnys Geburt. Andere Männer kamen und gingen, manchmal war Ronny froh darüber, aber manchmal war er auch traurig. Ein sicheres Zuhause kannten Ronny und seine Schwester nicht, da sie ständig umzogen. Seine Mutter machte immer wieder Schulden, und dann gab es Ärger. Ronny und seine Schwester waren viel allein. Manchmal blieb die

Mutter über Nacht weg, das war sehr schlimm für die Kinder, die Angst hatten, dass die Mutter nicht wiederkommen würde. Einmal sind beide nachts auf die Suche gegangen und haben auch bei Nachbarn geklingelt. Dann kam die Polizei und nahm sie mit. Später kamen dann Leute, die mit der Mutter geredet haben. Die war dann sehr böse mit Ronny, sie schrie ihn an, dass sie seinetwegen jetzt Ärger habe und er schuld sei, wenn Tini und er ins Heim müssten. Von da an schloss sie die Kinder ein, bevor sie wegging.

Die Mutter erzählte auch oft vom schwarzen Grmpf, der nachts zu den unartigen Kindern kommt und sie auffrisst. Ronny sah dann jeden Abend immer erst in seinen Schrank und unter dem Bett nach, bevor er sich hinlegte. Im Dunkeln hatten beide Kinder große Angst, denn sie fürchteten, den Grmpf dann nicht sehen zu können. Was beiden etwas half, war, dass sie zusammen waren, sie glaubten, zu zweit könnten sie sich besser gegen das böse Nachtmonster wehren.

Als Ronny etwa 5 Jahre alt war, musste Tini wegen einer Blinddarmentzündung ins Krankenhaus. Seine Mutter nutzte die Zeit und fuhr mit Ronny zu einem neuen Freund, der auf dem Land ein Haus hatte. Dort wollten sie ein paar Tage bleiben. Ronny musste auf dem Dachboden schlafen, wo viel Gerümpel stand und viele unheimliche Geräusche zu hören waren. Als die Mutter und ihr Freund dann abends weggingen, warnte sie ihn, den Boden nicht zu verlassen. Der Grmpf sei da und werde aufpassen. Ronny hatte furchtbare Angst. Ohne Tini fühlte er sich noch verlassener, und hier war alles so fremd. Nachts musste er dann auf die Toilette, und ob er wollte oder nicht, er musste den Boden verlassen. Draußen war alles dunkel, er stand oben an der Treppe, die bei jedem Schritt furchtbar knarrte. Auf dem Treppenabsatz hing ein alter Vorhang, der sich bewegte und Ronny war sicher, das war der Grmpf. Er war ja unartig gewesen und hatte sein Bett verlassen. Jetzt war alles vorbei ...

Die Mutter fand Ronny dann am nächsten Morgen auf der Treppe, völlig verfroren und eingenässt. Sie schimpfte ihn aus, schlug ihm auch seine nasse Hose ins Gesicht und schrie, dass sie sich für ihn schäme.

Noch als Erwachsener hatte Ronny Angst vor dem Alleinsein. Er brauchte immer ein kleines Licht zum Schlafen und wurde von tiefen Schamgefühlen geplagt. Er erlebte sich als Zumutung für andere und geriet immer wieder an Frauen, die ihn, obwohl er alles für sie tat, ausnutzten und verachteten.

Seinen sicheren Ort fand Ronny hinter dem Regal eines seiner alten Kinderzimmer. Dahinter lag ein Weg, der direkt ans Meer führte, und dort schwamm ein altes Wikingerschiff. Ganz viele Haie schwammen um das Boot herum, sodass niemand außer ihm dort hinauf konnte.

Seine inneren Helfer waren: ein riesiger Adler; der kräftige und dennoch weichherzige Riese Hagrid, der Wildhüter von Hogwarts aus „Harry Potter"; ein Feuer speiender Drache; eine gelbe schnurrende Katze, die zaubern konnte, und eine rundliche, liebevolle Oma.

Ronny imaginierte seine Erinnerungen an jene Nacht auf dem Boden des fremden Hauses und ließ, genau in jenem Moment, als er glaubte den Grmpf sehen zu können, Hagrid die Treppe hinaufkommen. Hagrid nahm den kleinen Ronny auf den Arm, beruhigte ihn und hielt ihn ganz warm und sicher unter seinem Wildhüterumhang. Während sich Ronny im Arm von Hagrid ganz sicher und geborgen fühlte, flog der Adler durch das Fenster, griff sich den schwarzen Grmpf, flog mit ihm weit weg und sperrte ihn auf der Rückseite des Mondes in einen Käfig, aus dem er niemals wieder herauskommen konnte.

Hagrid brachte Ronny dann auf das Wikingerschiff, auf dem die Oma auf ihn wartete. Sie hatte ihm bereits das Bettchen gemacht, mit vielen weichen Kissen und Decken. Es duftete nach Apfelkuchen, und sanftes Licht durchströmte die holzgetäfelte Kajüte. Über dem Schiff kreiste der Adler und bewachte es. Die Oma streichelte Ronny und sang ihm mit leiser Stimme ein Schlaflied vor. Die gelbe Katze lag schnurrend neben ihm und Ronny wurde ganz ruhig. So wohl und sicher hatte er sich noch nie gefühlt. Er konnte die Wärme der Oma spüren und fühlte sich grenzenlos geborgen. Alles war gut.

Die ursprüngliche und für den kleinen Ronny traumatische Erfahrung kann nicht ungeschehen gemacht werden. Aber die mit dem erinnerten Erleben verbundenen Gefühle wie Angst, Verlassenheit und Ohnmacht werden an die durch die Imagination geschaffenen Gefühle von Sicherheit, Geborgenheit und Nähe gekoppelt. Das damalige vernichtende Erleben des Kindes konnte so noch 43 Jahre später beeinflusst werden. Bei jeder weiteren Reizung der ursprünglichen Situation (Trigger) werden nun nicht mehr ausschließlich die damals vernichtenden Gefühle reaktiviert, sondern auch die neu hinzugefügten, was dazu führen kann, dass das Trauma nicht mehr triggerbar ist und somit auch nicht mehr reaktiviert werden kann.

Die von mir angeführten Übungen sind als reine Ressourcenarbeit anzusehen. In der imaginativen Traumatherapie und dem „Innere-Kinder-Retten" werden weitaus mehr Techniken genutzt, wie beispielsweise die Bildschirmtechnik, bei der Traumata kontrolliert und dosiert direkt bearbeitet werden können.

Sichere Orte, ideale Helfer oder Eltern, sind Imaginationen, die bereits von Kindern genutzt werden. Aus diesen kindlichen Resilienzstrategien entwickelte sich diese intensive und wirkungsvolle Arbeit, die ich als sehr wertvoll wahrnehme. Bei der Arbeit am Trauma, wie sie bei Menschen mit posttraumatischen und komplexen posttraumatischen Belastungsstörungen nötig sind, ist aber eine sachkundige therapeutische Begleitung unabdingbar.

Vom Umgang mit inneren Konflikten

Der Begriff Konflikt (lat.: conflictus) bedeutet soviel wie Aneinanderschlagen, Zusammenstoßen und im weiteren Sinne daher auch Kampf bzw. Streit. Auf der psychologischen Ebene spricht man von einem Konflikt, wenn mindestens zwei soziale Elemente gleichzeitig gegensätzlich oder unvereinbar sind.

Auch im letzten Abschnitt dieses Buches bleibe ich auf der transaktionsanalytischen Ebene und möchte mich daher an dieser Stelle mit den Konflikten zwischen den einzelnen Ich-Zuständen auseinandersetzen. Diese Konflikte verlaufen im Inneren einer Person, wobei in der Regel das Eltern-Ich auf das Kind-Ich einwirkt oder umgekehrt. Je massiver das dazwischenstehende Erwachsenen-Ich getrübt ist, desto unbewusster und unheilvoller können diese Konflikte ablaufen. In der Konsequenz gewinnt der „Stärkere", wobei es zu keiner tatsächlich selbstfürsorglichen Lösung kommen kann. Bei Borderline-Persönlichkeiten werden diese inneren Konflikte zudem auf Bezugspersonen projiziert, sodass diese in deren Konflikte mit hineingesaugt werden.

Angela arbeitet in einer Speditionsfirma. In den letzten Wochen gab es zwar jede Menge Überstunden, aber wenig freie Tage und schon gar keine Chance, Urlaub zu nehmen. Gerade den brauchte sie aber dringend. Mittlerweile konnte sie sich kaum noch konzentrieren, war schnell erschöpft und ständig müde. Gestern kam dann die Nachricht, dass sie für eine Woche freinehmen könne, da sich eine Vertretung für sie gefunden hatte. Angela war einfach nur erleichtert und nahm sich vor, ein paar Tage wegzufahren. Sie hatte es sich wirklich verdient. Am Abend rief dann eine ihrer Freundinnen an und berichtete ihr, dass sie endlich einen Umzugstermin gefunden habe und nun, da dieser sich so kurzfristig ergeben habe, ihre Hilfe am Wochenende brauche.

Angela war in diesem Moment völlig blockiert und unfähig, eine klare Antwort zu geben. Die Freundin hakte nach: „Ich kann doch mit dir rechnen, oder? Ohne dich schaffe ich das alles nicht." „Ja natürlich", antwortete Angela, „ich komme". Sie verabredete noch einen Zeitpunkt, legte dann den Hörer auf und fragte sich, warum sie schon wieder nicht Nein sagen konnte.

Was war passiert?

1. **Reaktion aus dem Kind-Ich:** Angela fühlte sich *blockiert, frustriert, lustlos, müde, ungehalten und abwehrend.*

2. **Reaktion darauf aus dem Eltern-Ich:** *„Nein sagen ist gefährlich; ich muss machen, was andere von mir wollen, sonst werde ich verlassen; wenn ich verlassen werde, bin ich allein und in Gefahr; was ich will, ist unwichtig; andere sind wichtiger; schäm dich! ...“*
3. **Antwort aus dem negativ angepasstem Kind-Ich:** *unsicher, beschämt, widerstrebend, sich fügend, brav, wütend (unterdrückt), resigniert.*
4. **Reaktion aus dem negativ fürsorglichem Eltern-Ich:** *„Das ist ja wohl auch selbstverständlich“.*
5. **Reaktion aus dem negativ rebellischen Kind-Ich:** *„Ich werde irgendetwas fallen lassen ...“*

Der Konflikt besteht hier zwischen den negativen Eltern-Ich-Anteilen und dem Kind-Ich. Beide nehmen gegensätzliche Positionen ein, wobei das Eltern-Ich in einer parallelen Transaktion das Kind-Ich unter Druck setzt. Da das Erwachsenen-Ich von der Situation überfordert ist (unter Druck ist es kaum handlungsfähig), kann es weder zwischen Kind- und Eltern-Ich vermitteln, noch deren Inhalte aktualisieren und der Realität anpassen. Letztendlich entscheidet der „Gewinner“ dann, was getan wird. In diesem Fall hat das Eltern-Ich gewonnen und das Kind-Ich hat sich gefügt.

Hätte sich das Erwachsenen-Ich einmischen können, hätte es die Impulse des Kind-Ichs (blockiert, müde ...) wahrgenommen und zunächst einmal erkannt, dass keine sofortige Entscheidung getroffen werden kann. Genau das hätte Angela auch vermitteln können. Erst dann, ohne Druck und mit der Möglichkeit, sich mit der Erwartungshaltung der Freundin und auch der eigenen auseinanderzusetzen, hätte ihr Erwachsenen-Ich die Informationen des Eltern-Ichs hinterfragen können: *„Muss ich tatsächlich alles machen, was man von mir will? Wer sagt das? Werde ich tatsächlich verlassen, wenn ich Nein sage? Gehe ich dann wirklich zugrunde? Darf ich wirklich nicht meine Interessen durchsetzen? Was passiert, wenn ich es tue? Kann ich das aushalten? Ist es eigentlich o.k., mich vor vollendete Tatsachen zu stellen? ...“*

Sobald Sie in einer Interaktion spüren, dass Sie blockiert und unter Druck sind, verlangen Sie Bedenkzeit. Es ist Ihr gutes Recht, Situationen zu überprüfen und auch etwas einzufordern!

Auch dabei können Sie die imaginative Arbeit hilfreich nutzen. Wenn Sie an sich beobachten, dass Ihr Eltern-Ich aus einer negativen Ebene immer wieder versucht, Einfluss auf Ihr Kind-Ich zu nehmen, imaginieren Sie es. Weisen Sie jedem Ihrer Ich-Zustände ein Bild zu. Der negativ kritische Teil kann ein extrem autoritäres Oberlehrergesicht bekommen (oder das jenes Elternteils, das eben diese Muster nutzte), das positiv fürsorgliche Eltern-Ich ein zustimmendes, freundliches Gesicht. Suchen Sie sich ein altes Kinderfoto und geben Sie Ihrem Kind-Ich Ihr eigenes kindliches Gesicht. Das Erwachsenen-Ich könnten Sie als heutiger Erwachsener präsentieren, es ist aber auch möglich, dafür einen „inneren Weisen" zu imaginieren (jemand, den Sie für seine sachliche Klarheit bewundern oder eine weise Märchengestalt).

Stellen Sie sich nun einen Tisch vor, an dem alle Ihre Ich-Anteile sitzen und das Thema diskutieren. *„Darf ich unter den gegebenen Umständen Nein sagen?"* Jeder hat das Recht, seine Meinung zu äußern, und nach jeder Meinungsäußerung bezieht das Erwachsenen-Ich Stellung. Wie bei den Imaginationsübungen auch, kann es sehr hilfreich und interessant sein, wenn Sie versuchen, die Bilder und Aussagen einfach nur entstehen zu lassen.

Gerade bei dieser Arbeit möchte ich noch auf einen Punkt hinweisen. Es ist oft sehr erschreckend, welche Informationen das Eltern-Ich beinhaltet und auch, wie es diese zum Ausdruck bringt. Das Kind-Ich vergisst nichts und in Imaginationsübungen können sich schnell auch gewalttätige Bilder mischen. Das Eltern-Ich brüllt, bedroht, erpresst, nötigt oder demütigt.

Ihr Erwachsenen-Ich hat in solchen Momenten das Recht, dem Eltern-Ich das Wort zu entziehen und gegebenenfalls einen Platzverweis auszusprechen.

Die Art der inneren Auseinandersetzung ähnelt oft erschreckend, ohne dass wir uns dessen bewusst sind, der Konfliktkultur unserer Ursprungssysteme. Wurden dort verbale und emotionale Gewalt genutzt, wird sie sich in uns wiederfinden. Schlimmstenfalls nutzen wir sie aus der Identifikation heraus auch unseren Bezugspersonen gegenüber.

Es ist Teil des Nachbeelterns, diese Strukturen zu verändern. Indem wir lernen, für uns zu sorgen, sorgen wir auch für andere.

Wenn wir also helfen wollen, fangen wir bei uns an!

Schluss

Dieses Buch setzt sich vorrangig mit dem systemischen Hintergrund, den Beziehungsmustern und Verhaltensweisen der typischen Partner von Borderline-Persönlichkeiten auseinander. Diesen Menschen begegne ich täglich und muss in jedem ein mehr oder weniger ungeliebtes, gedemütigtes, unverstandenes und einsames kleines Kind entdecken. Einst mussten sie für ihre bedürftigen Eltern sorgen, wurden missbraucht, entfremdet und/oder geschlagen. Oft wissen sie nicht, was Liebe oder Nähe tatsächlich bedeuten. Beides haben sie oft nie erfahren, weil sie nie Kind waren, so wie ein Kind ein Recht hat zu sein.

Ich begann dieses Buch mit einer Aussage von Astrid Lindgren, die das Glück ihrer erfüllten Kindheit auf die Balance zwischen Geborgenheit und Freiheit zurückführte. Dem aufmerksamen Leser wird aufgefallen sein, dass ich dieses Thema an einigen Stellen aufgegriffen habe. Wurde das Kind gezwungen, seinen natürlichen Drang nach Freiheit zu opfern, um sich Zugehörigkeit zu erhalten, entsteht daraus kindliches Unglück, das seine Fortsetzung in den unerfüllten und unglücklichen Beziehungen des späteren Erwachsenen findet.

Astrid Lindgren hatte das Glück, an einem „sicheren Ort“ aufzuwachsen und von „idealen Eltern“ dabei begleitet zu werden. Trotz harter und ärmlicher Lebensbedingungen erlebte sie täglich die zärtliche Liebe ihrer Eltern zueinander und die füreinander einstehende Gemeinschaft auf dem Pfarrhof in Näs, eingerahmt von tiefer Verbundenheit zur Natur.

Während ich dieses Buch schrieb, las ich als Gegengewicht „Das entschwundende Land“, in dem Astrid Lindgren voll Wärme und Dankbarkeit auf ihre Kindheit und ihre Eltern zurückblickt. Ein wenig kann man mit ihr in diese wunderbare, nichts beschönigende und dennoch glückliche Welt eintauchen und erfahren, wie Kinder die Welt erleben können, wenn sie ganz und gar geliebt werden und auch Kind sein dürfen.

Durch ihre zauberhaften Kinderbücher konnten unzählige Kinder in vielen Ländern mit Astrid Lindgren an dieser Welt teilhaben. Ihr lebendiges, liebevolles und vielseitiges Engagement endete erst im hohen Alter von 91 Jahren. Drei Jahre später verstarb sie.

Ein Mensch kann Großartiges leisten und seine eigene Erfüllung vielfach an andere weitergeben, wenn er seine Lebenskraft nicht mit der Aufarbeitung seiner kindlichen Verletzungen vergeuden muss!

Auf einer sehr persönlichen Ebene ist es mir wichtig, dieses Buch mit einem Zitat dieser Autorin zu beginnen und auch zu beenden. „Wenn Lieben immer wieder weh tut" ist ein Buch für Menschen, die Liebe mit Schmerz und Verlust assoziieren, Menschen, die unglückliche Kinder in sich tragen und diese - wenn auch unbewusst - immer wieder dem alten traurig vertrauten Unglück aussetzen.

Mit nur zwei Zitaten eines Menschen, der sein Leben lang ein glückliches und lebendiges Kind in sich trug, möchte ich dieses Buch in etwas Hoffnung einrahmen. Insofern ende ich nun mit einer Botschaft von Astrid Lindgren, die gewiss etwas ändern könnte, wenn man sie nur beherzigen würde ...

Ganz gewiss sollen Kinder Achtung vor ihren Eltern haben,
aber ganz gewiss sollen auch Eltern Achtung vor ihren Kindern haben,
und niemals dürfen sie ihre natürliche Überlegenheit missbrauchen.
Niemals Gewalt!

(Astrid Lindgren)

Manuela Rösel
Berlin 2014

Dieter Gerhold: **Das Kommunikations-Modell der Transaktionsanalyse**, Junfermann-Verlag/ISBN 3-87387-604-3

Thomas A. Harris: **Ich bin o.k.-Du bist o.k.**, rororo-Verlag/ ISBN 978-3-499-16916-8

Eric Berne: **Spiele der Erwachsenen**, rororo-Verlag/

ISBN-13: 978-3499613500

Wolfgang Schmidbauer: **Das Helfersyndrom. Hilfe für Helfer**, rororo-Verlag/ISBN-13: 978-3499622083

Jean Liedloff: **Auf der Suche nach dem verlorenen Glück. Gegen die Zerstörung unserer Glücksfähigkeit in der frühen Kindheit**", Beck-Verlag/ISBN-13: 978-3406585876

Alice Miller: **Am Anfang war Erziehung**, Suhrkamp Verlag/ ISBN-13: 978-3518374511

Bärbel Wardetzki: **Eitle Liebe. Wie narzisstische Beziehungen scheitern oder gelingen können**, Kösel-Verlag/ISBN-13: 978-3466308620

Bärbel Wardetzki. **Weiblicher Narzissmus. Der Hunger nach Anerkennung**"

Kösel-Verlag/ISBN-13: 978-3466307654

Georg Parlow: **Zart besaitet. Selbstverständnis, Selbstachtung und Selbsthilfe für hochempfindliche Menschen**, Festland Verlag/ ISBN-13: 978-3950176506

Sabine Bode. **Die vergessene Generation. Die Kriegskinder brechen ihr Schweigen**, Klett-Cotta-Verlag/ISBN-13: 978-3608947977

Sabine Bode: **Kriegsenkel. Die Erben der vergessenen Generation**, Klett-Cotta-Verlag/ISBN-13: 978-3608948073

Gabriele Kahn: **Das Innere-Kinder-Retten. Sanfte Traumaverarbeitung bei Komplextraumatisierung**, Psychosozial-Verlag/ISBN-13: 978-3837920857

Astrid Lindgren: **Das entschwundende Land**, Oetinger-Verlag/ ISBN-13: 978-3789141683

Arbeitsmaterial

Stärkung des Erwachsenen - Ichs / Arbeitsschritte		
Emotionaler Impuls aus dem Kind-Ich (Gefühle)	Informationen aus dem Eltern-Ich (Glaubenssätze, Dogmen ...)	Erwachsenen-Ich-Arbeit (Fragestellungen und Antworten entwickeln)

Gemeinsame Merkmale vieler Partner einer Borderline-Persönlichkeit:

- Der innere Drang, andere glücklich zu machen.
- Die Unfähigkeit, eigene Bedürfnisse wahrzunehmen.
- Übertriebene Nachgiebigkeit, um sich Konflikten und dem damit verbundenen Liebes- und Zuwendungsentzug zu entziehen.
- Der Drang, alles perfekt machen zu müssen und mit noch mehr Leistung und Einsatz Zuwendung und Aufmerksamkeit zu verdienen. Übermäßige Gewissenhaftigkeit.
- Die Unfähigkeit, den Blick auf sich selbst zu richten und die Tendenz, sich schnell verleiten zu lassen, sich nur noch mit dem Partner zu befassen.
- Das Fehlen von klaren Grenzen.
- Das Bedürfnis, alles verstehen zu müssen und zu können.
- Die Intensität und Hingabe an Verpflichtung und Treue. Eine unerschütterliche Hoffnung, gepaart mit der Erwartung, dass die Umstände zu verbessern sind.
- Die Bereitschaft, die geringste „Verbesserung" als unbestreitbaren Fortschritt zu interpretieren.
- Die Tendenz zur Selbstaufgabe, wobei der Partner aus voller Überzeugung nicht aufgegeben wird. Die Unfähigkeit, zu erkennen, dass sich dadurch nichts verändert.
- Mangelnde Selbstwahrnehmung bzw. ein stark eingeschränktes Selbstwertgefühl.
- Die unterbewusste Annahme, Abwertung verdient zu haben.
- Irrationale Loyalität gegenüber dem Partner und die Bereitschaft, eher das eigene Ich aufzugeben als den Partner (Ohne mich ist er/sie völlig hilflos).
- Die Unfähigkeit, trotz emotionaler Verletzung, eigene verletzte Gefühle anzuerkennen oder diese zu spüren.
- Situationen zwar als destruktiv wahrzunehmen, jedoch Angst davor zu haben, auf diese zu reagieren.
- Auf Wiedergutmachung zu verzichten, um weitere Konflikte zu vermeiden.
- Leid ertragendes Martyrium - niemand anderes könnte dies ertragen, aber ich kann es, und ich tue es (deshalb bin ich o.k.).
- Ausgeprägte Angst, Fehler zu machen oder zu versagen.
- Die Tendenz, sich für alles und jedes verantwortlich zu fühlen, auf Kosten der Verantwortung für sich selbst.
- Unsicheren Bezug zu den eigenen Werten.

- Der Selbstwert ist abhängig von der Bewertung anderer.
- Bereit, „zu gut für diese Welt“ zu scheinen, mit guten Absichten, Optimismus, einer versöhnlichen Natur und bedingungsloser „Liebe“.
- Die Überzeugung, die einzige Rettung für den „armen“ Borderliner zu sein. Wenn er oder sie mir vertrauen würde, würden wir beide wahres Glück finden.
- Hingezogensein zu Drama, Leidenschaft und Märchen. Glaube an einen Seelenverwandten als Partner ... und wenn sie nicht gestorben sind ...
- Wenn ich diesen Menschen „rette“, wird er/sie mir ewig verpflichtet und dankbar sein (und mich nie verlassen).
- Ausgeprägtes Sicherheitsbedürfnis, Angst vor der Selbstverantwortung.

Selbstfragebogen zur Identifikation eines Helfersyndroms

- ➢ Wie reagierten meine Eltern auf meine Wut, Angst oder Enttäuschung?
- ➢ Wie gingen sie selbst mit diesen Gefühlen um?
- ➢ Wie gehe ich heute mit diesen Gefühlen um?
- ➢ Durfte ich als Kind Kritik üben oder mich abgrenzen?
- ➢ Durfte ich Nein sagen?
- ➢ Kann ich heute Nein sagen (ohne Schuldgefühle)
- ➢ Wie ging man in meiner Familie mit Konflikten um?
- ➢ Für welches Verhalten erhielt ich Zuwendung?
- ➢ Welche Zuwendungsform erhielt ich überwiegend (-+bedingte, -+bedingungslose)?
- ➢ Für welches Verhalten wurde ich bestraft? Wie?
- ➢ Habe ich gegen meinen Willen oder gegen mein Gefühl Dinge tun müssen?
- ➢ Welche Glaubenssätze habe ich in meinem EI abgespeichert?
- ➢ Was tue ich, um diesen zu entsprechen?
- ➢ In welchen Situationen und welchen Menschen gegenüber agiere ich aus dem angepasstem Kind-Ich?
- ➢ Brauche ich die O.K.-Bestätigung anderer, um mich gut zu fühlen?
- ➢ Wie geht es mir, wenn ich diese nicht erhalte?
- ➢ Was tue ich dann?
- ➢ Kann ich Kritik aushalten oder andere kritisieren?
- ➢ Wie kritisiere ich andere? (Bewertend? Auf die Person oder auf das Verhalten bezogen?)
- ➢ Wie kritisiere ich mich in meiner inneren Kommunikation? (Aus welchem Ich-Zustand, mit welchem O.K.?)
- ➢ War eines meiner Elternteile bedürftig und hat meine Hilfe benötigt?
- ➢ Wie gestaltet sich der „rote Faden" in meinen Beziehungen? Waren meine Partner oder ist mein Partner bedürftig und von meiner Hilfe abhängig?
- ➢ Schätzen meine Freunde an mir, dass ich „gut zuhöre" und hilfsbereit bin?
- ➢ Mache ich die Probleme anderer oft zu meinen eigenen?
- ➢ Helfe ich auch dann, wenn ich mich dazu eigentlich nicht in der Lage sehe?

Typische Annahmen und Verhaltensweisen eines Helfersyndroms

- Ich bin nicht so viel wert wie andere.
- Andere sind wichtiger als ich.
- Ich kann es schwer aushalten, wenn andere leiden.
- Ich brauche Menschen, denen ich helfen kann.
- Ich habe für jeden ein „offenes Ohr".
- Für meine Hilfe brauche ich Dankbarkeit und Zuwendung.
- Es fällt mir schwer, Nein zu sagen. Wenn ich es tue, fühle ich mich schuldig.
- Im Kontakt mit anderen dominieren diese oft das Gespräch. Es fällt mir dann schwer, meine Belange zu vertreten.
- Ich kann nur schwer widersprechen, vor allem wenn mehrere Personen eine andere Meinung haben.
- Ich glaube, dass ich mit meinen Belangen für andere eine Belastung bin.
- Ich kann schlecht um Hilfe bitten oder diese annehmen.
- Wenn mir jemand hilft, empfinde ich Schuldgefühle und habe das Bedürfnis, es wieder gut zu machen.
- Ich darf keine Fehler machen und bin sehr korrekt.
- Manchmal merke ich nicht, wie sehr es mich auslaugt, ständig für andere da zu sein.
- Meine eigenen Wünsche, Träume oder Bedürfnisse sind nicht so wichtig.
- Es ist nicht gut, wenn andere sehen, wie es mir geht.
- Wenn es mir schlecht geht, überspiele ich das häufig.
- Manchmal finde ich alles so sinnlos.
- Es macht mich verlegen, wenn ich Anerkennung, Komplimente oder Zuwendung erhalte.
- Ich neige dazu, dies abzuwehren oder meine Leistung klein zu machen.
- Wenn sich mir jemand ohne ersichtlichen Grund zuwendet, denke ich mitunter darüber nach, was er wohl von mir will ...
- Wenn mir jemand etwas Gutes tut oder nett ist, muss ich mich revanchieren.
- Ich kann schlecht entspannen und abschalten.
- Manchmal brauche ich Schlaf- oder Beruhigungsmittel.
- Ab und zu trinke ich Alkohol, um ruhiger zu werden.
- Ich rauche zu viel.
- Ich bin schon einmal gemobbt worden oder habe Angst vor Mobbing.
- Mitunter leide ich unter Kopfschmerzen oder Migräne, Verspannungen, Magenbeschwerden, Rückenschmerzen ...

Mögliche Hinweise auf eine hochsensible Persönlichkeit.

Sollten Sie sich in den nachfolgenden Merkmalen wiederfinden, könnte es sein, dass Sie zu den hochsensiblen Menschen gehören. Über weiterführende Literatur oder auch den Test auf der Website „Zartbesaitet“ (http://www.zartbesaitet.net/) können Sie sich Klarheit verschaffen. Nachfolgend einige Merkmale, die bei hochsensiblen Menschen auffallen können:

➢ Ihre Träume sind intensiv, farbig und oft extrem realistisch.
➢ Sie nehmen Dinge wahr, die anderen entgehen.
➢ Sie können Jahres- oder Tageszeiten riechen.
➢ Sie haben ein sehr intensives emotionales Erleben.
➢ Sie setzen sich ständig gedanklich mit sich und ihrer Umwelt auseinander und haben ein reichhaltiges, gedankliches Erleben.
➢ Sie haben sich schon als Kind „anders“ gefühlt.
➢ Sie können sich nur schwer konzentrieren, wenn sie z. B. telefonieren, das Radio läuft und jemand im Raum ist, der sich mit anderen unterhält.
➢ Menschenmassen, intensive Gerüche, Laute oder langanhaltende monotone Geräusche erleben Sie mitunter als extrem belastend bis quälend.
➢ Wenn viele Dinge auf einmal passieren, ziehen sich gern zurück. Stress ertragen Sie nicht.
➢ Sie brauchen das Alleinsein und ausreichend Schlaf.
➢ Sie investieren außergewöhnlich viel in Ihre Bindungen und leben diese gern stabil und intensiv.
➢ Medikamente müssen Sie in der üblichen Dosis oft reduzieren, da sie sonst zu stark für Sie sind.
➢ Sie nehmen schnell die Gefühle anderer Menschen an und lassen deren Stimmungen auf sich übertragen.
➢ Sie spüren oft, was in anderen vor sich geht.
➢ Mitunter wissen Sie Dinge, bevor sie geschehen.
➢ Wenn Sie Ruhe brauchen und diese nicht bekommen, können Sie sehr unkontrolliert, aggressiv und abwehrend sein.
➢ Nach intensivem emotionalen Erleben oder nach dem Aufwachen haben Sie ein suchtartiges Bedürfnis nach etwas Süßem.
➢ Bleiben regelmäßige Mahlzeiten aus, verlieren sie rasant an Energie und werden schnell gereizt.

Autorenangaben

Manuela Rösel
geb. 1961 in Berlin
Verheiratet, zwei Kinder
Examen im Bereich Pädagogik und Psychologie
Zertifizierte Begleiterin von Menschen in Krisensituationen
Psychologische Beraterin - diplomiert

Schwerpunktarbeit:

- Begleitung in schwierigen Partnerschaftsbeziehungen (Angehörige von Borderline Persönlichkeiten)
- Beratung von helfenden Institutionen zum Thema Borderline (Jugendämter, Familienhelfer, Anwälte, psychologische Fachkräfte ...)
- Kollegiale Supervision, Intervision
- Referentin und Dozentin zur Borderline-Problematik in Bezug zu den Konsequenzen der Störung für Kinder
- Eltern-Kind-Kommunikation
- Kommunikationsstörungen in Beziehungen
- Persönlichkeitsoptimierung/Coaching

Im Rahmen einer selbstständigen Tätigkeit biete ich in meinem Büro in Berlin Friedrichshain unter anderem auch individuelle Beratungen zur Thematik an. Sollten Sie Interesse an einer persönlichen oder telefonischen Beratung haben, erreichen Sie mich im Internet unter

www.mr-coaching.de
info@mr-coaching.de

oder direkt in meinem Büro:

Coaching und Beratung - Manuela Rösel
Scharnweberstraße 23
10247 Berlin
Tel.: 030/27 57 19 21

Weitere Titel zum Thema Borderline im Starks-Sture Verlag

Manuela Rösel

Borderline verstehen

Ursachen und Verhaltensmuster erkennen – richtig reagieren mit Hilfe der Transaktionsanalyse

176 Seiten, broschiert,
ISBN 978-3-939586-19-7

„Borderline verstehen" bietet ein leichtes Verstehen von hoch komplizierten Verhaltensweisen, für die es bisher keine oder nur unzureichende Erklärungen gab.

Das Buch enthält eine gut strukturierte Einführung in die Transaktionsanalyse und ermöglicht dem Leser, mit diesem Wissen nahtlos in die unterschiedlichsten Facetten der Borderline-Störung einzutauchen. Dabei werden - belegt durch zahlreiche Beispiele - sowohl die Ursachen dieser Persönlichkeitsstörung aufgezeigt als auch typische symptomatische Verhaltensmuster Betroffener dargestellt.

Angehörige und Partner von Borderline-Persönlichkeiten erhalten nicht nur neue Orientierungs- und Differenzierungsmöglichkeiten, sondern auch wertvolle Hilfestellungen, die es ihnen ermöglichen, wesentlichen Einfluss auf ihr eigenes Leid und das der Betroffenen zu nehmen - und somit das eigene Ich zu stärken und zu stabilisieren.

Auch für Therapeuten ist dieses Buch von Manuela Rösel, das aus dem reichen Schatz ihrer langjährigen praktischen Erfahrungen im Umgang mit Betroffenen schöpft, ein wertvoller und unentbehrlicher Ratgeber.

Verstehen kann der erste Schritt auf dem Weg des Miteinanders sein.